项目管理/工程管理"十三五"系列规划教材

项目计划与控制

第 3 版

主　编　卢向南
副主编　赵道致

U0369461

机械工业出版社

本书较为系统地介绍了项目计划与控制的原理、过程和方法。全书共分6章，重点介绍项目的进度计划与控制、项目的资源计划与资源分配、项目的费用计划与控制、项目的质量计划与控制、项目的变更控制等内容，在每章的最后附有复习思考题。本书可作为高等院校项目管理专业、工程管理专业本科生和专业学位研究生（MEM）相关课程的教材或参考书，也可作为管理类专业项目管理课程的参考书。

图书在版编目（CIP）数据

项目计划与控制/卢向南主编. —3 版.—北京：机械工业出版社，2018.8（2024.8重印）

项目管理/工程管理"十三五"系列规划教材

ISBN 978-7-111-60796-0

Ⅰ.①项… Ⅱ.①卢… Ⅲ.①工程项目管理－高等学校－教材

Ⅳ.①F284

中国版本图书馆 CIP 数据核字（2018）第 202895 号

机械工业出版社（北京市百万庄大街 22 号　邮政编码 100037）

策划编辑：戴思杨　责任编辑：戴思杨

责任校对：李　伟　责任印制：单爱军

三河市航远印刷有限公司印刷

2024 年 8 月第 3 版第 7 次印刷

169mm×239mm　·16.25 印张·383 千字

标准书号：ISBN 978-7-111-60796-0

定价：49.00 元

丛书序一

这是一套作为项目管理教材使用的系列丛书，是一套历经 15 年、经过三版修订的丛书。第 1 版是 2003 年出版的，时隔 5 年于 2008 年出了第 2 版修订本，现在时隔 10 年又出了第 3 版修订本。

一套教材的出版、使用、修订再版的情况至少说明两点，一是市场的需求，二是作者和出版者的执着。市场需求是一定条件下时代发展情况的反映；作者和出版者的执着是行业内专业人员和出版机构成熟度的反映。

我国项目管理的发展是有目共睹的，特别是自 20 世纪 70 年代的改革开放以及 20 世纪 90 年代引进国际现代项目管理理论和工具方法以来，在实践和理论层面上都有了极大的提高。在项目管理领域国内外信息日益频繁交流的同时，也向教育、培训、出版业提出了需求。2003 年 14 本 "21 世纪项目管理系列教材" 的出版正是我国项目管理发展状态的反映，系列教材的及时出版很好地满足了市场的需求。

2003 年第 1 版系列丛书的出版虽然很好地满足了市场的需求，但由于国际现代项目管理的迅速发展，以及在第 1 版丛书中发现的问题，在征得作者同意后，出版社于 2008 年对原版丛书进行了修订。2003 年和 2008 年出版的丛书获得了市场的认可，有三本书选列为国家 "十一五" "十二五" 规划教材，在使用期间，诸多书籍还一再重印，有几本更是重印 10 余次之多。根据国内外项目管理的最新发展情况，机械工业出版社再次决定 2018 年修订出版第 3 版，这一决定得到了作者们的一致赞同，我想这是英明的决定。只有跟随时代的发展和学科专业的发展，在实践中不断努力，及时修订的教材，才能反映我们的水平，使之成为高质量的精品之作，也才能赢得业界的认同。据了解，我国引进翻译出版的英国项目管理专家丹尼斯·洛克出版的《项目管理》，已经出版了第 10 版，被各国项目管理领域广泛选用就是一个很好的例子。

这次第 3 版的修订，除了在丛书的书目上有所变化外，鉴于项目管理和工程管理的专业设置现状，我们将丛书名修改为 "项目管理/工程管理 '十三五' 系列规划教材"，以便使本套教材更适合学科的发展。在章节内容上也做了一些横向的延伸，拓展到工程管理专业。在内容方面，增强了框架性知识结构的展示，强调并突出概念性的知识体系，具体知识点详略得当，适量减少了理论性知识的阐述，增加了案例的比重，以提高学生理论联系实际的能力。此外，为充分利用现代电子化条件，本套教材的配套课件比较完整、全面并且多样化，增加了教材使用的便利性。

为适应市场多元化的需求，继机械工业出版社出版的这套项目管理系列教材之后，适用于项目管理工程硕士的系列教材和适用于项目管理自考的系列教材也相继出版。这不仅是我国项目管理蓬勃发展的表现，也是我国出版界蓬勃发展的表现。这应该感谢中国项目管理专家们的努力，感谢出版界同仁们的努力！

随着 VUCA 时代的发展，丛书在实践应用中还会有新的变化，希望作者、读

者、出版界同仁以及广大项目管理专业研究人员及专家们继续关注本套系列教材的使用，关注国内外项目学科的新发展、新变化。丛书集 15 年的使用经验以及后续的使用情况，在实践中将不断改进、不断完善。

祝愿这套丛书成为我国项目管理领域的一套精品教材！

钱福培

西北工业大学　教授

PMRC　名誉主任

中国优选法统筹法与经济数学研究会　终身会员

IPMA Honorary Fellow

IPMA　首席评估师

2017 年 12 月 15 日

丛书序二

"项目管理/工程管理'十三五'系列规划教材"是 2003 年陆续出版的"21 世纪项目管理系列规划教材"整体上的第三次再版，这套系列丛书也是我国最早出版的一套项目管理系列规划教材。机械工业出版社作为开拓者，让这套教材得到了众多高等院校师生的认可，并有两本教材被列入"普通高等教育'十一五'国家级规划教材"、一本教材被列入"'十二五'普通高等教育本科国家级规划教材"。

作为一种教人们系统做事的方法，项目管理使人们做事的目标更加明确、工作更有条理性、过程管理更为科学。项目管理在越来越多的行业、企业及各种组织中得到了认可和应用，"项目化管理"和"按项目进行管理"逐渐成为组织管理的一种变革模式，"工作项目化，执行团队化"已经成为人们工作的基本范式。"当今社会，一切都是项目，一切也都将成为项目"，这种泛项目化的发展趋势正逐渐改变着组织的管理方式，使项目管理成为各行各业的热门话题，受到前所未有的关注。项目管理学科的发展，无论是在国内还是国外，都达到了一个超乎寻常的发展速度。

特别值得一提的是我国项目管理/工程管理学位教育的发展。目前，我国已经有 200 余所院校设立了工程管理本科专业，160 多所高校具有项目管理领域工程硕士培养权，100 多所高校具有工程管理专业硕士学位授予权。项目管理/工程管理教育的发展成了最为热门的人才培养专业之一，项目管理/工程管理的专业硕士招生成了招生与报名人数最多的领域。这一方面表明了社会和市场对项目管理人才的旺盛需求，另一方面也说明了项目管理学科的价值，同时也给相关培养单位和教育工作者提出了更高的要求，即如何在社会需求旺盛的情况下提高教学质量，以保持项目管理/工程管理学位教育的稳定和可持续发展。

提高教学质量，教材要先行。一套优秀的教材需要经历许多年的积累，国内项目管理领域的出版物增长极快，但真正适用于项目管理/工程管理学位教育的教材还不丰富。机械工业出版社策划和组织的本系列教材能够不断更新，目的就是打造一套项目管理/工程管理学位教育的精品教材。第 3 版系列教材在组织编写之前还广泛征求了各方面的意见，并得到了积极的响应。参加本系列教材编写的专家来自不同的院校和不同的学科领域，提高了教材在不同院校、不同领域和不同培养方向上的广泛适用性。在系列教材课程体系的设计上既有反映项目管理共性知识的专业主干课程，也有面向不同培养方向的专业应用课程。

本系列教材最突出的特点是与国际项目管理知识体系的融合性，体现了国际上两大项目管理组织——国际项目管理协会和美国项目管理协会的项目管理最新知识内容的发展。本系列教材的内容能体现 IPMP/PMP 培训与认证的思想和知识体系，也能够在与国际接轨的同时呈现有我国项目管理特色的内容。

编写一套优秀的项目管理学位教育系列教材是一项艰巨的任务，虽然编委会和机械工业出版社做出了很大的努力，但项目管理是一门快速发展的学科，其理论、方法、体系和实践应用还在不断发展和完善之中，加之专业局限性和受写作时间的限制，本系列教材肯定会有不尽如人意之处，衷心希望全国高等院校项目管理/工程管理专业师生在教学实践中积极提出意见和建议，以便对已经出版的教材不断修订、完善，让我们共同提高教材质量，完善教材体系，为社会奉献更好、更新、更切合我国项目管理/工程管理教育的高品质教材。

白思俊

西北工业大学管理学院教授、博导
中国（双法）项目管理研究委员会副主任委员
陕西省项目管理协会会长
中国优选法统筹法与经济数学研究会理事
中国建筑业协会理事兼工程项目管理委员会理事、专家
中国宇航学会理事兼系统工程与项目管理专业委员会副主任委员

前　言

　　项目是一次性的、临时性的任务。人类从远古开始就执行着各种各样的项目。项目管理从经验走向科学，大致经历了潜意识的项目管理、传统的项目管理、现代项目管理这几个阶段。目前，项目管理在各行各业已得到了广泛的应用，从最初的建筑、航天、国防等领域推广到医药、金融、IT、政府部门等各个领域。与此同时，项目管理也已由传统的经验管理发展成为一个较完整独立的学科体系。目前，项目管理的发展呈现出全球化、多元化、专业化发展的态势。

　　项目管理在国外已形成一个专业，可以授予学士、硕士、博士学位。我国除已有的本科工程管理专业外，近年来工程管理硕士（MEM）专业学位的蓬勃发展，为项目管理的研究和应用开创了一片新天地。项目管理与工程管理（MEM）是相互包含的关系，你中有我，我中有你。本书正是在新形势下，为了满足项目管理/MEM专业学位的教学需要而编写的。

　　本书从项目的计划与控制的角度阐述了其原理、过程及方法工具。涉及项目的进度计划与控制；项目的资源进度计划与资源分配；项目的费用计划与控制；项目的质量计划与控制；项目的变更控制等。本书共分6章，第1章的1.1至1.3，第2章、第3章由卢向南编写；第1章的1.4至1.8，第4章、第5章、第6章由赵道致负责编写，张文慧，张伟，李广，方淼等分别参与了本书第4章至第6章的编写，全书由卢向南统稿。本书（第3版）由卢向南统一修订统稿。编写中难免存在疏漏或错误，敬请批评指正。

作者

2018年7月于浙江大学

目　　录

主要内容

➤ 项目计划概述
➤ 项目计划的形式与内容
➤ 项目计划过程
➤ 项目控制概述
➤ 项目控制类型
➤ 项目控制过程

第 1 章

项目计划与控制概述

本章目标

- 明确项目计划的基准计划与基线
- 清楚项目计划的各种形式及内容
- 解释项目计划的过程
- 了解项目控制的原理
- 了解项目控制的类型
- 了解项目控制过程

本章介绍

本章包括项目的计划与控制这两部分内容的概述。首先对项目的计划部分进行阐述，包括：计划及项目计划的概念、作用、原则；项目基准计划及项目基线；项目计划的形式与内容；项目计划的过程；项目控制的原理；项目控制的类型；项目控制的过程。本章描绘了项目计划与控制的轮廓，为后续几章内容奠定了基础。

项目计划与控制是项目管理过程中两个最重要的环节。项目计划是项目组织根据项目目标的规定，对项目实施工作进行的各项活动做出周密安排的过程。项目计划处于项目生命周期的第二阶段。项目控制是根据项目计划，对项目的实施状况进行连续的跟踪观测，并将观测结果与计划目标加以比较，如有偏差，及时分析偏差原因并加以纠正的过程。项目控制处于项目生命周期的第三阶段。

1.1 项目计划概述

1.1.1 计划及项目计划

1. 计划

计划是组织为实现一定目标而科学地预测并确定未来的行动方案。任何计划都是为了解决三个问题：一是确定组织目标，二是确定为达成目标的行动时序，三是确定行动所需的资源比例。

所以制订计划就是根据既定目标确定行动方案、分配相关资源的综合管理过程。具体而言，就是通过对过去和现在、内部和外部的有关信息进行分析和评价，对未来可能的发展进行评估和预测，最终形成一个有关行动方案的建议说明——计划文件，并以此文件作为组织实施工作的基础。计划通常需要在多个方案中进行分析、评价和筛选，最终形成一个可行的——能够实施并达到预期目标、最优的——实现资源最佳配置的方案。

2. 项目计划

项目计划是项目组织根据项目目标，对项目实施工作进行的各项工作做出周密安排。项目计划围绕项目目标的完成系统地确定项目的工作、安排工作进度、编制完成工作所需的资源预算等，从而保证项目能够在合理的工期内，用尽可能低的成本和尽可能高的质量完成。

项目计划是项目实施的基础。计划就如同航海图或行军图，必须保证有足够的信息，决定下一步该做什么，并指导项目组成员朝目标努力，最终使项目由理想变为现实。

在项目管理与实践中，项目计划是最先发生并处于首要地位的职能，项目计划是龙头，它引导项目各种管理职能的实现，是项目管理工作的首要环节，抓住这个首要环节，就可以提挈全局。项目计划是项目得以实施和完成的基础及依据，项目计划的质量是决定项目成败、优劣的关键性因素之一。

1.1.2 项目计划的目的及作用

1. 项目计划的目的

制订项目计划是为了便于高层管理部门与项目经理、职能经理、项目组成员及项目委托人、承包商之间的交流沟通，项目计划是沟通的最有效工具。因此，从某种程度上说，项目计划是为方便项目的协商、交流及控制而设计的，而不在于为参与者提供技术指导。

2. 项目计划的作用

（1）可以确定完成项目目标所需的各项工作范围，落实责任，制定各项工作的时间表，明确各项工作所需的人力、物力、财力并确定预算，保证项目的顺利实施和目标实现。

（2）可以确定项目实施规范，成为项目实施的依据和指南。

（3）可以确立项目组各成员及工作的责任范围和地位以及相应的职权，以便按要求去指导和控制项目的工作，减少风险。

（4）可以促进项目组成员及项目委托人和管理部门之间的交流与沟通，增加顾客满意度，并使项目各工作协调一致，并在协调关系中了解哪些是关键因素。

（5）可以使项目组成员明确自己的奋斗目标、实现目标的方法与途径及期限，并确保以时间、成本及其他资源需求的最小化实现项目目标。

（6）可作为进行分析、协商及记录项目范围变化的基础，也是约定时间、人员和经费的基础。这样就为项目的跟踪控制过程提供了一条基线，可用以衡量进度、计算各种偏差及决定预防或整改措施，便于对变化进行管理。

1.1.3 项目计划的原则

项目计划作为项目管理的重要阶段，在项目中有着承上启下的作用，因此在制订过程中要按照项目总目标、总计划进行详细计划。计划文件经批准后作为项目的工作指南。因此，在项目计划制订过程中一般应遵循以下五个原则：

（1）目的性。任何项目都有一个或几个确定的目标，以实现特定的功能、作用和任务，而任何项目计划的制订正是围绕项目目标的实现而展开的。在制订计划时，首先必须分析目标，弄清任务。因此项目计划具有目的性。

（2）系统性。项目计划本身是一个系统，由一系列子计划组成，各个子计划不是孤立存在的，彼此之间相对独立，又紧密相关。从而使制定出的项目计划也具有系统的目的性、相关性、层次性、适应性、整体性等基本特征，使项目计划形成有机协调的整体。

（3）经济性。项目计划的目标不仅要求项目有较高的效率，而且要有较高的效益。所以在计划中必须提出多种方案进行优化分析。

（4）动态性。这是由项目的生命周期决定的。一个项目的生命周期短则数月，长则数年，在这期间，项目环境常处于变化之中，使计划的实施会偏离项目基准计划。因此，项目计划要随着环境和条件的变化而不断调整和修改，以保证完成项目目标，这就要求项目计划要有动态性，以适应不断变化的环境。

（4）相关性。项目计划是一个系统的整体，构成项目计划的任何子计划的变化都会影响到其他子计划的制订和执行，进而最终影响到项目计划的正常实施。制订项目计划要充分考虑各子计划间的相关性。

（5）职能性。项目计划的制订和实施不是以某个组织或部门内的机构设置为依据，也不是以自身的利益及要求为出发点，而是以项目和项目管理的总体及职能为出发点，涉及项目管理的各个部门和机构。

1.1.4 项目基准计划与项目基线

1. 项目基准计划

项目基准计划是项目在最初启动时制订的计划，也即初始拟定的计划。在项目管理过程中，它可用来与实际进展计划进行比较、对照、参考，便于对变化进行管理与控制，从而监督保证使项目计划能顺利实施。

项目基准计划一经确定是不变的。

2. 项目基线

项目基线是特指项目的规范、应用标准、进度指标、成本指标，以及人员和其他资源使用指标等。基线不可能是固定不变的，它将随着项目的进展而变化。

1.2 项目计划的形式与内容

1.2.1 项目计划的形式

项目计划作为项目管理的职能工作，贯穿于项目生命周期的全过程。在项目实施过程中，计划会不断地得到细化、具体化，同时又不断地进行修改和调整，形成一个动态体系。

项目计划按计划制订的过程，可分为概念性计划、详细计划、滚动计划三种形式。

1. 概念性计划

概念性计划通常称为自上而下的计划。概念性计划的任务是确定初步的工作分解结构（Work Breakdown Structure，WBS）图，并根据图里的任务进行估计，从而汇总出最高层的项目计划。在项目计划中，概念性计划的制订规定了项目的战略导向和战略重点。

2. 详细计划

详细计划通常称为由下而上的计划。详细计划的任务是绘制详细的工作分解结构图，该图需要详细到为实现项目目标必须做的每一项具体工作。然后由下而上再汇总估计，成为详细项目计划。在项目计划中，详细计划的制订提供了项目的详细范围。

3. 滚动计划

滚动计划意味着用滚动的方法对可预见的将来逐步制订详细计划，随着项目的推进，分阶段地重估自上而下计划制订过程中所定的进度和预算。每次重新评估时，对最后限定日期和费用的预测会一次比一次更接近实际。最终就会有足够的信息，范围和目标也就能很好地确定下来，就能给项目的剩余部分准备由下而上的详细计划。

滚动计划的制订是在已经编制出的项目计划基础上，再经过一个阶段（如一周、一月、一季度等，这个时期叫滚动期），根据变化了的项目环境和计划实际执行情况，从确保实现项目目标出发，对原项目计划进行主动调整。而每次调整时，保持原计划期限不变，而将计划期限顺序逐期向前推进一个滚动期。图 1-1 显示了一个 5 月期滚动计划的编制过程。

滚动计划具有十分明显的优点。首先，它可使项目组织始终有一个切合实际的计划作为指导，有助于提高计划的质量，加大准确性。其次，它可使长期计划、中期计划和短期计划之间相互紧密衔接，从而保证了即使由于项目环境的变化而引起了偏差，也能及时地进行调节。最后，它可以增加计划的灵活性，提高项目组织的应变能力。

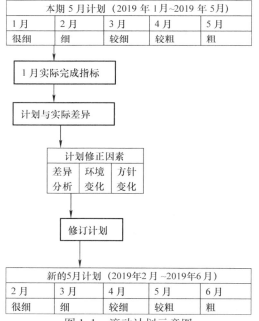

图 1-1　滚动计划示意图

1.2.2　项目计划的种类

项目计划可分为以下几个种类：

1. 工作计划

工作计划也称实施计划，是为保证项目顺利开展、围绕项目目标的最终实现而制定的实施方案。

工作计划主要说明采取什么方法组织实施项目、研究如何最佳地利用资源，用尽可能少的资源获取最佳效益。具体包括工作细则、工作检查及相应措施等。工作计划也需要时间、物资、技术资源，需反映到项目总计划中去。

2. 人员组织计划

人员组织计划主要是表明工作分解结构图中的各项工作任务应该由谁来承担以及各项工作间的关系如何。其表达形式主要有框图式、职责分工说明式和混合式三种。

（1）框图式。框图式是用框图及框图间的关系连线来表示人员组织结构。这种形式直观易懂，关系表达比较清楚。但并非所有的职责及相互关系都能用框图加线条表示清楚。因此，这种表示形式适用于项目组成员做过许多类似项目，且经验均比较多，不必再详细说明就清楚自己的职责范围和相互之间的关系。

图 1-2 是某单位一个项目的人员组织计划框图。

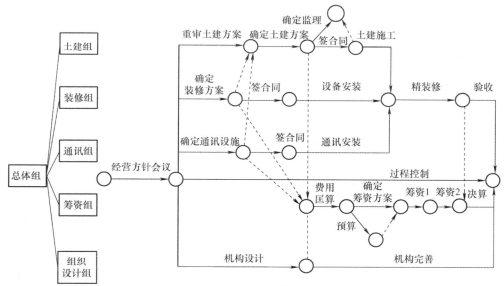

图 1-2 人员组织计划框图

（2）职责分工说明式——规章制度式。这是针对用框图加线条不能完整地表达清楚所有职责及关系而产生的一种表达方式。即通过公布项目组成员的职务、职责范围及规章制度来说明各个工作间的关系。此种形式，仅用文字说明，不如框图式直观，但容易把项目组成员的职责及关系表达得清楚、完整。所以，它适用于过去很少做过的新项目。

（3）混合式。这种方式吸取了以上两种形式的优点，有的部分用框图形式表示，有的部分用说明，既解决了仅用框图不能表达完整清楚的问题，又解决了仅用说明不直观、规定条件太细琐的缺点。此种形式在实践中被用得较多，特别适用于过去没有先例的大型特殊项目。

人员组织计划的编制通常是先自上而下地进行，然后再自下而上进行修改确定，这是项目经理与项目组成员共同商讨确定的结果。为此，项目经理在与项目组主要成员商讨前，对将要分配给各个主要成员的职责范围大小及其能力预先要有估计，实际上，这个估计是个预测性和试验性的计划。所以，编制出一个较好的计划，需要花费一定的时间，并要对项目组成员的能力有深入的了解。而且，这个计划的预计结果将在成本估计和进度计划中反映出来。

3. 技术计划

技术计划包括项目的主要技术特征，通常为参考要求、规格、系统图、地点计划、工具、技术、支持功能、标准与其他有关项目性质的技术文件。还要规定设计要求的详细程度，例如是采用外购、分包，还是自行进行详细设计。

4. 文件控制计划

文件控制计划是由一些能保证项目顺利完成的文件管理方案构成的，需要阐明文件控制方式、细则，负责建立并维护好项目文件，以供项目组成员在项目实施期间使用，包括文件控制的人力组织和控制所需的人员及物资资源数量。

项目管理的文件包括全部原始的及修订过的项目计划、全部里程碑文件、有关标准结果、项目目标文件、用户文件、进度报告文件以及项目文书往来。项目一结束，需全部检查一遍文件，有选择地处理一些不再相关的文件，并保存老项目的工作分解结构图与网络图，收入文件库以备将来项目组参考。

5. 应急计划

项目经理在制定计划时就要保持一定的弹性，在工期和预算方面留有余地，以备应急需要。这种难以预料的需要称作"意外需要"，这是预先无法确定的需要。这种需要并不包括那些预先能估计到的困难。

6. 支持计划

项目管理有众多的支持手段，需要有软件支持、培训支持和行政支持，还有项目考评、文件、批准或签署、系统测试、安装等支持方式。

（1）软件支持计划。软件支持是使用自动化工具处理项目管理的各种资料，用于计划情况模拟研究及起草内容充实的报告。

（2）培训支持计划。培训支持是把机构的项目管理方法教给有兴趣的学员，并告知各自项目管理程序和有关工具盒以及所选的软件工具，使学员学会计划、监控及跟踪项目。

培训支持为项目管理的基本工具和技术提供基础训练，培训可使项目组织立于不败之地。

（3）行政支持计划。行政支持是给项目主管和项目组的职能经理们配备合格的助手，目的是收集、处理及传达项目管理的有关信息。

行政支持单位是机构里的管理部门，其功能是发放、编辑、制作、修改文件；可帮助项目主管输入计划资料；负责制作定期的多项目报告，还具有机构档案管理的功能。

行政支持计划可确保项目主管们有更多的时间实施他们的项目。

1.2.3　项目计划的内容

按项目管理的知识领域划分，项目计划包括以下几方面：

1. 项目范围计划

项目范围计划就是确定项目范围并编写项目说明书的过程。项目范围说明书说明了为什么要进行这个项目，形成项目的基本框架，使项目所有者或项目管理者能够系统地、有逻辑地分析项目关键问题及项目形成中的相互作用要素，使得项目的相关利益人员在项目实施前或项目有关文件书写以前，能就项目的基本内容和结构达成一致；产生项目有关文件格式的注释，用来指导项目有关文件的产生；形成项目结果核对清单，作为项目评估的一个工具，在项目终止以后或项目最终报告完成以前使用，以此作为评价项目成败的判据；可以作为项目整个生命周期中监督和评价项目实施情况的背景文件，作为有关项目计划的基础。

2. 项目进度计划

进度计划是表达项目中各项工作的开展顺序、开始及完成时间及相互衔接关系的计划。通过进度计划的编制，使项目实施形成一个有机整体。进度计划是进度控制和管理的依据。按进度计划所包含的内容不同，可分为总体进度计划、分项进度计划、年度进度计划等。这些不同的进度计划构成了项目的进度计划系统。

进度计划可以分为进度控制计划与状态报告计划。

（1）进度控制计划。进度计划是根据实际条件和合同要求，以拟建项目的交付使用时间为目标，按照合理的顺序所安排的实施日程。其实质是把各工作的时间估计值反映在逻辑关系图上，通过调整，使得整个项目能在工期和预算允许的范围内最好地安排工作。

进度计划也是物资、技术资源供应计划编制的依据，如果进度计划不合理，将导致人力、物力使用的不均衡，影响经济效益。

项目实施前所编制的进度计划是期望完成各工作的工作量和时间值。但项目实施工作一开展，问题就逐渐暴露出来，实际进度与计划进度会有出入。因此，要定期检查实际进度与计划进度的差距，并且要预测有关工作的发展速度。为了完成所定工期、成本和质量目标，需要修改原来的计划和调整有关工作的速度，此即为进度控制计划。

在进度控制计划中，要确定应该监督哪些工作，何时监督，谁去监督，用什么方法收集和处理信息，怎样按时检查工作进展和采取何种调整措施，并把这些控制工作所需的时间和物资、技术资源等列入项目总计划中去。

（2）状态报告计划。项目经理在项目实施过程中需要随时了解项目的进展情况和存在的问题，以便预测今后发展的趋势，解决存在的问题。而且，项目委托人也要根据项目的进展情况，及时做好使用前的准备。

状态报告计划要求简明扼要、表达清楚，必须明确谁负责编写报告、向谁报告、报告的内容和报告所需的信息涉及面的大小程度。

所写的内部报告与对项目委托人的报告应协调一致，避免互相矛盾，影响问题的解决。有关信息方面的报告也应发给多层次的有关使用单位或个人。这样，同类资料和信息不会因为使用对象的不同重新计算、收集和编写报告，避免造成工作重复。

状态报告计划也应反映到总计划中去，总计划中要为这项工作提供资源和安排必要的时间。

进度报告计划可起到提示通知、报告文件、处理落后者的作用。

3. 项目费用计划

包括资源计划、费用估算、费用预算。资源计划就是要决定在每一项工作中用什么资源以及在各个阶段用多少资源。资源计划必然和费用估算联系在一起，这是费用估算的基础。费用估算指的是完成项目各工作所需资源（人、材料、设备等）的费用近似值。费用预算是给每一个独立工作分配全部费用，以获得度量项目执行的费用基线。

4. 项目质量计划

质量计划包括与维护项目质量有关的所有工作。质量计划的目的主要是确保项目的质量标准能够得以圆满地实现。质量计划是对待定的项目、产品、过程或合同，规定由谁监控，应使用哪些程序和相关资源的文件；是针对具体项目的要求，以及应重点控制的环节所编制的对设计、采购、项目实施、检验等质量环节的质量控制方案。质量计划的形式在很大程度上取决于承包方组织的质量环境。若一个组织已经开发了实施项目的质量过程，则现有的质量手册就已经规定了项目的管理方式；若一个组织没有质量手册，或其质量手册没有涉及项目的问题，那么在这样的组织中，项目的质量计划部分会很长，以清楚地表明如何保证质量。

5. 沟通计划

沟通计划就是确定利益关系者的信息交流和沟通的要求。简单地说，也就是谁需要何种信息、何时需要以及应如何将其交到他们手中。虽然所有的项目都需要交流项目信息，但信息的需求和分发方法不大相同。识别利益相关者的信息需求，并确定满足这些需求的合适手段，是获得项目成功的重要保证。

6. 风险应对计划

风险应对计划是针对风险量化结果，为降低项目风险的负面效应制定风险应对策略和技术手段的过程。风险应对计划以风险管理计划、风险排序、风险认知、风险主体等为依据，运用风险应对的主要工具和技术，得出风险应对计划、确定剩余风险、确定次要风险、签署合同协议的过程。

7. 采购计划

项目采购计划是在考虑了买卖双方之间关系之后，从采购者的角度来进行的。项目采购计划过程就是识别项目的哪些需要可以通过从项目实施组织外部采购产品和设备来得到满足，采购计划应当考虑合同和分包商。

对于设备的采购供应，有设备采购供应计划。在项目管理过程中，多数的项目都会涉及仪器设备的采购、订货等供应问题。有的非标准设备还包括试制和验收等环节。如果是进口设备，还存在选货、订货和运货等环节。设备采购问题会直接影响项目的质量及成本。

除设备外的其他资源的采购和供应，需要有其他资源供应计划。如果是一个大型的项目，不仅需要设备的及时供应，还有许多项目建设所需的材料、半成品、物件等资源的供应问题。因此，预先安排一个切实可行的物资、技术资源供应计划，将会直接关系到项目的工期和成本。

8. 变更控制计划

由于项目的一次性特点，在项目实施过程中，计划与实际不符的情况是经常发生的。这是由下列原因造成的：开始时预测得不够准确；在实施过程中控制不力；缺乏必要的信息。

有效处理项目变更可使项目获得成功，否则可能会导致项目失败。变更控制计划主要是规定处理变更的步骤、程序，确定变更行动的准则。

表1-1给出了按知识领域划分的项目计划的过程和输出。

表 1-1　项目计划编制的过程和输出

知 识 领 域	过　程	输　出
范围	范围计划编制	范围说明书 详细依据 范围管理计划
	范围定义	工作分解结构
时间	工作定义	工作清单 详细依据 更新的工作分解结构
	工作排序	项目网络图 更新的工作清单
	工作历时估算	工作历时的估算 估算的基础 更新的工作清单
	进度计划编制	项目进度计划 详细依据 进度管理计划
费用	资源计划编制	更新的资源要求 资源要求
	费用估算	费用估计 详细依据 成本管理计划
	费用预算	成本基准计划
质量	质量计划编制	质量管理计划 操作定义 检查表 其他过程的输入
沟通	沟通计划编制	沟通管理计划
风险	风险识别	风险来源 潜在的风险事件 风险征兆 其他过程的输入
	风险量化	需要抓住的机会及应对的威胁 可忽视的机会，可接受的威胁
	风险应对计划编制	风险管理计划 其他过程的输入 应急计划 储备 合同协议
采购	采购计划编制	采购管理计划 工作说明书
	询价计划编制	采购文件 评价标准 更新的工作说明书

1.3 项目计划过程

1.3.1 项目计划管理的基本问题

在项目计划制订过程中必须清楚五个基本问题：项目做什么、如何做、谁去做、何时做及需要多少费用。

（1）何事（技术目标）：项目要实现什么技术目标，这是项目经理和项目组成员在检查技术目标时必须清楚的。

（2）如何（工作分解结构图）：通过制定工作分解结构图可以将技术目标分解到具体的可实现的工作，工作分解结构图提供了必须完成的各项工作的一张清单。

（3）何人（人员使用计划）：决定何人在何时做何事可以通过人员使用计划来解决。并在工作分解结构图中注明。

（4）何时（进度计划）：决定每一项工作在何时实施、需多长时间、每项工作需用哪些资源等问题。

（5）多少（费用计划）：实施这一项目需要多少经费。

1.3.2 项目计划前的准备工作

（1）计划必须在相应阶段对目标和工作进行精确定义，即计划是在相应阶段项目目标的细化、技术设计和实施方案的确定后做出的。

（2）详细的微观的项目环境调查，掌握影响计划和项目的一切内外部影响因素，写出调查报告。

（3）项目结构分析的完成。通过项目的结构分析不仅可以获得项目的静态结构，而且通过逻辑关系分析，还可以获得项目动态的工作流程——网络。

（4）各项目单元基本情况的定义，即将项目目标、工作进行分解，例如项目范围、质量要求、工作量计算等。

（5）详细的实施方案的制定。为了完成项目的各项工作，使项目经济、安全、稳定、高效率地实施和运行，必须对实施方案进行全面研究。

1.3.3 项目计划过程的步骤

项目计划过程可分为以下九个步骤。

（1）定义项目的交付物。这里的交付物不仅指项目的最终产品，也包括项目的中间产品。例如，一个系统设计项目标准的项目产品可以是系统需求报告、系统设计报告、项目实施阶段计划、详细的程序说明书、系统测试计划、程序及程序文件、程序安装计划、用户文件等。

（2）确定工作。确定实现项目目标需做的各项工作，并以工作分解结构图反映出来。常见的自上而下的工作分解如图1-3所示。

（3）建立逻辑关系图。建立逻辑关系图是假设资源独立，确定各项工作之间的相互依赖关系。

图1-3 自上而下的工作分解结构图

（4）为工作分配时间。根据经验或应用相关的方法给工作分配可支配的时间。

（5）确定项目组成员可支配的时间。可支配的时间是指具体花在项目上的确切时间，应扣除正常可支配时间中的假期、教育培训等。

（6）为工作分配资源并进行平衡。对工作持续时间、工作开始日期、工作分配进行调整，从左到右平衡计划、保持各项工作之间的相互依赖关系、证实合理性。通过资源平衡可使项目组成员承担合适的工作量，还可调整资源的供需状况。

（7）确定管理支持性工作。管理支持性工作往往贯穿项目的始终，具体指项目管理、项目会议等管理支持性工作。

（8）重复上述过程直到完成。

（9）准备计划汇总。

1.4 项目控制概述

在开始一个新项目之前，项目经理和项目团队成员不可能预见到所有项目执行过程中的情况。尽管确定了明确的项目目标，并制订了尽可能周密的项目计划，包括进度计划、成本计划和质量计划等，仍需要对项目计划的执行情况进行严密的监控，以尽可能地保证项目按基准计划执行，最大程度减少计划变更，使项目达到预期的进度、成本、质量目标。

控制是全部管理职能——计划、组织、领导和控制——中的一个重要职能。

对于项目管理来说，首先是确定项目目标，即可交付成果的经济、技术目标，包括交付时间、成本（或价格）、性能和质量要求等；之后，根据目标和资源约束制订项目计划，包括进度计划、成本计划和质量计划等；然后是组织项目的实施，在项目实施过程中要随时解决项目团队的沟通和冲突问题，并要求项目经理能够有效地激励团队成员，使其始终保持积极、热情的工作态度及高效地工作，这就是领导；在项目的执行过程中，还要连续地跟踪项目进展状况，并与计划比较，发现偏差、分析原因、及时纠偏，这就是项目控制。

项目的控制内容不是简单的动力学上所说的控制，项目的控制对象是项目本身，它需要用许多不同的变量表示项目不同的状态形式。而且每个项目运行总有这样的时候，即好几项作业同时进行，则它的状态是多维的，其变量较难测量，所以说项目的控制过程比物理或化学的控制过程复杂得多。

所谓控制就是为了保证系统按预期目标运行，对系统的运行状况和输出进行连续的跟踪和观测，并将观测结果与预期目标加以比较，如有偏差，及时分析偏差原因并加以纠正的过程。图1-4是简单的系统控制原理图。

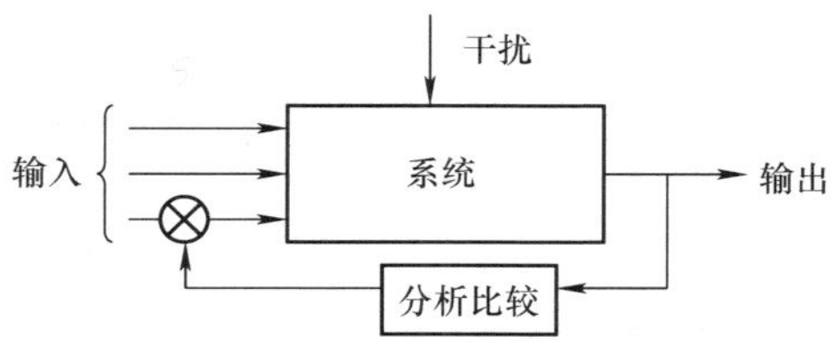

图 1-4　系统控制原理图

因为系统的不确定性和系统外界干扰的存在，系统的运行状况和输出出现偏差是不可避免的。一个好的控制系统可以保证系统的稳定，即可以及时地发现偏差、有效地缩小偏差并迅速调整偏差，使系统始终按预期轨道运行；相反，一个不完善的控制系统有可能导致系统不稳定甚至系统运行失败，如图 1-5 所示。

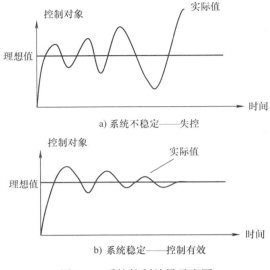

图 1-5　系统控制效果示意图

对于一个大型复杂系统，还可以采取递阶控制方法，即将大型复杂系统按层次逐层分解成相对独立、相对简单的子系统的控制方法。在子系统内部，系统结构相对简单，在上层系统，忽略子系统的内部细节，也可使上层系统简化。对于一个大型复杂的项目，项目的工作分解结构为项目的递阶控制提供了方法工具。大型复杂项目的递阶控制如图 1-6 所示。

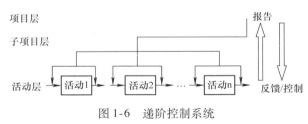

图 1-6　递阶控制系统

由于项目在前期的计划工作中面临许多的不确定性，在实施过程中又常常面临多种因素的干扰，因此，在项目按计划实施的过程中，项目的进展必然会偏离预期轨道。所谓项目控制，是指项目管理者根据项目进展的状况，对比原计划（或既定目标），找出偏差、分析成因、研究纠偏对策，并实施纠偏措施的全过程。

1.5　项目控制类型

1. 按控制方式分类

类似于对物理对象的控制，项目的控制方式也包括前馈控制（事先控制）、过程控制（现场控制）和反馈控制（事后控制）。

前馈控制是在项目的策划和计划阶段，根据经验对项目实施过程中可能产生的偏差进行预测和估计，并采取相应的防范措施，尽可能地消除和缩小偏差。这是一种防患于未然的控制方法。

过程控制是在项目实施过程中进行现场监督和指导的控制。

反馈控制是在项目的阶段性工作或全部工作结束，或偏差发生之后再进行纠偏的控制。

三种控制类型如图 1-7 所示。

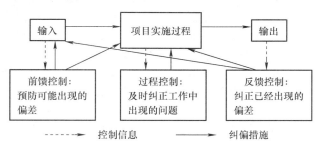

图 1-7　项目控制类型示意图

2. 按控制内容分类

项目控制的目的是为了确保项目的实施能满足项目的目标要求。对于项目可交付成果的目标描述一般都包括交付期、成本和质量这三项指标，因此项目控制的基本内容就包括进度控制、费用控制和质量控制三项内容，俗称三大控制。

（1）进度控制

项目进行过程中，必须不断监控项目的进程以确保每项工作都能按进度计划进行。同时，必须不断掌握计划的实施状况，并将实际情况与计划进行对比分析，必要时应采取有效的对策，使项目按预定的进度目标进行，避免工期的拖延。这一过程被称为进度控制。按照不同管理层次对进度控制的要求可分为总进度控制、主进度控制和详细进度控制。

（2）费用控制

费用控制就是要保证各项工作在它们各自的预算范围内进行。费用控制的基础是事先对项目进行的费用预算。

费用控制的基本方法是规定各部门定期上报其费用报告，再由控制部门对其进行费用审核，以保证各项支出的合法性，然后再将已经发生的费用与预算相比较，分析其是否超支，并采取相应的措施加以弥补。

费用管理不能脱离技术管理和进度管理独立存在，相反要在成本、技术、进度三者之间作综合平衡。及时、准确的成本、进度和技术跟踪报告，是项目经费管理和费用控制的依据。

（3）质量控制

质量控制的目标是确保项目质量能满足有关方面提出的质量要求。质量控制的范围涉及项目质量形成全过程的各个环节。

在项目控制过程中，这三项控制指标通常是相互矛盾和冲突的。如加快进度往往会导致成本上升和质量下降；降低成本也会影响进度和质量；过于强调质量也会影响工期和成本。因此，在项目的进度、成本和质量的控制过程中，还要注意三者的协调。

三项控制构成了项目控制最主要的内容。除此之外，项目整个生命周期的控制过程还涉及项目的范围控制、项目变更控制等内容。

1.6　项目控制过程

根据以上控制和项目控制的定义，我们可以发现项目控制的依据是项目目标和计划，项目控制过程就是：制定项目控制目标、建立项目绩效考核标准；衡量项目实际工作状况，获取偏差信息；分析偏差产生原因和趋势，采取适当的纠偏行动。

1. 制定项目控制目标，建立项目绩效考核标准

项目控制目标就是项目的总体目标和阶段性目标。总体目标通常就是项目的合同目标，阶段性目标可以是项目的里程碑事件要达到的目标，也可以由项目总体目标分解来确定。

绩效标准通常根据项目的技术规范和说明书、预算费用计划、资源需求计划、进度计划等来制定。

2. 衡量项目实际工作状况、获取偏差信息

通过将各种项目执行过程的绩效报告、统计等文件与项目合同、计划、技术规范等文件对比或定期召开项目控制会议等方式考查项目的执行情况，及时发现项目执行结果和预期结果的差异，以获取项目偏差信息。图 1-8 展示了发现项目偏差过程的示意图。

图 1-8　发现项目偏差过程的示意图

为了便于发现项目执行过程的偏差，还应在项目的计划阶段和在项目的进程中设置若干里程碑事件。对里程碑事件进行监测，有利于项目的利益相关者及时发现项目进展的偏差。或者在项目工作中添加 "准备报告" 这一工作，而报告的期间要固定，定期地将实际进程与计划进程进行比较。根据项目的复杂程度和时间期限，可以将报告期定为日、周、月等。

项目进展报告一般要包含图 1-8 中的多种项目进展信息。最终提炼成项目进展的偏差报告。偏差报告可以有两种形式，第一种可以是数字式的，分成若干行，每行显示实际的、计划的和偏差数据。在偏差报告中要跟踪的典型变量是进度和成本信息。举例来说，行表示在报告周期内启动的工作，列表示计划成本、实际成本和偏差。偏离计划的影响由偏差值的大小来体现。第二种是用图形来表示数据。每个项目报告期间的计划数据用一种颜色的曲线来表示，每个报告期间的实际数据用另一种颜色的曲线表示。偏差就是任何时间点上两条曲线的差异。图形格式的偏差报告的优点是，它可以显示项目报告期间内偏差的趋势，而数字报告只能显示当前报告期间内的数据。

典型的偏差报告是跟踪项目状态的相关数据。大部分偏差报告不涉及项目如何达到这个状态的相关数据。项目偏差报告用于报告项目当前的状态，主要是为了方便项目经理和项目控制人员阅读和理解，所以无论跟踪什么偏差因素，报告的篇幅都不宜太长。

3. 分析偏差产生原因和趋势，采取适当的纠偏行动

（1）项目进展中产生的偏差就是实际进展与计划的差值，一般会有正向偏差和负向偏差两种。

1）正向偏差。正向偏差意味着进度超前或实际的花费小于计划花费。这对项目来说是个好消息，谁不想看到进度超前和预算节约呢？但是正向偏差也有一系列的问题，甚至是比负向偏差还要严重的问题。正向偏差可以允许对进度进行重新安排，以尽早地或在预算约束内，或者以上两者都符合的条件下完成项目。资源可以从进度超前的项目中重新分配给进度延迟的项目；重新调整项目网络计划中的关键路径。

但不是所有的消息都是好的，正向偏差也很可能是进度拖延的结果。在考虑项目预算后，正向偏差很可能是由于在报告周期内计划完成的工作没有完成而造成的。另一方面，如果进度的超前是由于项目团队找到了实施项目更好的方法或捷径的结果，那么正向偏差确实是一件好事情。但这样也会带来另外的问题——进度超前，项目经理不得不重新修改资源进度计划，这将增加额外的负担。

2）负向偏差。负向偏差也是与计划的偏离，意味着进度延迟或花费超出预算。进度延迟或超出预算都不是项目经理及项目管理层所愿意的。正如正向偏差不一定是好消息一样，负向偏差也不一定是坏事。举例来说，你可能超出预算，这是因为在报告周期内比计划完成了更多的工作，只是在这个周期内超出了预算。也许用比最初计划更少的花费完成了工作，但是不可能从偏差报告中看出来，因此成本与进度偏差要结合起来分析才能得出正确的偏差信息。

在大多数情况下，负向偏差只有在与关键路径上的工作有关时，或非关键路径工作的进度拖延超过了工作总浮动时间时，才会影响项目完成日期。偏差会用完成工作的浮动时间，更严重的一些偏差会引起关键路径的变动。负向成本偏差可能是不可控因素造成的结果，如供应商的成本增加或者设备的意外故障。另有一些负向偏差则来自低效率和故障。

下面我们会具体分析正、负偏差产生的原因以及分析方法。

（2）造成偏差的原因可能是由项目相关的各责任方造成的。可能造成偏差的责任方有以下 5 个：

1）由于业主（或客户）的原因。如业主（或客户）没有按期完成合同中规定的应承担的义务，或应由业主（或客户）提供的资源在时间和质量上不符合合同要求，以及在项目执行过程中客户提出变更要求等。由于业主的原因造成的偏差应由业主承担损失。为了避免这类风险，应在项目合同中对甲、乙双方责任和义务做出明确的规定和说明。

2）由于项目承包方的原因。如合同中规定的由项目承包人负责的项目设计缺陷，项目计划不周，项目实施方案设计在执行过程中遇到障碍，项目执行过程中出现失误等。由于项目承包方的责任造成的偏差，应由承包人（项目团队或其所在企业）承担责任，承包人有责任纠正偏差或承担损失。

3）第三方的原因。第三方是指业主与之签订有关该项目的交易合同的承包商以外的企业。第三方造成项目偏差的原因如由第三方承担的设计问题，提供的设备问题等。这方面的原因造成的项目偏差，应由业主负责向第三方追究责任。

4）供应商的原因。供应商是指与项目承包人签订资源供应合同的企业，包括分包商、原材料供应商和提供加工服务的企业等。供应商造成项目偏差的原因如提供的原材料延误、质量不合格、分包的任务没有按期、按质交付等。由供应商原因造成的项目偏差，应由承包商承担纠偏的责任和由此带来的损失。承包商可以依据其与供应商签订的交易合同向供应商提出损失补偿要求。为了避免这类风险，应在与供应商的合同中对供应商的责任和义务做出明确的规定和说明。

5）由于不可抗力的原因。由于不确定性的、不可预见的各种客观原因造成的偏差，如战争、自然灾害、政策法规变化等。这方面原因造成的偏差应由业主和承包人共同承担责任。

除了分析造成项目偏差的责任以外，还要分析造成项目偏差的根源。项目偏差的根源包括以下几个：

① 项目设计的原因；

② 项目方案设计的原因；

③ 项目计划的原因；

④ 项目实施过程的原因等。

有经验的项目经理，通常在项目的计划阶段就对可能引起偏差的原因及其对偏差的影响程度进行充分的分析，以便在计划阶段采取相应的预防措施避免或减弱这些原因对项目的影响。在进行偏差原因分析时，常用的工具是因果分析图或称鱼刺图，如图1-9所示。

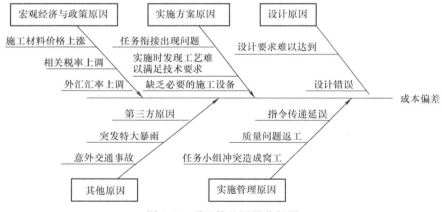

图 1-9　项目偏差因果分析图

对偏差原因的分析，还应分析各原因引起偏差影响的程度，对影响程度大的原因要重点防范。利用项目偏差的因果分析图，找出全部偏差原因之后，可通过专家评分法给出各种原因对偏差影响程度的权重，如表1-2所示。

偏差趋势分析主要是分析偏差会随着项目的进展增加还是减少，是偶然发生的还是必然会发生的，对项目后续工作的影响程度等。偏差分析的目的就是为了确定纠偏措施的力度。

掌握了项目偏差信息，了解了项目偏差的根源，就可以有针对性地采取适当的纠偏措施，如修改设计、调整项目实施方案、更新项目计划、改善项目实施过程管理等。

显然，只有清楚造成偏差的责任方和根源，才能分清应由谁来承担纠正偏差的责任和损失以及如何纠正偏差。

表1-2 项目偏差原因影响权重表

偏差类型	原因类型	权重	具体原因	权重
成本偏差	设计原因	0.13	设计要求难以达到	0.75
			设计错误	0.25
	实施方案原因	0.26	任务衔接出现问题	0.64
			实施时发现工艺难以满足技术要求	0.26
			缺乏必要的施工设备	0.10
	宏观经济与政策原因	0.51	施工材料价格上涨	0.65
			相关税率上调	0.23
			外汇汇率上调	0.12
	实施管理原因	0.06	指令传递延误	0.62
			质量问题返工	0.23
			任务小组冲突造成窝工	0.15
	其他原因	0.04	第三方原因	0.55
			突发特大暴雨	0.22
			意外交通事故	0.23

复习思考题

1. 项目计划的作用有哪些？
2. 什么是项目基准计划？什么是项目基线？
3. 项目计划有哪些方面和内容？
4. 项目计划管理的基本问题是什么？
5. 简述项目计划过程。
6. 简单说明项目控制在项目实施过程中的作用。
7. 用自己的话描述项目控制过程意味着什么，并举例说明。
8. 项目实施过程中为什么会产生项目偏差，导致偏差的原因有哪些？

案例分析讨论

枭龙飞机研制项目管理[一]

一、项目背景

枭龙/FC-1型飞机研制是一个高起点的国际合作项目。研制构想始于20世纪80

[一] 案例摘自《项目管理案例解析》，马旭晨主编，马尔航副主编，大连：东软电子出版社，2012年11月

年代后期，20世纪90年代，世界上发达国家陆续完成了由第二代战斗机向第三代战斗机的更新换代，开始进入第三代半或第四代战斗机的研制阶段，国内外军机装备格局和市场需求发生了变化。在此背景下，合作双方商定枭龙/FC-1型飞机采用现代先进技术全新设计，以第三代战斗机的综合作战效能为目标，同时满足对可支付性、换装时间等采购要求，于1999年6月正式签订研制合同，在合作各方的共同努力下，枭龙/FC-1型飞机于2003年8月25日实现首飞。

二、项目管理特点

1. 完全按市场模式运作的国际合作

枭龙/FC-1型飞机是中国和巴基斯坦两国共同投资，由中国航空工业自主研制开发的先进多用途轻型战斗机。为保证枭龙飞机研制项目的顺利实施，在项目启动之初，合作各方就对项目管理体制和项目管理办法达成共识，严格遵循国际通用惯例，既要开发出新一代空中优势战斗机，又应在军贸采办和项目管理方面创立示范。

2. 严格按新机研制程序开展的项目管理

枭龙/FC-1型飞机是一个全新的先进战斗机，在研制过程中严格按照我国军用飞机研制规范、程序进行，广泛采用《武器装备研制项目管理》（GJB2993-97）《常规武器装备研制程序》《武器装备研制项目工作分解结构》（GJB2116-94）等项目管理规范。研制程序分五个阶段：方案设计（即可行性论证）、技术设计（含初步设计和详细初步设计）、详细设计、原型机试制、原型机试飞鉴定。

3. 全面应用数字化平台开展项目管理

（1）基于Web的计划管理。枭龙/FC-1型飞机研制应用Project 2003和P3E等专业的项目管理软件形成管理平台，保证信息的一致性、完整性与有效性，建立集成化信息系统协调、组织、跟踪、落实任务的执行，进行动态反馈，实现型号研制的设计、试验、生产、试飞管理的一体化的科学系统的计划管理体系。

（2）全面实施并行工程。以数字化技术为依托，全面实施并行工程，枭龙项目研制全线采用CAD/CAM/CAE等数字化技术，国内首次实现了飞机设计与生产的数字一体化。在原型机试制过程中，设计与试制密切配合，充分利用了数字化设计与制造、电子样机取样等先进技术，使得所有重大装配一次成功，提高了制造质量，缩短了新机研制周期。

（3）实施目标成本控制。传统的军机研制一般是计划经济模式，军方投研制费，工业部门负责研制。枭龙项目追求"可支付性"，成本是独立变量作为设计输入，在技术上充分利用了数字化设计制造技术，综合权衡、多轮迭代，注重吸收用户的意见和建议，尽量满足用户的需要；在研制过程中以市场和用户为牵引，有效解决了资金投入、成本管理、利益分配等问题，在国内首次探索出了一条"从项目开始就使研发适应市场需要"的型号研制项目管理新路。

（4）实施全过程风险管理。为全面满足用户对进度与作战效能的需求，枭龙项目创造性地将原型机研制分为两个阶段：平台状态阶段和全状态航电系统状态阶段，一方面可让飞机尽早飞起来加快平台鉴定；另一方面可以利用平台鉴定这段时间，研制更先进的航电武器系统，从而有效阵低了军机研制周期较长的项目风险。同时，利用数字仿真技术对各系统进行全面仿真，从而有效地缩短了设计周期，提高了设计质量，减少了地面综合试验的工作量，并有效地降低了研制的技术风险。

三、项目启动过程

1. 枭龙飞机研制合同

1999 年 6 月 28 日，中国和巴基斯坦正式签署了关于联合研制枭龙/FC－1 型飞机的合同。合同明确所研制的飞机应满足巴方空军的作战要求（ASR）。应为低成本、先进轻型多用途战斗机，能执行对空、对地攻击任务，装有先进航空电子系统，具有发射中距导弹，实现超视距攻击能力。研制阶段为合同的核心部分，包括初步设计、详细初步设计、详细设计、原型机制造、试飞。

2. 项目干系人

（1）中巴两国政府。枭龙飞机作为一个政府间的国际合作项目，中巴两国政府的外交部、商务部、科技部、工业主管部门对项目的推动具有决定性的影响作用。为了有效地对项目进行管理和协调，由中巴双方组成项目联合管理机构（JOPM），负责执行合同的所有重大事项的协调和顶层决策，制订互派专家计划等，下设联络和财务办公室。

（2）用户。枭龙飞机的用户即巴方空军的使用部门，项目的存在就是要满足用户的需求，用户需求既要由巴方提出，又要由主要研制团队共同讨论并以合同的方式加以规定。用户的主要职责是：定义需求；定义潜在威胁；确定可能的任务；描述何处使用且如何使用；定义如何验收，如何维护。

（3）主承包商。枭龙飞机项目的主承包商是主设计单位——成都飞机设计研究所和主试制单位——成都飞机工业公司。研发设计团队和试制团队都为枭龙项目研制建立了专门的组织机构以保证项目的成功实施。承包商的主要职责是：了解用户需求；制订满足需求的技术方案；开展关键技术攻关；风险控制；实施武器系统研制。

（4）分承包商。枭龙飞机项目的分承包商是为飞机研制配套的辅机厂所。枭龙飞机项目研发一开始就运用商业运行机制，倡导公开竞争，使项目从设备级扩展到系统级和整机级，从主承包商一级扩展到分承包商一级。充分利用市场机制来优化项目资源配置，利用竞争机制选择综合能力最优的承包商来承担科研生产任务，从而最大限度地保证了项目的成功。竞争为降低成本和提高项目质量提供了有效的激励。

（5）其他投资人。枭龙飞机项目遵循"共同投资、共同开发、共担风险、共享利益"的原则，由其主要投资方组成项目管委会，作为项目经营管理的最高决策机构。

3. 枭龙飞机研制的组织体系

（1）对外合作的组织机构

① 项目联合管理机构（JOPM）。为了有效地对项目进行管理和协调，由中巴双方组成项目联合管理机构，负责执行合同的所有重大事项，下设联络和财务办公室，定期举行项目工作会（PMR），进行研制过程的协调。

② 联合管理机构运作模式。在研制阶段，项目联合管理机构的主要工作是定期举行项目工作会，参加项目技术评审和财务审计，进行研制过程的协调。工作会每季度举行一次，日常工作双方通过联络办公室保持协调。

③ 联合管理机构工作内容。联络办公室由双方各派一名项目（主管）经理和一名秘书组成，负责向双方通报所有有关合同的执行情况，协调合同的日常工作。财务办公室由双方各派一名会计（经理）和一名秘书组成。双方按照一定的程序，通过该办公

室共同跟踪费用支出，每半年对其进行审计，按季度编写财务报告。

（2）国内的项目组织机构

① 国内成立项目管委会。在管委会领导下，成立研制现场指挥部。现场指挥部是处理项目现场问题的最高决策机构，通过现场指挥部统筹协调、调度研制现场的各方面工作，及时处理决策项目的各方面问题，在项目进程中起到了极其重要的作用。现场指挥部下设项目办公室，承担日常的协调组织工作。

② 国内项目管理运作模式。在管委会和项目办公室的组织下，每年召开由主要参研单位参加的项目年会，分析项目进展情况和对项目影响较大的技术或管理问题，制定年度工作目标，统筹安排部署研制工作，保证项目管理推行的高效、有序。

四、项目计划过程

1. 枭龙飞机项目综合管理策划

项目研制阶段是整体管理的关键。武器装备采办项目围绕基于生命周期过程的管理思想，实行分阶段管理。项目研制阶段具有投资大、周期长、风险高等特点，其目标任务能否实现直接关系到整个项目的成败，也是项目整体管理的关键所在。

充分利用成熟的综合管理工具。枭龙飞机综合管理工具包括需求、工作分解结构、工作说明书、综合主计划、综合主时间表、技术性能测量、成本/进度控制系统标准、收尾计划等，经过项目办公室整合集成为一个综合管理体系。

2. 枭龙飞机研制里程碑计划

1999年6月，枭龙飞机研制合同在北京人民大会堂正式签订；2001年9月，枭龙飞机01/03架冻结技术状态；2002年6月，枭龙飞机01架完成详细设计发图；2002年9月，枭龙飞机01架实现首架开明；2003年8月，枭龙飞机01架原型机首飞；2004年4月，枭龙飞机03架原型机首飞；2004年6月，中巴双方签订了合作开发航电系统的研制合同；2004年8月，04架飞机转入详细设计阶段，年底进入试制试验；2006年4月，04架原型机首飞；2006年6月，06架原型机计划首飞，年底开始交付小批飞机，里程碑计划如图1所示。

1992	1993	1994	1995	1996	1997	1998	1999	2000	2001	2002	2003	2004	2005	2006
		▲												
				▲										
			▲				▲							
									▲					
										▲				
										▲				
											▲			
												▲		
												▲		
												▲		
														▲
														▲
														▲

图1　枭龙飞机研制里程碑计划

3. 国内合作研制分工责任矩阵

此项目国内合作研制分工的责任矩阵如表 1 所示。

表 1 责任矩阵

责任人	责任	工作内容
成都飞机设计研究所	总设计	负责设计（含一级地面设备）和设计性试验（含风洞、结构、系统及全机静、动力和疲劳试验）组织实施
成都飞机工业公司	总制造	负责工艺设计与试验，原型机试制和设计试验中结构、系统试验件制造，相应专用工装、工具的设计制造，以及原型机试飞的实施
中航技	商务代表	市场和国外用户开拓、国外成品采购业务、商签对外合同

4. 枭龙飞机研制工作分解结构

枭龙飞机研制的主要技术状态是以机体研制为主，包含机载成附件、发动机和一种航电系统方案的设备及选定的武器和副油箱与飞机机体的综合、接口协调和安装工作以及一线维护设备、专用测试设备和工具的研制。但不包括机载成附件、发动机、航电设备、武器本身的研发工作。

顶层工作分解结构。项目工作分解结构包含项目实施过程中的全部工作，按商务要求，整架飞机分机体、发动机、航电、武器四个方面。枭龙飞机研制顶层工作分解结构如下：总体部分、结构部分、系统部分、综保部分、试制部分、试飞部分等。

详细工作分解结构。根据军用飞机研制程序，枭龙飞机研制分五个阶段（横向）：方案设计、技术设计、详细设计、原型机试制、原型机试飞鉴定。详细工作分解结构分为五级（纵向）。以技术设计阶段为例，每个研制阶段定义目标、主要工作和结束形式。

工作项目代码组成及格式。枭龙飞机项目工作分解结构是单一编码系统，这是确保将所有管理工具整合成一个综合工具集的基础。工作项目代码参照 P3E，由项目类别、飞机型号和 WBS 代码组成。P3E 中工作项目代码一般格式，如图 2 所示。

代码	方案设计阶段		
	第 4 层	第 5 层	第 6 层
1.01.1.11	总体布局设计		
1.01.1.11 − 1		确定战术技术要求	
1.01.1.11 − 2		确定飞机基本布局	
1.01.1.11 − 3		确定飞机动力装置	
1.01.1.11 − 4		初步确定飞机的航空电子装备方案	
1.01.1.1101	总体设计		
1.01.1.1101 − 1			飞机总体布局设计
1.01.1.1101 − 2			飞机座舱初步设计
1.01.1.1101 − 3			飞机三面图设计
1.01.1.1101 − 4			飞机总体指导性文件编写

图 2 枭龙飞机项目工作分解结构

代码	方案设计阶段		
	第4层	第5层	第6层
1.01.1.1102		气动力设计	
1.01.1.1102-1			飞机气动力初步数值计算
1.01.1.1102-2			飞机基本布局设计
1.01.1.1103		进气道布局选型设计	
1.01.1.1104		飞机外形初步设计	
1.01.1.1105		飞机重量设计	
1.01.1.1106		飞机战术性能估算	
1.01.1.1106-1			战术性能估算
1.01.1.1106-2			作战效能估算
1.01.1.12	结构布局设计		
1.01.1.12-1		配合总体进行结构布局	
1.01.1.12-2		传力方案及传力路线确定	
1.01.1.12-3		确定强度设计原则及规范	
1.01.1.12-4		提出结构重大技术关键清单	
1.01.1.12-5		提出采用新技术项目清单	
1.01.1.12-6		提出结构设计新标准项目	
1.01.2.22	方案阶段设计性试验		
1.01.2.2201		飞机布局选型风洞试验	
1.01.2.2201-1			全机高速模型设计制造
1.01.2.2201-2			全机低速模型设计制造

图2 枭龙飞机项目工作分解结构（续）

5. 枭龙飞机研制的成本管理

枭龙飞机应采用已有的成熟技术，原则上不应有重大的预研项目，与现有产品具有较强的继承性；参研单位已具备配套的研制设计试验和生产条件，只是根据型号的不同要求做适应性改造或补充，不单独进行重大技术改造的投入。

枭龙飞机研制成本估算范围。枭龙飞机项目成本估算以工作分解结构为基础进行，仅限于原型机研制五个阶段，即从方案设计到试飞鉴定完成。项目之前的市场调查、客户分析及批生产工作不属此列。枭龙飞机项目技术方案状态：以飞机机体研制为主，包含选定的机载成附件、发动机、航电系统方案的设备及选定的武器外挂与飞机机体的综合、接口协调和安装，以及一线维护设备、专用测试设备和工具的研制。

6. 枭龙飞机研制的风险管理

枭龙飞机项目的风险管理不仅是对某项关键技术或者某个系统的风险进行管理与控制，而是以产品研发成功为导向的团队行为规范、组织与领导模式、需求控制、技术验证以及计划跟踪等全局与整体的管理。基于以前产品开发的一些经验,枭龙项目风险的来源及应对举措,归纳如表2所示。

表2 风险管理表

风险来源	主要影响分析	应对举措
团队成员各自为政	关系到团队的工作效率	建立团队行为规范
传统管理的局限性		创新组织与领导模式
缺乏明确的项目需求甚至错误地理解项目需求	对成本、进度与项目绩效三个方面产生负面影响	不断提炼和理解项目需求
技术不成熟或者技术缺乏		开发并验证关键技术
对项目全过程的计划和跟踪不足	即使处理好了前面的问题,项目仍然有可能陷入困境	基于产品管理系统,对研发的全过程进行跟踪与控制

五、项目执行过程

在项目办公室的统筹下,枭龙研制采用系统工程与项目管理相结合、并行工程与目标管理相结合、职能管理与矩阵管理相协调的管理方式,建立飞机、系统试验、保障系统和训练系统等一级项目系统,每个系统下又有若干子系统。

例如飞机系统包括机体结构、座舱、航电、设备与子系统、飞机管理系统、武器以及推进系统分析与综合等多个二级IPT(Integrated Product Teams,集成产品团队)、每个二级IPT又根据情况进一步划分为更小的子IPT,以确保项目各个层面所有人员的工作处于受控状态。

六、项目监控过程

在枭龙飞机研制项目中,当研制飞机的战技指标明确后,所有飞机系统配置产品和飞机设计过程中的产品的数据得到确定,形成了完整的监控的基准。在每个阶段进入下一阶段之前,设立决策点并由有关组织进行阶段评审,在每个决策点上比照预定标准进行审查,达到预定标准后方可进入下一阶段。

1)项目的范围变更控制。枭龙飞机研制范围是建立武器系统项目管理最基本的采办问题。在研制过程中,存在用户识别现有系统对抗预计威胁的局限性,也存在研发团体技术不能完全满足用户的使用要求,也许不能完全开发,或者可能导致其他问题,往往需要进行范围的变更。通常由高层管理人员提出变更请求,由双方进行全盘考虑权衡,确认新的范围。

2)项目的进度控制。枭龙飞机是国际合作项目,国外用户对进度要求非常严格。在进度控制上,不但要控制里程碑,还要注重关键工序上的节点进展。在研制过程中设计与制造、工艺技术与生产准备、零件制造与装配、试制与试验、试飞准备等高度并行作业。工艺部门提前介入,参与设计工作,在设计发图过程中同步进行工艺准备,安排零件投产准备;设计结果以数字量形式直接传输到试制部门,缩短了工艺准备时间。

3)项目的成本控制。降低技术风险、控制单机成本是枭龙飞机面向国际市场、参与竞争的需要,是项目研制的重要原则。枭龙飞机项目通过成本绩效报告、管理费用报告和设计/成本状态报告三种方式来监控成本绩效。

七、项目收尾过程

1）枭龙飞机技术鉴定。枭龙飞机项目明确了飞机研制安排后，先后完成了飞机的初步设计、冻结技术状态、详细初步设计、详细设计、原型机试制与试验、试飞与鉴定等飞机研制程序，2003年8月首飞，2009年12月通过了设计定型技术鉴定，全面实现了研制合同的目标。巴空军在接收飞机后，首先成立了专门的"测试和评估中队"对枭龙飞机进行飞行和保障性能的测试和评估。

2）合同收尾及项目后评价。在项目收尾阶段，成都飞机设计研究所作为该型号飞机的总体设计单位和投资方之一，认真总结研制过程中先进的并行工程理念优化设计流程，完善了成都飞机设计研究所《飞机研制程序》，组织了《军贸飞机研制预算课题综合研究》等系列报告。

枭龙飞机项目管理是在充分吸取国内型号工程研制经验的基础上，应用数字化技术和现代项目管理及并行工程理念和方法进行的一次成功尝试，确保了各系统按要求组织实施和工程目标的顺利完成。2010年，枭龙飞机正式加入巴基斯坦空军战斗部队序列，成功参加了高标2010军演、范堡罗国际航展，表现非凡，受世人瞩目。在此基础上，巴基斯坦空军和中方签订了购买50架枭龙飞机的销售合同。

八、问题讨论

1. 枭龙飞机研制项目的计划有哪几种类型。
2. 枭龙飞机研制项目的WBS有何特点。
3. 如何做好该项目的范围变更控制、进度控制、成本控制？

本章目标
➢ 项目进度计划概述
➢ 项目进度计划的基础
➢ 项目进度计划的编制过程
➢ 项目进度计划的工具
➢ 关键线路法
➢ 计划评审技术
➢ 网络计划的优化
➢ 进度控制

第 2 章

项目的进度计划与控制

本章目标

- 了解项目进度计划的基础
- 掌握项目进度计划的编制步骤和过程
- 掌握项目进度计划的编制工具
- 掌握关键线路法和计划评审技术
- 掌握网络计划的优化方法
- 了解项目进度动态监测的方法工具

本章介绍

本章在介绍项目进度计划的基础——项目描述、项目分解、工作描述、工作责任分配的前提下，阐述了项目进度计划编制的步骤和过程。进而对进度计划编制的工具——WBS、责任分配矩阵、网络计划技术进行了详细介绍，并重点介绍了网络计划中的两种方法——关键线路法（CPM）和计划评审技术（PERT）。在编制网络计划的基础上，分析了对网络计划进行优化的两种方法：时间—成本平衡法、工期优化法。在进度控制部分，重点介绍了项目进度动态监测的方法以及实施。

进度计划（Schedule）是表达项目中各项工作的开展顺序、开始及完成时间及相互衔接关系的计划。通过进度计划的编制，使项目实施形成一个有机整体。进度计划是进度控制和管理的依据。按进度计划所包含的内容不同，可分为总体进度计划、分项进度计划、年度进度计划等。这些不同的进度计划构成了项目的进度计划系统。

制订项目进度计划的目的是控制项目时间和节约时间，而项目的主要特点之一，就是有严格的时间期限要求，由此决定了进度计划在项目管理中的重要性。基本进度计划要说明哪些工作必须于何时完成和完成每项工作所需要的时间，有时也要能表示出每项工作所需的人数。

2.1 项目进度计划概述

2.1.1 项目进度计划的种类

常用的制订进度计划的方法主要有甘特图、里程碑计划和网络计划。

1. 甘特图

这是进度计划最常用的一种工具，最早由 Henry L. Gantt 于 1917 年提出。由于其简单、明了、直观，易于编制，因此它成了小型项目管理中编制项目进度计划的主要工具。即使在大型工程项目中，它也是高级管理层了解全局、基层安排进度时有用的工具。但是，由于甘特图不表示各项工作之间的关系，也不指出影响项目工期的关键所在，因此，对于复杂的项目来说，甘特图就显得不足以适用。

图 2-1 是一个甘特图的例子。

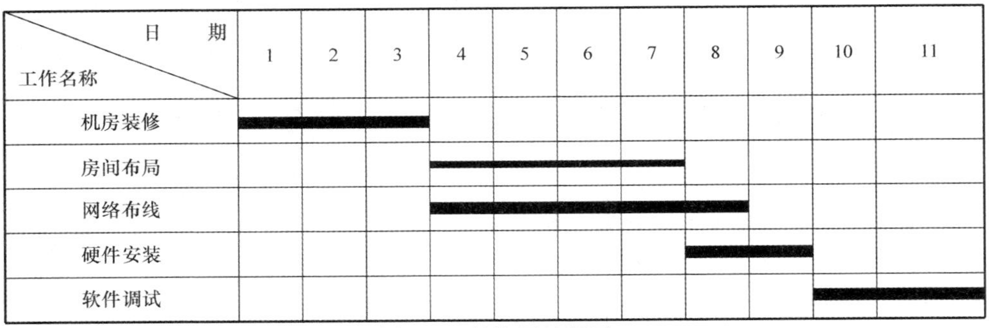

日　期 工作名称	1	2	3	4	5	6	7	8	9	10	11
机房装修	━	━	━								
房间布局				━	━	━	━				
网络布线				━	━	━	━				
硬件安装								━	━		
软件调试										━	━

图 2-1　甘特图的例子

2. 里程碑计划

里程碑计划是以项目中某些重要事件的完成或开始时间作为基准所形成的计划，是一个战略计划或项目框架，以中间产品或可实现的结果为依据。它显示了项目为达到最终目标必须经过的条件或状态序列，描述了项目在每一阶段应达到的状态，而不是如何达到。

里程碑计划可用里程碑图或里程碑表来表示。图 2-2 是里程碑图的一个例子。

项目名称	1 月	2 月	3 月	4 月	5 月	6 月
里程碑事件	上 中 下	上 中 下	上 中 下	上 中 下	上 中 下	上 中 下
技术方案确定	30/1 ▲					
研究试验				15/4 ▲		
技术设计					15/5 ▲	
制作组装						15/6 ▲

图 2-2　里程碑图的例子

3. 网络计划

网络计划技术是用网络计划对项目的工作进度进行安排和控制，以保证实现预定目标的科学的计划管理技术。网络计划是在网络图上加注工作的时间参数等而编制成的进度计划。因此，网络计划由两部分组成，即网络图和网络参数。网络图是由箭线和节点组成的，用来表示工作流程的有向、有序的网状图形。网络参数是根据项目中各项工作的延续时间和网络图所计算的工作、节点、线路等要素的各种时间参数。

关键线路法（Critical Path Method，简称 CPM）和计划评审技术（Program Evaluation and Review Technique，简称 PERT）是 20 世纪 50 年代后期几乎同时出现的两种计划方法。随着科学技术和生产的迅速发展，出现了许多庞大而复杂的科研和工程项目，它们工序繁多，协作面广，常常需要动用大量人力、物力和财力。因此，如何合理而有效地把它们组织起来，使之相互协调，在有限资源下，以最短的时间和最低费用最好地完成整个项目，就成为一个突出的问题。CPM 和 PERT 就是在这种背景下出现的。这两种计划方法是分别独立发展起来的，但其基本原理一致，即用网络图来表达项目中各项工作的进度和它们之间的相互关系，并在此基础上进行网络分析，计算网络中各项时间参数，确定关键工作与关键线路，利用时差不断地调整与优化网络，以求得最短工期。然后，还可将成本与资源问题考虑进去，以求得综合优化的项目计划方案。因为这两种方法都是通过网络图和相应的计算来反映整个项目的全貌，所以又叫作网络计划技术。

此外，后来还陆续提出了一些新的网络技术，如图形评审技术（Graphical Evaluation and Review Technique，简称 GERT）、风险评审技术（Venture Evaluation and Review Technique，简称 VERT）等。

很显然，采用以上几种不同的进度计划方法，其本身所需的时间和费用是不同的。里程碑计划编制时间最短，费用最低；甘特图所需时间要长一些，费用也高一些；CPM 要把每个工作都加以分析，如工作数目较多，还需用计算机求出总日期和关键线路，因此花费的时间和费用将更多；PERT 可以说是制订项目进度计划方法中最复杂的一种，所以花费的时间和费用也最多。

图 2-3 是网络图的一个例子。在图 2-3 中，每一个方框代表一项工作，方框之间的箭线代表工作之间的联系。这样的网络图称为单代号网络图，关于单代号网络图的详细内容将在后面介绍。方框中的两个数字前者表示工作的编码，后者表示完成工作所需要的时间。

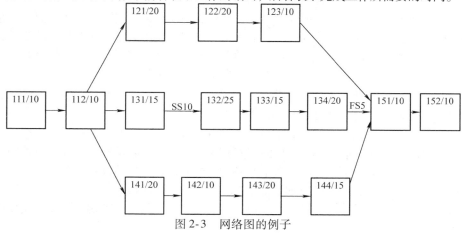

图 2-3 网络图的例子

2.1.2 项目进度计划方法的选择

应该采用哪一种进度计划方法，主要应考虑下列六种因素。

（1）项目的规模大小。对于小项目应采用简单的进度计划方法，如甘特图。对于大项目，为了保证按期按质达到项目目标，就需考虑用较复杂的进度计划方法，如网络计划技术。

（2）项目的复杂程度。项目的规模并不一定总是与项目的复杂程度成正比，例如修一条公路，规模虽然不小，但并不太复杂，可以用较简单的进度计划方法。而研制一个小型的电子仪器，却有很复杂的步骤和很多专业知识，可能就需要较复杂的进度计划方法。

（3）项目的紧急性。在项目急需进行阶段，特别是在开始阶段，需要对各项工作发布指示，以便尽早开始工作，此时，如果用很复杂的方法编制进度计划，就会延误时间，这时可先用简单的甘特图方法编制进度计划。

（4）对项目细节掌握的程度。如果对项目的细节掌握不够，就无法用 CPM 和 PERT。因为使用 CPM 或 PERT 需要知道工作之间的逻辑关系及完成每项工作的时间估计等信息，这时可用简单的方法。

（5）有无相应的技术力量和设备。例如，如果没有受过良好训练的合格的技术人员，CPM 和 PERT 进度计划方法有时就难以应用，也无法用复杂的方法编制进度计划。

（6）考虑客户的要求及预算。

到底采用哪一种方法来编制进度计划，要全面考虑以上各个因素。

2.1.3 项目进度计划的目的

项目进度计划是在工作分解结构的基础上对项目、工作做出的一系列时间计划。进度计划将表示工作预计将在何时开始，以及实际上是在何时开始的：

安排这些日期和时间有下列五个目的：

（1）保证按时获利以补偿已经发生的费用支出；

（2）协调资源；

（3）使资源在需要时可以利用；

（4）预测在不同时间所需的资金和资源的级别以便赋予项目以不同的优先级；

（5）满足严格的完工时间约束。

这五个目的中，第一个是最为重要的，因为这是项目管理存在的目的；第二个是其次重要的，因为它使现有的项目可行；第三个和第四个目的只是第一个目的的变种；第五个目的常常更为项目经理们所重视，他们设置一个严格的完工时间，尽管有时没有必要，不过他们要用这个时间与项目的费用和质量进行折衷权衡。

2.1.4 项目进度计划的时间参数

进度计划的时间参数有以下几种：

（1）周期（持续时间）。这是完成工作所需的时间。周期有两种，一种是确定型的，一种是随机型的。通常一个工作的周期是固定的。但有些情况下，受不可控因素的影响，一项工作的周期是可变的。对于不确定型的周期，需要估计出三种完成时间，即乐观时间、悲观时间、最可能时间，然后通过加权平均计算出完成该项工作的期望时间。对于有些工作，其周期则取决于在该工作上工作的人数，人数越多，完成工作的周期就越短。

当估计出工作周期后，在该工作开始之后完成之前，可以估算剩余周期。剩余周期等于该工作的计划周期减去该工作已经消耗的时间，或者可以根据目前承担该工作所获得的知识来重新估算剩余的周期。一旦工作已经完成，可以记录实际周期。

（2）最早和最迟时间。每项工作都有最早时间和最迟时间。最早时间分最早开始时间、最早结束时间；最迟时间分最迟开始时间、最迟结束时间。一个工作的开始和结束时间依赖于其他工作的结束时间。最早和最迟时间可以从所有工作的估算周期中得出。因此，每个工作肯定都有一个可能开始的最早时间，也就是最早开始时间（early start date）。最早开始时间加上估算的周期就是最早结束时间（early finish date）。同样地，其他工作的开始时间可能依赖于该工作的结束时间，以保证项目的如期完成，这就是最迟结束时间（late finish date）。相应地，最迟开始时间（late start date）就是最迟结束时间减去估算的周期。

（3）总时差和自由时差。时差是指在一定的前提条件下，工作可以机动使用的时间。时差可分为总时差和自由时差两种。

总时差是指在不影响总工期的前提下，本项工作可以利用的机动时间。如果最迟开始时间与最早开始时间不同，那么该工作的开始时间就可以浮动。

如果周期是不变的，那么最早和最迟开始时间的差值与最早和最迟结束时间的差值是一样的（在大多数计划系统中，也确实是这样假定的）。

总时差最小的工作是关键工作，其周期决定了项目的总工期。由关键工作组成的线路为关键线路。如果令项目最后一项工作的最迟结束时间等于它的最早结束时间，则此时的最小总时差即为零。因此，通常总时差为零的工作为关键工作。

自由时差是指在不影响其紧后工作最早开始的前提下，本工作可以利用的机动时间。一项工作的自由时差越大，在进度安排时，该工作的灵活性就越大。

2.1.5 项目工作的持续时间（周期）估算

工作的持续时间是计划过程的核心。它不仅可用来设定给定工作的开始和结束时间，还可以根据其紧前工作的累积持续时间计算最早开始时间，根据其紧后工作的累积持续时间计算最迟结束时间。

人们一般都认为，一个工作的周期，取决于要完成工作的工作量和完成工作可用的人数：

$$周期 = 工作时间（人天）/可用人数$$

在实际周期计算中，还要加上其他一些因素，包括：非项目工作消耗掉的损失时间、兼职工作、人们完成工作时的冲突、人们完成工作时的交流沟通。

（1）损失时间。通常情况下，一个人在项目上满负荷工作的时间，1 周不会超过 5 天，1 年不会超过 52 周。这还包括节假日、病假、培训、会议等这些损失时间。一般在项目组中，每个人平均用在项目上的时间，每年只有 180 天；若某人能够将其全部精力用在项目上，也只相当于其所有可用时间的 70%。考虑到这一点，应该在通常的周期之上再加上一个百分比，例如 40%（1.4 = 1.0/0.7）。如果项目的资源日历去掉了一些损失时间，那么这个附加的比例可以适当小些。

（2）兼职工作。项目中可能雇用一些兼职人员。因此，项目中的人员应该是相当于满负荷工作的人员的数目。

（3）冲突。由于各种冲突的存在，增加项目人数与项目周期缩短之间并不存在比例关系。例如，增加工人1倍，并不能使工期减半，因为在工作界面上互相制约会降低工作的效率。

（4）交流。当多个人共同完成一项工作时，他们就需要彼此交流工作的细节以使工作得到良好的进展。沟通渠道数目随着人数的增加呈指数型增长。因此按照边际效用递减规律，总会有那么一个点，使得再增加1个人，便会降低工作的效率。

2.1.6　项目进度计划的安排

基于上述问题的讨论，可以安排项目的进度计划。以网络计划为例，在计算了最早和最迟时间后，进度计划的安排可以按最早时间安排，也可以按最迟时间安排，或按最早时间和最迟时间之间的中间值安排。按各种时间安排进度计划的作用如下：

（1）按最早时间安排计划，可用于激励士气。

（2）按最迟时间安排计划，可用于展现用户眼中的工作进展情况。

（3）按以上两者之间的中间值安排计划，这样的计划或者是由于资源平衡的需要，或者是为了显示达到最好的最终结果的计划安排。

2.2　项目进度计划的基础

项目进度计划的编制必须在完成以下工作的基础上进行：第一步，项目描述；第二步，项目分解；第三步，工作描述；第四步，工作责任分配表的制订。

2.2.1　项目描述

项目描述是用表格的形式列出项目目标、项目的范围、项目如何执行，项目完成计划等内容。项目描述的目的是对项目的总体要求做一个概要性的说明。项目描述是制作项目计划和绘制工作分解结构图的依据。项目描述的依据是项目的立项规划书、已经通过的初步设计方案和批准后的可行性报告。项目描述一般由项目管理办公室或项目主管人员完成。

项目描述表格的主要内容有：项目名称、项目目标、交付物、交付物完成准则、工作描述、工作规范、所需资源估计、重大里程碑等。

表2-1是项目描述表的一个例子。

表2-1　项目描述表的例子

项目名称	项目管理软件开发		
项目目标	25周内开发出一套项目管理软件，开发费用为100万元		
交付物	满足性能要求的项目管理软件		
交付物完成准则	试运行成功，验收通过		
工作描述	项目及工作信息的录入、项目网络计划图的绘制、项目时间计划的安排、甘特图计划的制订、项目执行信息的录入与分析及各种计划报表的输出等功能		
工作规范	依据行业规范		
所需资源估计	人力、材料、设备（机时）的需求预计		
重大里程碑	开始日期1月1日、完成日期6月18日		
项目负责人审核意见		签名：	日期：

2.2.2 项目分解

项目目标明确后，要制定出完善的项目进度计划，就必须对项目进行分解，以明确项目所包含的各项工作。项目分解是编制进度计划、进行进度控制的基础。

项目分解就是先把复杂的项目逐步分解成一层一层的要素（工作），直到具体明确为止。项目分解的工具是工作分解结构 WBS 原理，它是一个分级的树型结构，是一个对项目工作由粗到细的分解过程。关于 WBS 工具将在后面详细介绍。

图 2-4 是新款洗衣机研制项目的 WBS 图。

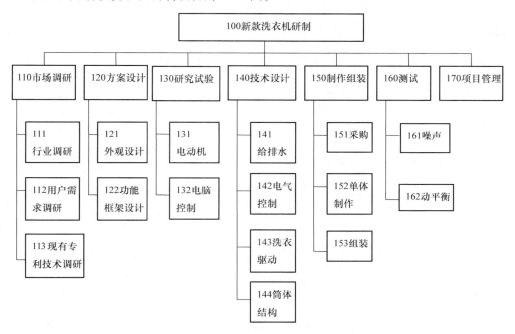

图 2-4 新款洗衣机研制项目的 WBS 图

2.2.3 工作描述

在项目分解的基础上，为了更明确地描述项目包含的各项工作的具体内容和要求，需要对工作进行描述。工作描述作为编制项目计划的依据，同时便于实施过程中更清晰地领会各项工作的内容。工作描述的依据是项目描述和项目工作分解结构，其结果是工作描述表及项目工作列表。表 2-2 是工作描述表的一个例子。

表 2-2 工作（任务）描述表的例子

工作名称	订购材料，代号为 D
工作交付物	签名并发出定单
验收标准	部门经理签字，定单发出
技术条件	本公司采购工作程序
工作描述	根据第×号表格和工作程序第××条规定，完成定单并报批

（续）

工作名称	订购材料，代号为 D
假设条件	所需材料存在
信息源	采购部、供应商广告等
约束	必须考虑材料的价格
其他	风险：材料可能不存在 防范计划：事先通知潜在的供应商，了解今后该材料的供货可能性
签名	项目组成员 A

工作列表是项目所有工作的汇总，其所包含的主要内容如表2-3所示。

表 2-3　工作列表包含的主要内容

工作编码	用计算机管理工作时的唯一标识符，可看出工作之间的父子关系
工作名称	该工作的名称
输出	完成该工作后应输出的信息（包括产品、图纸、技术文件、工装及有关决策信息）以及对输出信息的规范和内容定义
输入	完成本工作所要求的前提条件（包括设计文档、技术文件、资料等）
内容	定义本工作要完成的具体内容和流程（包括应用文件、支撑环境、控制条件、工作流程）
负责单位	本工作的负责单位或部门
协作单位	完成本工作的协作单位和部门
子工作	WBS 树型结构中与本工作直接相连的下属工作

项目工作列表的基本形式如表2-4所示。

表 2-4　项目工作列表

工作编码	工作名称	输出	输入	内容	负责单位	协作单位	子工作

2.2.4　工作责任分配

为了明确各单位或个人的责任，便于项目管理部门在项目实施过程中的管理协调，需要对项目的每一项工作分配责任者和落实责任。工作责任分配以工作分解结构图表和项目组织结构图表为依据，工作责任分配的结果形成工作责任分配矩阵/表。表2-5是工作责任分配表的一个例子。表2-5中，顶行给出了项目组织结构中的各部门，左列给出了项目中各工作的 WBS 编码，行列交叉处各符号分别表示由何部门行使何种职责。

表 2-5　工作责任分配表的例子

WBS 编码		设计部门	实施部门	财务部门	测试部门	办公室	
1.1.0	1.1.1	▲	○	○		○	●
	1.1.2	▲	○	○		○	●
1.2.0	1.2.1	▲	○	○		○	●
	1.2.2	▲	○	○		○	●
	1.2.3	▲	○			○	●
1.3.0	1.3.1	○	▲	○	○	○	●
	1.3.2	○	▲	○		○	●
	1.3.3	○	▲	○		○	●
	1.3.4	○	▲	○		○	●
	1.3.5	○	▲	○		○	●
	1.3.6	○	▲	○		○	●
1.4.0	1.4.1	○	○	○	▲	●	
	1.4.2	○	○	○	▲	●	
1.5.0	1.5.1	○	○	○	○	▲	

注：▲负责　○参与　●监督

2.3　项目进度计划的编制过程

在完成了项目进度计划上述基础工作的前提下，可以编制项目的进度计划了。第一步，工作先后关系的确定；第二步，工作时间估计；第三步，绘制网络图；第四步，进度安排。

2.3.1　工作先后关系的确定

任何工作的执行必须依赖于一定工作的完成，也就是说它的执行必须在某些工作完成之后才能执行，这就是工作的先后依赖关系。工作的先后依赖关系有两种：一种是工作之间本身存在的、无法改变的逻辑关系；另一种是人为组织确定的，两项工作可先可后的组织关系。如：生产——设计是逻辑关系；生产 A 产品——生产 B 产品是组织关系。确定工作先后关系的原则是从逻辑关系到组织关系。即先确定逻辑关系，再确定组织关系。

（1）逻辑关系的确定。这是工作先后关系确定的基础，工作逻辑关系的确定相对比较容易，由于它是工作之间所存在的内在关系，通常是不可调整的，主要依赖于技术方面的限制，因此确定起来较为明确，通常由技术和管理人员交流就可完成。

（2）组织关系的确定。对于无逻辑关系的那些工作，由于其工作先后关系具有随意性，从而将直接影响到项目计划的总体水平。工作组织关系的确定一般比较难，它通常取决于项目管理人员的知识和经验，因此组织关系的确定对于项目的成功实施是至关重要的。

（3）外部制约关系的确定。在项目的工作和非项目工作之间通常会存在一定的影响，因此在项目工作计划的安排过程中也需要考虑到外部工作对项目工作的一些制约及影响，这样才能充分把握项目的发展。

工作先后关系确定的最终结果是要得到一张描述项目各工作先后关系的项目网络图以及工作的详细关系工作列表。项目网络图通常是表示项目各工作的先后关系的基本图形，通常可由计算机或手工绘制，它包括整个项目的详细工作流程。详细关系工作列表包括了项目各工作的详细说明，是项目工作的基本描述。表2-6是详细关系工作列表的一个例子。

表2-6　项目管理软件开发项目的详细关系工作列表

序号	WBS编码	工作名称	工期（天）	紧后工作	搭接关系
1	1.1.1	用户需求调研	8	2	
2	1.1.2	用户需求确认	2	3	
3	1.2.1	系统概要设计	7	4	
4	1.2.2	系统详细设计	20	5	
5	1.2.3	设计评审和确认	3	6	
6	1.3.1	项目及工作信息的录入	10	7、8、9、10	
7	1.3.2	项目网络计划图的绘制	15	11	
8	1.3.3	项目时间计划的安排	15	11	
9	1.3.4	甘特图计划的制订	12	11	
10	1.3.5	项目执行信息的录入与分析	20	11	
11	1.3.6	计划报表输出	10	12	
12	1.4.1	模块测试	10	13	
13	1.4.2	总体测试	5	14	
14	1.5.1	系统初步验收	2	15	
15	1.5.2	系统试运行	20	16	
16	1.5.3	系统正式验收	3		

2.3.2　工作时间估计

工作延续时间是指在一定的条件下，直接完成该工作所需时间与必要停歇时间之和。工作延续时间的估计是项目计划制定的一项重要的基础工作，它直接关系到各事项、各工作网络时间的计算和完成整个项目工作所需要的总时间。若工作时间估计得太短，则会在工作中造成被动紧张的局面；相反，若工作时间估计得太长，就会使整个工程的完工期延长。

网络中所有工作的进度安排都是由工做的延续时间来推算的，因此，对延续时间的估计要做到客观正确的估计。这就要求在对工作作出时间估计时，不应受到工作重要性及工程完成期限的影响，要在考虑到各种资源、人力、物力、财力的情况下，把工作置于独立的正常状态下进行估计，要做通盘考虑，不可顾此失彼。

1. 工作时间的估计主要依赖的资料

（1）详细工作列表。

（2）项目约束和限制条件。

（3）资源需求。大多数工作的时间将受到分配给该工作的资源情况以及该工作实际所需要的资源情况的影响，比如当人力资源减少一半时工作的延续时间一般来说将会增加一倍；

（4）资源能力。资源能力决定了可分配资源数量的多少，对多数工作来说其延续时间将受到分配给它们的人力及材料资源的明显影响，比如一个全职的项目经理处理一件事的时间将会明显的少于一个兼职的项目经理处理该事的时间；

（5）历史信息。许多类似的历史项目工作资料对于项目工作时间的确定是很有帮助的，主要包括项目档案、公用的工作延续时间估计数据库、项目工作组的知识。

2. 确定工作时间的主要方法

（1）专家判断。专家判断主要依赖于历史的经验和信息，当然其时间估计的结果也具有一定的不确定性和风险。

（2）类比估计。类比估计意味着以先前的类似的实际项目的工作时间来推测估计当前项目各工作的实际时间。在项目的一些详细信息获得有限的情况下，这是一种最常用的方法，类比估计可以说是专家判断的一种形式。

（3）单一时间估计法。估计一个最可能的工作实现时间，对应于 CPM 网络。

（4）三个时间估计法。估计工作执行的三个时间，乐观时间 t_o、悲观时间 t_p、最可能时间 t_m，对应于 PERT 网络。其公式如下：

$$期望时间\ t = \frac{t_o + 4t_m + t_p}{6}$$

例如，某一工作在正常情况下的最可能时间是 15 天，在最有利的情况下工作时间是 9 天，在最不利的情况下其工作时间是 18 天，那么该工作的最可能完成时间由下式给出：

$$t = \frac{(9 + 4 \times 15 + 18)}{6} = 14.5（天）$$

工作时间估计结果形成了各项工作时间的估计、基本的估计假设及工作列表的更新。

表 2-7 是工作列表更新后的内容。

表 2-7 项目计划工作列表更新后的内容

工 作 编 码	工 作 名 称	紧前工作（或紧后工作）	时间估计/天	负 责 人
项目负责人审核意见：				
			签名：	日期：

表2-8展示了项目管理软件开发项目工期估计后的更新表。

表2-8 项目管理软件开发项目工期估计后的更新表

WBS 编码	工 作 名 称	资源名称	工作量/工时	工期/天	资源数/个
1.1	需求调研				
1.1.1	用户需求调研	系统分析员	256	8	4
		管理人员	128	8	2
1.1.2	用户需求确认	系统分析员	64	2	4
		管理人员	32	2	2
1.2	系统设计				
1.2.1	系统概要设计	系统分析员	112	7	2
1.2.2	系统详细设计	系统分析员	640	20	4
1.2.3	设计评审和确认	系统分析员	96	3	4
		管理人员	48	3	2
1.3	编码				
1.3.1	项目及工作信息的录入	程序员	1200	10	15
1.3.2	项目网络计划图的绘制	程序员	1800	15	15
1.3.3	项目时间计划的安排	程序员	1800	15	15
1.3.4	甘特图计划的制订	程序员	1440	12	15
1.3.5	项目执行信息的录入与分析	程序员	2400	20	15
1.3.6	计划报表输出	程序员	1200	10	15
1.4	测试				
1.4.1	模块测试	测试员	800	10	10
1.4.2	总体测试	测试员	200	5	5
1.5	试运行				
1.5.1	系统初步验收	系统分析员	64	2	4
		管理人员	32	2	2
1.5.2	系统试运行	程序员	2400	20	15
1.5.3	系统正式验收	系统分析员	96	3	4
		管理人员	48	3	2
合计			14856		

2.3.3 绘制网络图

网络图绘制的主要依据是项目工作关系表。通过网络图的形式可以将项目工作关系表达出来，主要有两种形式的网络图：双代号网络图和单代号网络图。图2-5和图2-6分别是双代号网络图和单代号网络图的例子。

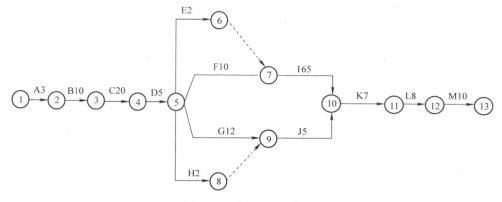

图 2-5 双代号网络图的例子

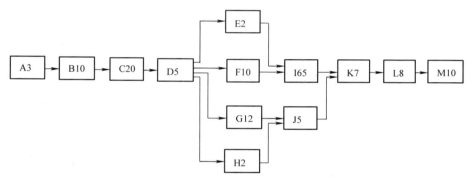

图 2-6 单代号网络图的例子

2.3.4 进度安排

在完成了项目分解、确定各项工作和工作先后顺序、估计出各项工作延续时间的基础上，即可安排项目的时间进度。

进度安排的目标是制订项目的详细安排计划，明确每项工作的起始终止时间，作为项目控制的有效手段。其依据是项目内容的分解、各组成要素工作的先后顺序、工作延续时间的估计结果。安排时间进度时，项目主管要组织有关职能部门参加，明确对各部门的要求，据此各职能部门可拟定本部门的项目进度计划。项目的进度计划目前多采用网络计划技术的形式，其有助于明确反映项目各工作单元之间的相互关系，有利于项目执行过程中各工作之间的协调与控制。

进度安排所依赖的有关资料和数据有：

（1）项目网络图。

（2）工作延续时间估计。

（3）资源需求。

（4）资源安排描述。什么资源在什么时候是可用的，以及在项目执行过程中每一时刻需要什么资源，是项目计划安排的基础。当几个工作同时都需要某一种资源时，资源的合理安排将特别重要。

（5）日历。明确项目和资源的日历是十分必要的，项目日历将直接影响所有资源，资源日历影响一个特别的资源。

（6）限制和约束。强制日期或时限、里程碑事件，这些都是项目执行过程中必须考虑的限制因素。

进度安排的工具和技术主要有数学分析方法，包括关键线路法（CPM）和计划评审技术（PERT）等。

项目进度安排的结果形成了项目进度。包括每项工作的计划开始日期和期望完成的日期。项目进度可以以提要的形式（称为主进度）或者以详细描述的形式表示，尽管项目进度可以表示为表格的形式，但是更常用的却是以多种形式的图形方式加以描述，图形描述常常直观易懂。以下是几种项目进度的表达形式。

1. 带有日历的项目网络图

图 2-7 是带有日历的单代号项目网络图。图中每个工作方框上面的两个数字分别代表该工作的开始日期和完成日期。

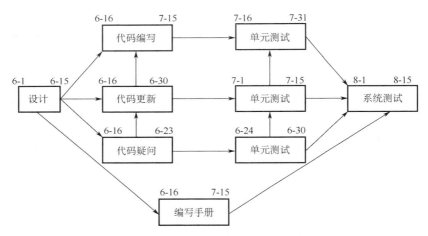

图 2-7　带有日历的单代号项目网络图

2. 时间坐标网络图

图 2-8 是双代号时间坐标网络图。图的下方给出了时间坐标的刻度，通过刻度可了解每项工作的开始时间和结束时间。

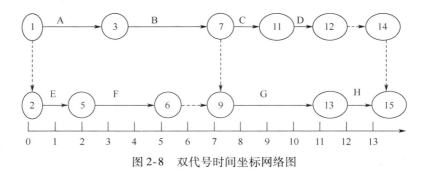

图 2-8　双代号时间坐标网络图

3. 甘特图（条形图/横道图）

图 2-9 是甘特图，也称条形图或横道图。图上方的行给出了时间坐标，图的左列给出了项目中的工序或工作，图中的横道线表示某项工作从开始至结束跨越的时间段，其中粗线代表关键工作，细线为非关键工作。弹簧线为各项工作的自由时差。

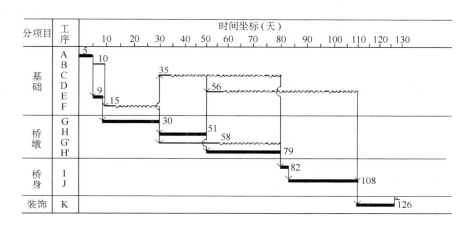

图 2-9　甘特图

4. 里程碑事件图

图 2-10 和图 2-11 是两种里程碑事件图。图 2-10 中行代表时间，列中给出了里程碑事件，行列交叉处的三角给出了该里程碑事件发生的时间。例如，转包签订在三月上旬完成；设计检查在五月上旬完成。图 2-11 中，横轴代表时间，纵轴代表项目的组织机构，方块代表每一个里程碑事件。从方块的位置可知该里程碑事件由哪个部门在何时完成，例如，"最后的预算草案"由项目管理层在十一月中旬完成。

里程碑事件	一月	二月	三月	四月	五月	六月	七月	八月
转包签订			▲					
计划书的完成				▲				
设计检查					▲			
子系统测试						▲		
第一单元实现						▲		
产品计划完成								▲

图 2-10　里程碑事件图（一）

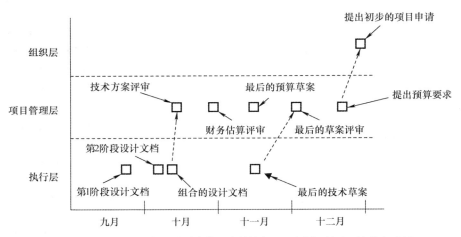

注：每一个方块(□)代表一个重要的里程碑事件；也就是表示一项或多项任务（在此未画出）被安排在此完成的一个特殊的时间点。

图 2-11 里程碑事件图（二）

5. 项目计划表

除了图以外，项目进度安排还可用表格形式给出。表 2-9 是项目计划表，表中给出了每项工作的工期、开始时间及完成时间。

表 2-9 项目计划表

标识	工作名称	工期	开始时间	完成时间
1	启动	0 工作日	2015 年 7 月 2 日	2015 年 7 月 2 日
2	编制项目任务书	20 工作日	2015 年 7 月 2 日	2015 年 7 月 27 日
3	制作工作计划书	20 工作日	2015 年 7 月 30 日	2015 年 8 月 24 日
4	总体设计	80 工作日	2015 年 8 月 27 日	2015 年 12 月 14 日
5	详细设计	140 工作日	2015 年 9 月 24 日	2015 年 4 月 5 日
6	工艺设计	40 工作日	2015 年 9 月 24 日	2015 年 11 月 16 日
7	工装设计	200 工作日	2015 年 7 月 2 日	2016 年 4 月 5 日
8	工装制造	200 工作日	2016 年 4 月 8 日	2017 年 1 月 10 日
9	零件制造	355 工作日	2016 年 4 月 8 日	2017 年 8 月 15 日
10	部件总配	180 工作日	2016 年 6 月 3 日	2017 年 2 月 7 日
11	总装	60 工作日	2017 年 8 月 18 日	2017 年 11 月 7 日
12	喷漆	40 工作日	2017 年 11 月 10 日	2018 年 1 月 2 日
13	地面测试	20 工作日	2018 年 1 月 5 日	2018 年 1 月 30 日
14	试飞前准备	100 工作日	2018 年 2 月 2 日	2018 年 6 月 18 日
15	地面测试	100 工作日	2018 年 2 月 2 日	2018 年 6 月 18 日
16	试飞鉴定	80 工作日	2018 年 6 月 21 日	2018 年 10 月 8 日
17	交付	60 工作日	2018 年 10 月 11 日	2018 年 12 月 31 日
18	结束	0 工作日	2018 年 12 月 31 日	2018 年 12 月 31 日

6. 项目行动计划表

表 2-10 是项目行动计划表，表中给出了工作的递送关系。

表 2-10　项目行动计划表

递送：				
完成措施：				
关键约束条件和假设：				
任务	估计资源	前期任务	估计延续时间	责任人

　　除了进度计划外，进度安排的结果还应给出细节说明和进度管理计划。对于项目进度的支持细节至少应该说明有关的假设和约束，此外还应包括各种应用方面的详细说明。

　　进度管理计划主要说明怎样的进度变化应给予处理，可以是正式的或非正式的、详细的说明或基本的框架，它是总项目计划的辅助说明。

2.4　项目进度计划的工具

2.4.1　工作分解结构图和工作分解结构表

1. 工作分解结构图

　　工作分解结构（WBS）图是将项目按照其内在结构或实施过程的顺序进行逐层分解而形成的结构示意图。它可以将项目分解到相对独立的、内容单一的、易于成本核算与检查的工作单元，并能把各工作单元在项目中的地位与构成直观地表示出来。

　　WBS 图是项目所包含的全部工作的一张清单，也是进行进度计划、资源分配、费用预算的基础。

　　WBS 主要是将一个项目分解成易于管理的几个部分或几个细目，以便确保找出完成项目工作范围所需的所有工作要素。它是一种在项目全范围内分解和定义各层次工作包的方法，WBS 是按照项目发展的规律、依据一定的原则和规定进行系统化的、相互关联和协调的层次分解。结构层次越往下，项目组成部分的定义越详细，WBS 最后构成层次清晰、可以具体作为组织项目实施的工作依据。

　　WBS 通常是一种"成果"的"树"，其最底层是细化后的"可交付成果"，该树确定了项目的整个范围。

　　（1）WBS 图的层次。由于工作分解既可按项目的内在结构，又可按项目的实施顺序进行，而项目本身复杂程度、规模大小也各不相同，从而形成了 WBS 图的不同层次。

WBS 图的基本层次如图 2-12 所示。

但在现实项目分解时，有时层次会更多，如图 2-13 所示。

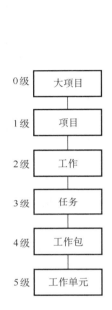

图 2-12 WBS 图的基本层次

图 2-13 9 级 WBS 层次

（2）WBS 分解类型。按分解的思路不同，在用 WBS 对项目进行分解时，有两种类型。

1）基于可交付成果的划分。这种分解方式具有如下特点：上层一般以可交付成果为导向，下层一般为可交付成果的工作内容。图 2-14 是基于可交付成果划分的 WBS 图的一个例子。

在图 2-14 中，上层（第二层）是按轮船的构造划分的。即要建造一艘轮船，必须要有动力系统、电气系统、管道系统、船体、轴系、木作系统、轮机系统和上层房间。下层（第四层）的划分是以工作为导向的，即为了完成上层的成果需要做哪些工作。例如，为了完成 E 段船体的建造，要做如下工作：钢材除锈、下料加工、小组装、配套存放、大组装和船台焊接。图 2-15 是船体分段示意图。

图 2-16 是按可交付成果划分的信息网络工程的 WBS 图的例子。

2）基于工作过程的划分。这种分解方式是上层按照工作的流程分解，下层按照工作的内容划分。图 2-17 是基于工作过程划分的一个例子。

42

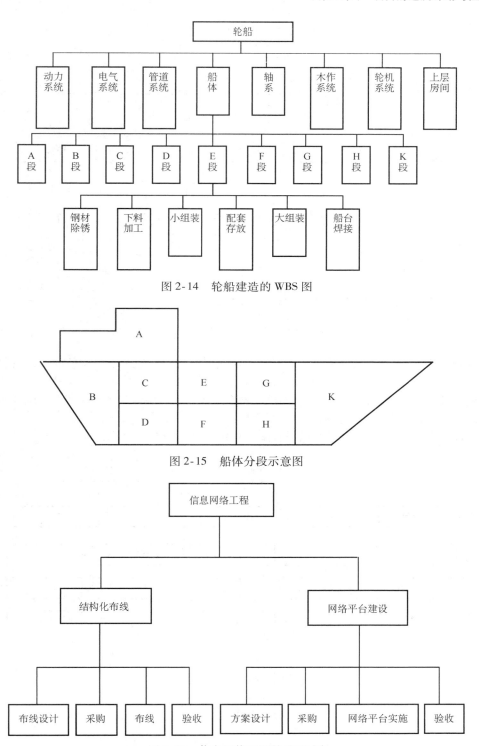

图 2-14 轮船建造的 WBS 图

图 2-15 船体分段示意图

图 2-16 信息网络工程的 WBS 图

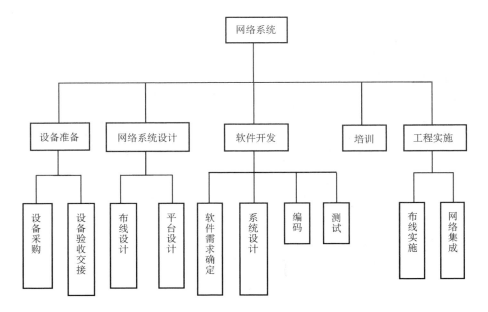

图 2-17　网络系统工程的 WBS 图

在图 2-17 中，上层（第二层）是按工作流程划分的。即先进行设备准备，然后进行网络系统设计，再进行软件开发，再然后是培训，最后工程实施。下层是为了完成上层的工作所要完成的工作。例如，为完成网络系统设计，要做布线设计和平台设计；为完成软件开发，要确定软件需求，进行系统设计、编码、测试。

图 2-18 是项目管理软件开发项目按过程划分的 WBS 图。

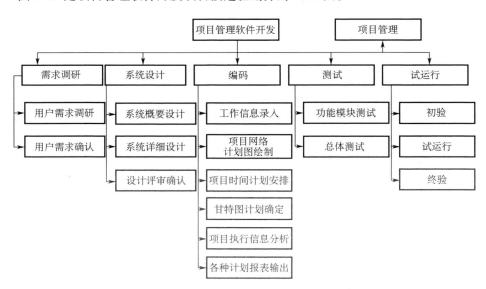

图 2-18　项目管理软件开发项目的 WBS 图

（3）WBS 的编码。为了简化 WBS 的信息交流过程，常利用编码技术对 WBS 进行信息转换。WBS 工作编码的规则为由上层向下层用多位码编排，要求每项工作有唯一的编码。WBS 的编码结构如图 2-19 所示。

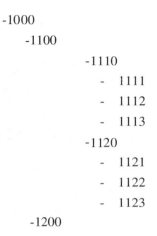

```
-1000
  -1100
    -1110
    -   1111
    -   1112
    -   1113
    -1120
    -   1121
    -   1122
    -   1123
  -1200
```

图 2-19　WBS 的编码结构示意图

图 2-20 是某地区安装和试运行新设备项目的 WBS 图及编码。

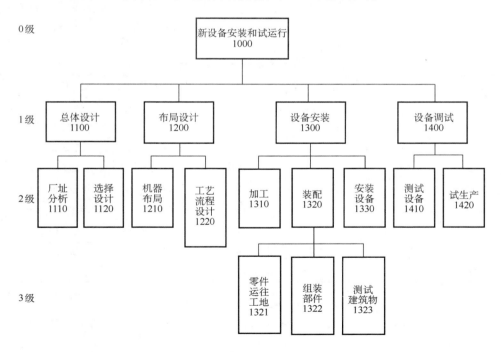

图 2-20　新设备安装和试运行 WBS 图

在图 2-20 中，WBS 编码由 4 位数字组成，第一位数表示处于 0 级的整个项目；第二位数表示处于第 1 级的子工作单元（或子项目）的编码；第三位数是处于第 2 级的具体工作单元的编码；第四位数是处于第 3 级的更细更具体的工作单元的编码。编码的每一位数字，由左至右表示不同的级别，即第 1 位代表 0 级，第 2 位表示 1 级，第 3 位表示 2 级，第 4 位表示 3 级。

在 WBS 编码中，任何等级的一位工作单元，是其全部次一级工作单元的总和。如第二位数字代表子工作单元（或子项目）。于是，整个项目就是子项目的总和。所有子项目的编码的第一位数字相同，而代表子项目的第二位数字不同，再后面两位数字是零。类似地，子项目代表 WBS 编码第二位数字相同、第三位数字不同、最后一位数字是零的所有工作之和。例如，子项目 2，即布局设计，是所有 WBS 编码第二位数字为 2、第三位数字不同的工作单元之和，因此子项目 2 的编码为 1200，它由机器布局（1210）和工艺流程设计（1220）组成。

在制定 WBS 编码时，职责和预算也可用同一编码数字制定出来。

就职责来说，第一位数字代表最大的责任者——项目经理，第二位数字代表各子项目的负责人，第三和第四位数字代表 2、3 级工作单元的相应负责人。表 2-11 是这种编码的一个例子。

预算也是一样，即第 0 级的预算量是整个项目的预算。各子项目分配到该总量的一部分，所有子项目预算的总和等于整个项目的预算量。这种分解一直持续到 2、3 级工作单元，详见表 2-11。

表 2-11　表示预算和职责的 WBS 编码

WBS 编码	预算（万元）	责 任 者	WBS 编码	预算（万元）	责 任 者
1000	5000	赵　一	1320	1200	孙　七
1100	1000	设计部门	1321	500	郑　八
1110	500	钱　二	1322	500	王志强
1120	500	张　三	1323	200	孙大圣
1200	1000	设备部门	1330	300	赵一冰
1210	700	李　四	1400	1000	生产部门
1220	300	王　五	1410	600	秦　山
1300	2000	基建部门	1420	400	徐　谦
1310	500	周　六			

包含预算和责任者的新设备安装和试运行 WBS 如图 2-21 所示。

图 2-22 和图 2-23 分别是项目管理软件开发项目和企业经营评价系统项目的 WBS 图。

（4）WBS 的制定步骤。在运用 WBS 对项目进行分解时，应遵循以下几个步骤。

1）根据项目的规模及复杂程度，确定工作分解的详细程度。如果分解得过粗，可能难以体现计划内容；分解得过细，会增加计划制定的工作量。因此在工作分解时要考虑下列因素：

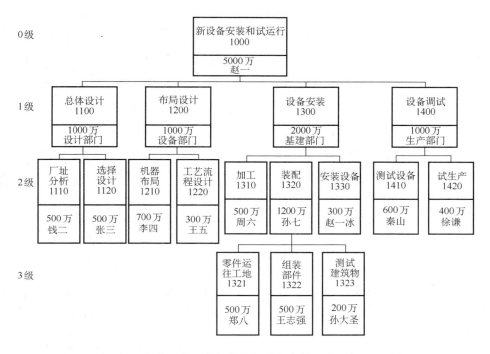

图 2-21　包含预算和责任者的新设备安装和试运行 WBS 图

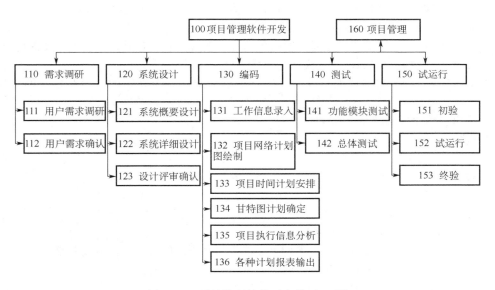

图 2-22　项目管理软件开发的 WBS 图

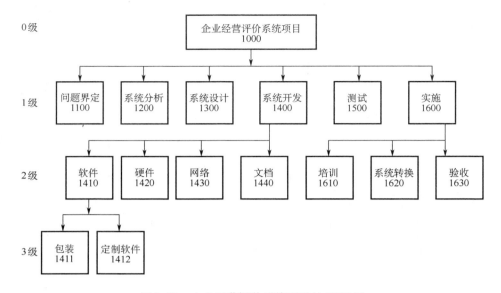

图 2-23 企业经营评价系统项目的 WBS 图

① 分解对象。若分解的是大而杂的项目，则可分层次分解，对于最高层次的分解可粗略，再逐级往下，层次越低，可越详细；若需分解的是相对小而简单的项目，则可以详细一些。

② 使用者。对于项目经理分解不必过细，只需让他们从总体上掌握和控制计划即可；对于计划执行者，则应分解得较细。

③ 编制者。编制者对项目的专业知识、信息、经验掌握得越多，则越可能使计划的编制粗细程度符合实际的要求；反之则有可能失当。

在 WBS 中，分解的详细程度是用级数的大小来反映的，对于同一项目，级数越小，说明分解越得粗略；级数越大，说明分解得越详细。

2）根据工作分解的详细程度，对项目进行分解，直至确定的、相对独立的工作单元。

WBS 分解的一般步骤是：

① 总项目；

② 项目或主体工作任务；

③ 主要工作任务；

④ 次要工作任务；

⑤ 小工作任务或工作元素。

（5）WBS 工作分解的原则主要以下几项：

1）功能或技术的原则，要考虑到每一阶段到底需要什么样的技术或专家；

2）组织结构，要考虑项目的分解应适应组织管理的需要；

3）地理位置，主要是考虑处于不同地区的子项目；

4）系统或子系统原则，根据项目在某些方面的特点或差异将项目分为几个不同的子项目。

（6）WBS 注意事项如下：

1）分解后的工作应该是可管理的、可定量检查的、独立的、可分配任务的。

2）复杂工作至少应分解成两项工作；

3）表示出工作间的联系；

4）不表示顺序关系；

5）最底层的工作应具有可比性；

6）与工作描述表一起进行；

7）包括管理工作；

8）包括次承包商的工作。

2. 工作分解结构表

工作分解结构除了用 WBS 图表示外，还可以用表的形式来表示，即 WBS 表。WBS 表的形式如表 2-12 所示。表 2-13 是 WBS 表的一个例子。

表 2-12　**WBS 表的形式**

项目名称：		项目负责人：	
单位名称：		制表日期：	
工作分解结构			
任务编码	任务名称	主要活动描述	负责人
1000			
1100			
1200			
1×00			
1×10			
1×11			
1×12			

项目负责人审核意见：

签名：　　　　　　　日期：

表 2-13　**项目管理软件开发项目工作分解结构表**（WBS 表）

编　码	工　作　名　称	编　码	工　作　名　称
1.0.0	项目管理软件开发	1.3.4	甘特图计划确定
1.1.0	需求调研	1.3.5	项目执行信息分析
1.1.1	用户需求调研	1.3.6	各种计划报表输出
1.1.2	用户需求确认	1.4.0	测试
1.2.0	系统设计	1.4.1	功能模块测试
1.2.1	系统概要设计	1.4.2	总体测试
1.2.2	系统详细设计	1.5.0	试运行
1.2.3	设计评审确认	1.5.1	初验
1.3.0	编码	1.5.2	试运行
1.3.1	工作信息录入	1.5.3	终验
1.3.2	项目网络计划图绘制	1.6.0	项目管理
1.3.3	项目时间计划安排		

2.4.2 责任分配矩阵

将工作分解结构图与项目的有关组织结构图相对照，可用于项目组织工作中分配任务和落实责任，并形成了责任分配矩阵。

责任分配矩阵是将所分解的工作落实到有关部门或个人，并明确表示出有关部门（或个人）对组织工作的关系、责任、地位。责任分配矩阵除可用以明确项目组织中各部门或个人的职责，还可用于系统地阐明项目组织内部门与部门之间、个人与个人之间的相互关系。责任分配矩阵使得各部门或个人不仅能认识到自己在项目组织中的基本职责，而且充分认识到在与他人配合中应承担的责任，从而能够充分、全面地认识自己的全部责任。

表 2-14 是责任分配表的一种形式，表 2-15 是这种形式的一个例子。表 2-16、表 2-17、表 2-18 是其他几种形式的责任分配表的例子。

表 2-14　责任分配表

图例：▲负责　●辅助　△承包		责任者（个人或组织）				
任务编码	任务名称					
项目负责人审核意见：				签名：		日期：

表 2-15　项目管理软件开发项目责任分配表

WBS 编码		设计部门	实施部门	财务部门	测试部门	办公室
1.1.0	1.1.1	▲	○	○		○　●
	1.1.2	▲	○	○		○　●
1.2.0	1.2.1	▲	○	○		○　●
	1.2.2	▲	○	○		○　●
	1.2.3	▲	○	○		○　●
1.3.0	1.3.1	○	▲	○	○	○　●
	1.3.2	○	▲	○	○	○　●
	1.3.3	○	▲	○	○	○　●
	1.3.4	○	▲	○	○	○　●
	1.3.5	○	▲	○	○	○　●
	1.3.6	○	▲	○	○	○　●
1.4.0	1.4.1	○	○	○	▲	●
	1.4.2	○	○	○	▲	●
1.5.0	1.5.1	○	○	○	○	▲

注：▲负责　○参与　●监督

表 2-16 新软件包安装的责任分配矩阵

WBS		项目经理	项目工程师	程序员
确定需求		◇	▲	
设计		◇	▲	
开发	修改外购软件包	□	◇	▲
	修改内部程序	□	◇	▲
	修改手工操作流程	□	◇	▲
测试	测试外购软件包	□	●	▲
	测试内部程序	□	●	▲
	测试手工操作流程	□	●	▲
安装完成	完成安装新软件包	●	▲	
	培训人员	●	▲	

注：▲ 负责 □ 通知 ● 辅助 ◇ 审批

表 2-17 销售报告系统项目责任分配矩阵

WBS	工作细目	Beth	Jim	Jack	Rose	Steve	Jeff	Tyler	Cathy	Sharon	Hannah	Joe	Gerri	Maggie	Gene	Greg
	销售报告系统	P	S					S			S			S		
1	问题界定	P		S	S											
1.1	收集数据	P	S									S				
1.2	可行性研究			P		S	S		S	S						
1.3	准备报告	S			P											
2	系统分析		P			S	S									
2.1	会晤用户		P		S			S						S		
2.2	研究现有系统					P										
2.3	明确用户要求						P									
2.4	准备报告		P													
3	系统设计							P	S	S	S					
3.1	数据输入/输出				S	S		P								
3.1.1	菜单		S					P								
3.1.2	数据输入		S					P								
3.1.3	定期报告				P	S							S			
3.1.4	特殊问题				S	P							S			
3.2	处理数据库								P					S		S
3.3	评估		S	S	S				P							
3.4	准备报告									P	S					
4	系统开发		S								P	S	S			
4.1	软件										P	S	S	S		
4.1.1	包装										P	S	S	S		
4.1.2	定制软件											S	S	P		

（续）

WBS	工作细目	Beth Jim Jack	Rose Steve Jeff	Tyler Cathy Sharon	Hannah Joe Gerri	Maggie Gene Greg
4.2	硬件			S	P	
4.3	网络				P	
4.4	准备报告	P				
5	测试		S			P　S　　S
5.1	软件		S　S			P
5.2	硬件				S　S	P
5.3	网络			S	S	P
5.4	准备报告		P			S　S　　S
6	实施	P　S　S				
6.1	培训	P			S　　S	
6.2	系统转换	P			S　　S	
6.3	准备报告	S　S　P				

注：P 是主要责任；S 是次要责任。

表2-18　简化的责任分配矩阵

	副主管	部门经理	项目经理	工程经理	软件经理	生产经理	市场经理	子程序生产经理	子程序软件经理	子程序硬件经理	子程序服务经理
建立项目计划	6	2	1	3	3	3	3	4	4	4	4
定义 WBS		5	1	3	3	3	3	3	3	3	3
建立硬件		2	3	1	4	4	4				
建立软件			3	4	1		4				
建立界面		2	3	1	4	4					
生产监测		2	3	4	4	1	4				
定义文件		2	1	4	4	4	4				
建立市场计划	5	3	5	4	4	4	1				
准备劳动力估计			3	1	1	1		4	4	4	4
准备设备成本估计			3	1	1	1		4	4	4	4
准备材料成本			3	1	1	1		4	4	4	4
编分配程序			3	1	1	1		4	4	4	4
建立时间进度			3	1	1	1		4	4	4	4

注：1—实际负责　2——一般监督　3—参与商议　4—可以参与商议　5—必须通知　6—最后批准

2.4.3　网络计划技术

网络计划技术是用网络计划对任务的工作进度进行安排和控制，以保证实现预定目标的科学的计划管理技术。网络计划是在网络图上加注工作的时间参数等而编制成的进度计划。因此，网络计划由两部分组成，即网络图和网络参数。网络图是由箭线和节点组成的用来表示工作流程的有向、有序的网状图形。网络参数是根据项目中各项工作的延续时间和网络图所计算的工作、节点、线路等要素的各种时间参数。

网络计划技术的种类与模式有很多，但以每项工作的延续时间和逻辑关系来划分，可归纳为四种类型。

表 2-19 网络计划技术的种类

类型		延续时间	
		确定	非确定
逻辑关系	确定型	关键线路法（CPM）	计划评审技术（PERT）
	非确定型	决策关键线路法（DCPM）	图形评审技术（GERT） 随机网络技术（QGERT） 风险评审技术（VERT）

网络计划的基本形式是关键线路法（CPM）和计划评审技术（PERT）。PERT 与 CPM 的区别在于，关键线路法是可以确定出项目各工作最早、最迟开始和结束时间，通过最早最迟时间的差值可以分析每一项工作相对时间紧迫程度及工作的重要程度，这种最早和最迟时间的差值称为机动时间，机动时间最小的工作通常称为关键工作。关键线路法的主要目的就是确定项目中的关键工作，以保证实施过程中能重点关照，保证项目按期完成。PERT 的形式与 CPM 网络计划基本相同，只是在工作延续时间方面 CPM 仅需要一个确定的工作时间，而 PERT 需要工作的三个时间估计，包括最短时间 a、最可能时间 m 及最长时间 b，然后按照 β 分布计算工作的期望时间 t。PERT 通常使用的计算方法是 CPM 的方法。

若按网络的结构不同，可以把网络计划分为双代号网络和单代号网络。而双代号网络又可以分为双代号时间坐标网络和非时间坐标网络；单代号网络又可分为普通单代号网络和搭接网络。搭接网络主要是为了反映工作之间执行过程的相互重叠关系而引入的一种网络计划表达形式。

决策关键线路（DCPM）在网络计划中引入了决策点的概念，使得在项目的执行过程中可根据实际情况进行多种计划方案的选择。

图形评审技术（GERT）引入了工作执行完工概率和概率分支的概念，一项工作的完成结果可能有多种情况。

风险评审技术（VERT）可用于对项目的质量、时间、费用三坐标进行综合仿真和决策。

网络计划技术既是一种科学的计划方法，又是一种有效的科学管理方法。这种方法不仅能完整地揭示一个项目所包含的全部工作以及它们之间的关系，而且还能根据数学原理，应用最优化技术，揭示整个项目的关键工作并合理地安排计划中的各项工作。对于项目进展过程中可能出现的工期延误等问题能够防患于未然，并进行合理的处置。

网络计划技术最初是作为大规模开发研究项目的计划、管理方法而被开发出来的，但现在已应用到全世界军用、民用等各方面大大小小的项目中。在美国，政府规定承包与军用有关的项目时，必须以 PERT 为基础提出预算和进度计划并取得批准。我国对网络计划技术的推广与应用也较早，1965 年，著名数学家华罗庚教授首先在我国推广和应用了这种新的计划管理方法，他把这种网络计划技术称为"统筹法"。

应用网络计划技术于项目进度计划，主要包括以下三个阶段：

（1）计划阶段。将整个项目分解成若干个工作，确定各项工作所对应的时间、人力、物力，明确各项工作之间的先后逻辑关系，列出工作表或作业表，建立整个项目的网络图以表示各项工作之间的相互关系。网络图可以分为总图（粗略图）、分图、局部图（详细图）等几种，视需要而定。

图 2-24 和图 2-25 分别为某单位一个项目的总网络图和详细网络图。

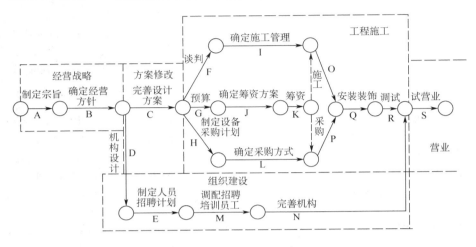

图 2-24　工程总网络图

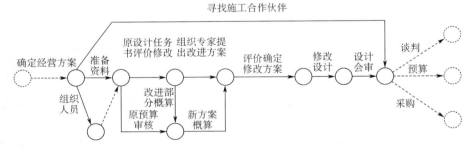

图 2-25　方案修改详细网络图

（2）进度安排阶段。这一阶段的目的是编制一张表明每项工作开始和完成时间的进度表，进度表上应明确为了保证整个项目按时完成必须重点管理的关键工作。对于非关键工作，应提出其时差（富余时间），以便在资源限定的条件下进行资源的处理分配和平衡。为有效利用资源，可适当调整一些工作的开始和完成日期。

（3）控制阶段。应用网络图和时间进度表，定期对实际进展情况做出报告和分析，必要时可修改和更新网络图，决定新的措施和行动方案。

2.5 节、2.6 节将分别介绍关键线路法和计划评审技术。

2.5 关键线路法

2.5.1 网络图的组成及绘制规则

1. 双代号网络

这是一种用箭线表示工作、节点表示工作相互关系的网络图方法。这种技术也称为双代号网络（简称 AOA），在我国这种方法应用较多。双代号网络计划一般仅使用结束到开始的关系表示工作之间的关系。因此，为了表示所有工作之间的逻辑关系往往需要引入虚工作加以表示。

在双代号网络中，工作由连接两个节点的弧（Arrow，箭线）表示，每个工作都由两个数字 (i, j)（开始/结束）来定义。每个工作因此就可由这两个节点的数字来标识。图 2-26 是双代号网络图的一个例子。

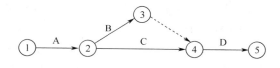

图 2-26 简单的双代号网络

绘制双代号网络图需要遵守相关的规则。

（1）方向、时序与编号

① 方向：网络图是有方向的，按工艺流程的顺序，工作从左到右排列。

② 时序：时序反映工作之间的衔接关系及时间顺序。

③ 编号：按照时序，对节点编号，号码不能重复，且箭尾节点编号 i 必须小于箭头节点编号 j。

④ 唯一：两个节点之间只能有一条箭线，代表一项工作。如图 2-27 所示的画法是错误的，箭线必须从一个节点开始，到另一个节点结束，不能从一条箭线中间引出其他箭线。

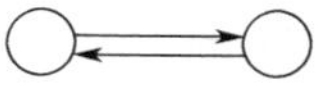

图 2-27 破坏唯一性的错误画法

（2）紧前工作与紧后工作

① 若有工作 b 和 c，都需要在工作 a 完工后才能开工，则如图 2-28 所示，表示工作 a 的紧后工作是 b、c；工作 b、c 的紧前工作是 a。

② 若工作 c 在工作 a 与 b 完工后才能开工，则如图 2-29 所示，表示工作 a、b 的紧后工作是 c；工作 c 的紧前工作是 a 和 b。

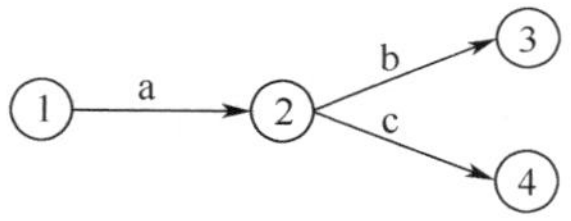

图 2-28 紧前工作与紧后工作（一） 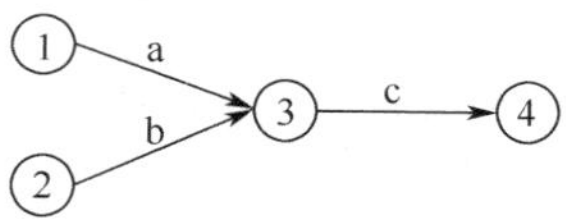　　图 2-29 紧前工作与紧后工作（二）

③ 若工作 c 与 d 需要在工作 a 与 b 完工后才能开工，则如图 2-30 所示，表示工作 a、b 的紧后工作是 c、d；工作 c、d 的紧前工作是 a、b。

（3）缺口与回路

在网络图上，除了始点和终点外，其他所有事件前后都要用箭线连接起来，不可中断，在图中不可有缺口。如图 2-31 所示的网络中工作 b 丢失了与其紧后工作应有的联系。

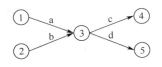

图 2-30　紧前工作与紧后工作（三）

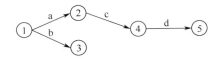

图 2-31　网络图的错误画法——有缺口

网络图中不能有回路，即不可有循环现象，否则将造成逻辑上的错误，使这项工作永远达不到终点，如图 2-32 所示。

（4）虚工作

虚工作是实际上并不存在的工作，它并不消耗时间，也不消耗和占用人力、物力、财力，只是用来说明工作之间的逻辑关系。虚工作用虚线表示。

虚工作有以下几种情况：

1）平行作业。当从某个节点出发有两道以上的平行工作，并且它们均要在完工之后才能进行下道工作时，则必须引用虚工作。例如，在图 2-33 中虚工作表示在 a、b 工作平行作业完工后转入 c 工作。选择 a、b 两工作中工作时间较长的一道工作与下一道工作衔接，而其他工作则通过虚工作与下一道工作衔接。

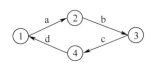

图 2-32　网络图的错误画法——有回路

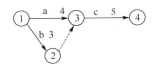

图 2-33　平行作业

2）交叉作业。对需要较长时间完成的相邻几道工作，只要条件允许，可不必等待紧前工作全部完工后再转入后一道工作，而是分批分期地将紧前工作完成的部分工作转入下一道工作，这种方式称为交叉作业。

例如，加工三个零件经过 a、b 两道工作，如果在 a 工作三个零件全部完工后再转到 b 工作，串行作业网络图如图 2-34 所示。

图 2-34　串行作业

交叉作业的网络图如图 2-35 所示。

3）工作 a、b 平行作业，当工作 a 完工后，工作 c 开始；而当工作 b、c 完工后，工作 d 开始，如图 2-36 所示。

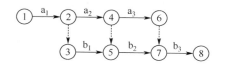

图 2-35　交叉作业

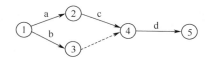

图 2-36　平行作业后等待

下面通过一个例子说明双代号网络图的绘制步骤。

例 2-1　某化工厂拟进行管道安装工程，工程进度如表 2-20 所示，试绘制初步网络图。

表 2-20　管道安装进度表

工作名称	工作代号	紧前工作	工作时间
器材调查	a	/	8
旧管道停止工作	b	a	8
搭脚手架	c	a	12
拆除旧管道阀门	d	b、c	35
准备阀门	e	a	225
准备管理	f	a	200
部分管道组装	g	f	40
安装新管道	h	d、e、g	32
安装阀门	i	d、e	8
焊接管理	j	h、i	8
装备管道和阀门	k	j	8
包托管道	l	j	24
拆脚手架	m	k、l	4
压力试验	n	k	6
整理现场	p	m、n	4

解：双代号网络图绘制过程如下：

第一，先画出没有紧前工作的 a，随后画出紧前工作都是 a 的各工作，即 b、c、e、f，如图 2-37 所示。

第二，找出 b、c、e、f 的紧后工作。b、c 的紧后工作为 d，f 的紧后为 g，d、e 的紧后为 i。由于 b、c 对于 d 来说是平行工作，因此，引入虚工作，如图 2-38 所示。

第三，找出 i、g 的紧后工作。d、e、g 的紧后工作为 h，且 d、e、g 对于 h 来说是平行工作，因此，引入虚工作。h、i 的紧后工作为 j，如图 2-39 所示。

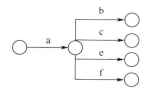

图 2-37　绘制双代号网络图第一步

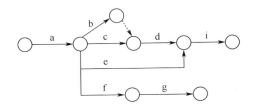

图 2-38 绘制双代号网络图第二步

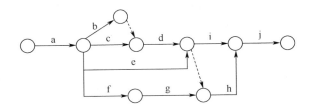

图 2-39 绘制双代号网络图第三步

第四，找出 j 的紧后工作为 k、l。如图 2-40 所示。

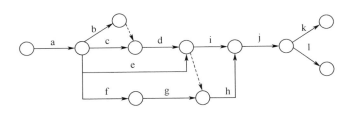

图 2-40 绘制双代号网络图第四步

第五，找出 k、l 的紧后工作为 m、n，且 k、l 对于 m 来说是平行的，引入虚工作，如图 2-41 所示。

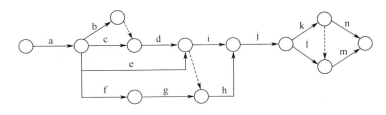

图 2-41 绘制双代号网络图第五步

第六：找出 m、n 的紧后工作为 p。此问题的初步网络计划图如图 2-42 所示。

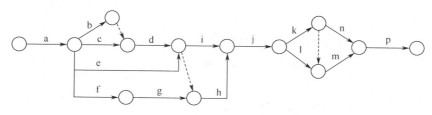

图 2-42 管道安装工程双代号网络图

2. 单代号网络

这是一种使用节点表示工作、箭线表示工作关系的项目网络图。这种网络图通常称为单代号网络（简称 AON）。图 2-43 是有四个工作 A、B、C、D 的简单的单代号网络。其中，B 和 C 紧随 A 之后，D 在 B 和 C 之后。

图 2-44 反映了两项紧前紧后工作的关系，即 A 工作是 B 工作的紧前工作，或 B 是 A 的紧后工作。

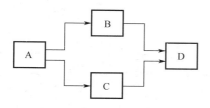

图 2-43 简单的单代号网络

图 2-44 两项工作的紧前紧后关系

图 2-45 反映了多个紧前紧后工作情况，即 A 有三项紧后工作——C、B、D；E 有三项紧前工作——C、B、D。

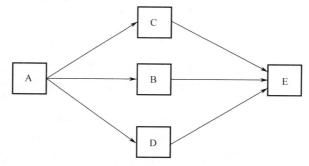

图 2-45 多个紧前紧后工作关系

对于例 2-1，也可绘制出此问题的单代号网络图，如图 2-46 所示。

3. 搭接网络

前述的网络计划，其工作之间的逻辑关系是一种衔接关系，即紧前工作完成之后紧后工作就可以开始，紧前工作的完成为紧后工作的开始创造条件。但实际上，可能会出

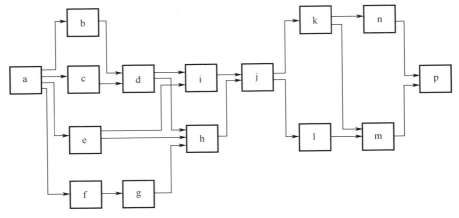

图 2-46 管道安装工程单代号网络图

现另外一种情况，即紧后工作的开始并不以紧前工作为前提，只要紧前工作开始一段时间后能为紧后工作提供一定的开始工作条件，紧后工作就可以与紧前工作平行进行。这种关系称为搭接关系。

搭接关系有以下四种类型，如图 2-47 所示。

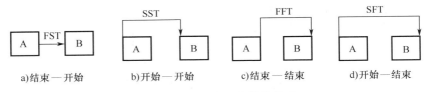

图 2-47 四种类型的搭接关系

1）结束 – 开始型（finish – to – start）：B 在 A 结束之前不能开始，如图 2-47a 所示。

2）结束 – 结束型（finish – to – finish）：B 在 A 结束之前不能结束，如图 2-47c 所示。

3）开始 – 开始型（start – to – start）：B 在 A 开始之前不能开始，如图 2-47b 所示。

4）开始 – 结束型（start – to – finish）：B 在 A 开始之前不能结束，如图 2-47d 所示。

其中，结束—开始型是最为常见的。结束—结束型和开始—开始型节点式关系是最自然的，它允许某项工作和其紧后工作在某种程度上可以同时进行。使用结束—结束型和开始—开始型节点式关系，可以使项目跟踪和项目实施的建立更加快捷。开始—结束型节点式关系的建立只是完全数学意义上的，现实生活中比较少见。

图 2-48 是搭接网络的一个例子。具体含义为：A 开始 5 个单位时间后 B 才能开始；A 结束 10 个单位时间后 C 才能开始；B 结束后 D 才开始；C 结束 4 个单位时间后 D 结束。

例 2-2 根据表 2-21 给出的工作之间的关系，试画出单代号网络图。

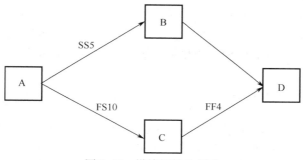

图 2-48 搭接网络的例子

表 2-21 工作之间关系表

工作代号	工期	紧后工作	搭接关系
A	3	B	
		C	
		D	FS 8
B	2	E	
C	7	E	SS 4
		F	
D	4	F	
E	8	G	
F	6	G	FF 3
G	5	—	

解:根据网络图绘制规则,依次绘制各项工作的紧后工作,得单代号网络图如图 2-49所示。

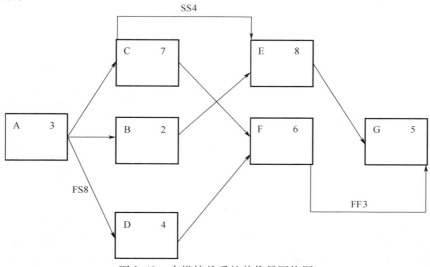

图 2-49 有搭接关系的单代号网络图

2.5.2 时间参数计算及关键线路的确定

网络中工作的时间参数有六个：工作最早开始时间（ES）、工作最早结束时间（EF）、工作最迟开始时间（LS）、工作最迟结束时间（LF）、工作总时差（TF）、工作自由时差（FF）。

1. 一般网络时间参数计算

（1）工作最早时间 ES、EF。工作最早时间有两个，一是工作最早开始时间 ES，二是工作最早结束时间 EF。确定的程序为：首先令网络中第一项工作的最早开工时间 ES 为 0，则第一项工作的最早完工时间 EF 就为其最早开始时间 ES 加上其工作延续时间。然后按箭线方向，依次确定各项工作的最早开始时间和最早结束时间，直到网络的最后一项工作为止。计算公式如下：

$$ES = \max \{紧前工作的 EF\}$$
$$EF = ES + 工作延续时间 t$$

例 2-3 计算图 2-50 中的 ES、EF。

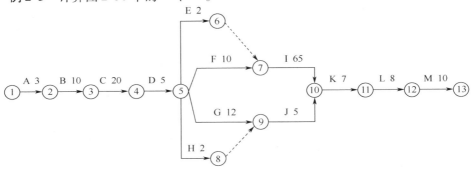

图 2-50 双代号网络图

解： 计算结果如图 2-51 所示。

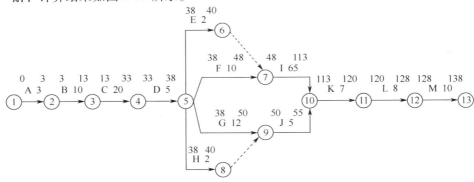

图 2-51 计算了 ES、EF 的双代号网络图

（2）工作最迟时间 LS、LF。工作最迟时间也有两个，一是工作最迟开始时间 LS，二是工作最迟结束时间 LF。确定的程序为：首先，令网络中最后一项工作 n 的最迟结束时间 LF 等于它的最早结束时间 EF，即

$$LF(n) = EF(n)$$

然后，按逆箭线方向，依次确定各项工作的最迟结束时间和最迟开始时间，直到网络的第一项工作为止。计算公式如下：

$$LF = \min \{ 紧后工作的 LS \}$$

$$LS = LF - 工作延续时间 t$$

例 2-4　对于图 2-51，计算 LS、LF。

解：计算结果如图 2-52 所示。

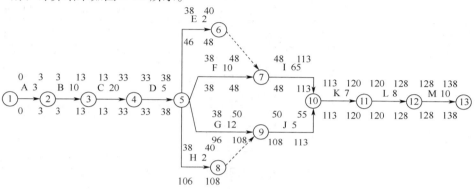

图 2-52　计算了 LS、LF 的双代号网络图

（3）总时差 TF。总时差是指在不影响整个项目最早完成时间的前提下，一项工作的完工期可以推延的时间。计算公式为：

$$TF = LF - EF$$

或

$$TF = LS - ES$$

（4）自由时差 FF。自由时差是指在不影响紧后工作的最早开始时间的前提下，一项工作的完工期可以推延的时间。计算公式为：

$$FF = \min \{ ES(紧后工作) \} - EF$$

例 2-5　对于图 2-52，计算 TF、FF。

解：计算结果如图 2-53 所示。

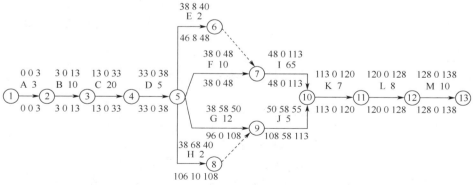

图 2-53　双代号网络时间参数计算

图 2-54 是图 2-51 ~ 图 2-53 中各时间参数的示例。

图 2-55 是单代号网络时间参数计算的例子，计算步骤与双代号网络相同。图 2-56 是图 2-55 中各时间参数的示例。

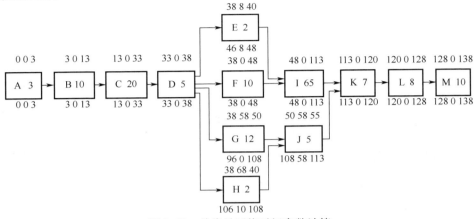

图 2-55　单代号网络时间参数计算

（5）关键线路的确定

总时差最小的工作为关键工作，由关键工作构成的线路为关键线路。在图 2-53 或图 2-55 中，A、B、C、D、F、I、K、L、M 的总时差最小（均为 0），故为关键工作，线路 A—B—C—D—F—I—K—L—M 为关键线路。

2. 搭接网络的时间参数计算

（1）结束—开始（FTS）。结束—开始（FTS）搭接关系是指紧前工作 i 结束到紧后工作 j 开始的时间间隔。这种时间间隔用 FTS 表示。

结束—开始搭接关系的示意图如图 2-57 所示。

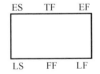

图 2-56　单代号网络时间参数示例

图 2-57　结束—开始搭接关系的示意图

各时间参数的计算规则如下：

最早时间：$ES_j = EF_i + FTS$

$EF_j = ES_j + D_j$

最迟时间：$LF_i = LS_j - FTS$

$LS_i = LF_i - D_i$

自由时差：$FF_i = ES_j - FTS - EF_i$

总时差的计算规则与一般网络相同。

（2）开始—开始（STS）。开始—开始（STS）搭接关系是指紧前工作 i 开始到紧后工作 j 开始的时间间隔，用 STS 表示。

开始—开始搭接关系的示意图如图 2-58 所示。

各时间参数的计算规则如下：

$$最早时间：ES_j = ES_i + STS$$
$$最迟时间：LS_i = LS_j - STS$$
$$自由时差：FF_i = ES_j - STS - ES_i$$
$$总时差的计算规则与一般网络相同。$$

（3）结束—结束（FTF）。结束—结束（FTF）搭接关系是指紧前工作 i 结束到紧后工作 j 结束之间的时间间隔，用 FTF 表示。

结束—结束搭接关系的示意图如图 2-59 所示。

图 2-58　开始—开始搭接关系的示意图

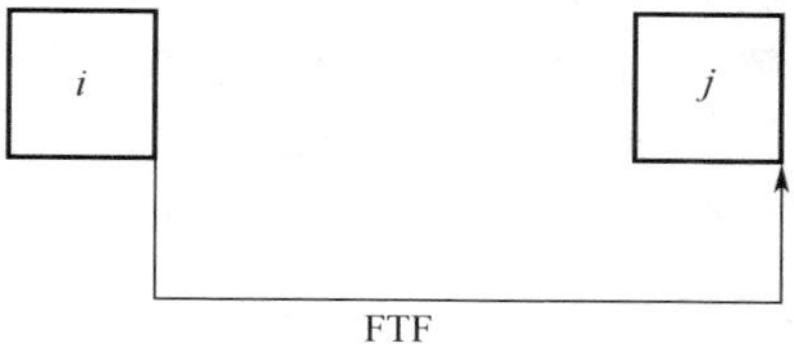

图 2-59　结束—结束搭接关系的示意图

各时间参数的计算规则如下：

$$最早时间：EF_j = EF_i + FTF$$
$$最迟时间：LF_i = LF_j - FTF$$
$$自由时差：FF_i = EF_j - FTF - EF_i$$
$$总时差的计算规则与一般网络相同。$$

（4）开始—结束（STF）

开始—结束（STF）搭接关系是指紧前工作 i 开始时间到紧后工作 j 结束时间的时间间隔，用 STF 表示。

开始—结束搭接关系的示意图如图 2-60 所示。

图 2-60　开始—结束搭接关系的示意图

各时间参数的计算规则如下：

$$最早时间：EF_j = ES_i + STF$$
$$最迟时间：LS_i = LF_j - STF$$
$$自由时差：FF_i = EF_j - STF - ES_i$$
$$总时差的计算规则与一般网络相同。$$

（5）混合搭接。除了上述四种基本搭接关系外，还可能同时有四种基本搭接关系中两种以上来限制工作之间的逻辑关系，例如，i、j 两项工作可能同由 STS 与 FTF 限制，如图 2-61 所示。

各时间参数的计算规则如下：

$$最早时间：\left.\begin{array}{l}ES_j = ES_i + STS\\ES_j = EF_j - D_j\end{array}\right\}_{max}$$

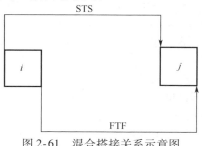

图 2-61　混合搭接关系示意图

$$\max \begin{cases} EF_j = ES_j + D_j \\ EF_j = EF_i + FTF \end{cases}$$

最迟时间：$\begin{matrix} LS_i = LS_j - STS \\ LS_i = LF_i - D_i \end{matrix} \Big\} \min$

$$\min \begin{cases} LF_i = LS_i + D_i \\ LF_i = LF_j - FTF \end{cases}$$

自由时差：按各种搭接网络的计算规则取最小值。

总时差的计算规则与一般网络相同。

例2-6 计算图2-49所示搭接网络的时间参数。

解：图2-62给出了有搭接情况的网络参数计算。具体计算如下：

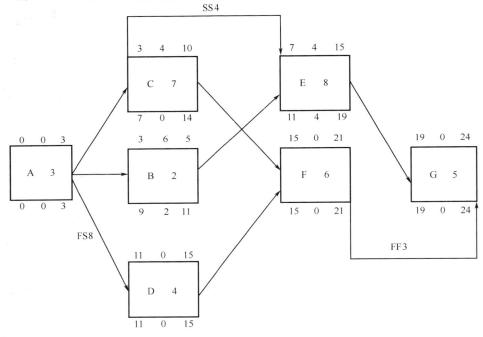

图2-62 有搭接情况的网络参数计算例子

1）最早时间：

A：ES = 0，EF = 0 + 3 = 3；C：ES = 3，EF = 3 + 7 = 10；B：ES = 3，EF = 3 + 2 = 5；D：ES = 3 + 8 = 11，EF = 11 + 4 = 15；E：ES = max（3 + 4，5）= 7，EF = 7 + 8 = 15；F：ES = max（10，15）= 15，EF = 15 + 6 = 21；G：ES = 15，EF = max(15 + 5，21 + 3) = 24，修正 ES = 24 - 5 = 19。

2）最迟时间：

G：LF = 24，LS = 24 - 5 = 19；F：LF = 24 - 3 = 21，LS = 21 - 6 = 15；E：LF = 19，LS = 19 - 8 = 11；D：LF = 15，LS = 15 - 4 = 11；B：LF = 11，LS = 11 - 2 = 9；C：LF = 15，LS = min(15 - 7，11 - 4) = 7，修正 LF = 7 + 7 = 14；A：LF = min（7，9，11 - 8）= 3，LS = 3 - 3 = 0。

3）总时差：

A：TF = 0 - 0 = 0；C：TF = 7 - 3 = 4；B：TF = 9 - 3 = 6；D：TF = 11 - 11 = 0；E：TF = 11 - 7 = 4；F：TF = 15 - 15 = 0；G：TF = 19 - 19 = 0。

4）自由时差：

G：FF = 24 - 24 = 0；F：FF = 24 - 3 = 21 = 0；E：FF = 19 - 15 = 4；D：FF = 15 - 15 = 0；B：FF = 7 - 5 = 2；C：FF = min（15 - 10，7 - 4 - 3）= 0；A：FF = min（3 - 3，3 - 3，11 - 8 - 3）= 0。

在图 2-62 中，A、D、F、G 的总时差最小（均为 0），故为关键工作，线路 A—D—F—G 为关键线路。

2.6　计划评审技术

计划评审技术（PERT）是一种双代号非确定型网络分析方法。在 PERT 中，工作的延续时间事先不能完全确定，这种网络计划技术适用于不可预知因素较多的、从未做过的新的项目和复杂的项目。

2.6.1　PERT 时间分析的特点

PERT 网络的画法与 CPM 网络画法相同，它与一般的 CPM 网络的区别主要在于工作的时间估计与分析。

1. 三种时间估计值

三种时间估计值即对工作延续时间 t 做出 t_0、t_m、t_p 三个估计值。其理论依据是将 t 视为一个连续型的随机变量。

（1）乐观时间（optimistic time，t_0）是指在任何事情都进行得很顺利，没有遇到任何困难的情况下，完成某项工作所需的时间。

（2）最可能时间（most likely time，t_m）是指在正常情况下完成某工作最经常出现的时间。如果某项工作已经做过很多遍，最经常发生的实际工期可以作为最可能时间估计。

（3）悲观时间（pessimistic time，t_p）是指某工作在最不利的情况下（例如遇到不常见的或未预见到的困难）能够完成的时间。

在估计一项工作的持续时间、建立三个时间估计时，最可能时间必须大于或等于乐观时间，悲观时间必须大于或等于最可能时间。

在网络计划中，当对每项工作都用三个时间估计时，是假定三个估计均服从 β 概率分布（beta probability distribution）。在这个假定基础上，由每项工作的三个时间估计可以为每项工作计算一个期望（平均或折衷）工期（t_e）和方差 σ^2。

2. β 概率分布

β 概率分布的函数为：

$$p(x) = \begin{cases} \dfrac{\gamma(p+q)}{\gamma(p)\gamma(q)}\gamma^{p-1}(1-x)^{q-1} & 0 < x < 1 \\ 0 & x \leq 0 \text{ 或 } x \geq 1 \end{cases}$$

其中，$p > 0$，$q > 0$，为常数。

数学期望为：

$$\frac{p}{p+q}$$

方差为：
$$\frac{pq}{(p+q)^2(p+q+1)}$$

3. 工作期望值和方差的计算

在网络计划中，由于给出三个假定按 β 概率分布的估计时间后，就允许在工作工期估计中存在不确定因素了，因此，为每项工作估计三个工期是一项随机的（stochastic）或概率统计（probabilistic）的技术。仅用一个时间估计的技术叫确定性（deterministic）技术。既然已假定每项工作的三个时间估计的分布符合 β 概率分布，那就可以计算在要求完工时间之前完成项目的概率了。

当采用三个时间估计时，网络图中关键线路上所有工作的时间估计加起来可以得到一个总概率分布。由概率理论中的中心极限定理可知，这个总概率分布不是一个 β 概率分布，而是正态概率分布（normal probability distribution），概率曲线是以其平均值为对称轴的钟形曲线。进一步讲，这个总概率分布的期望工期等于构成总分布的各项工作期望工期之和，而且其方差（variance）等于构成总分布的各项工作工期的方差之和。

期望值和方差的计算公式为：

期望值 $\quad t_e = \dfrac{t_0 + 4t_m + t_p}{6}$

方差 $\quad \sigma^2 = \left(\dfrac{t_p - t_o}{6}\right)^2$

2.6.2 有关参数的计算

1. 工作的工期和方差的估计

（1）工作工期的估计。每项工作的工期估计是从该工作开始到完成所经历的全部时间。对于那些在工作工期估计中存在高度不确定因素的项目，可以给每项工作三个估计时间。

假定一项工作的乐观时间为 1 周，最可能时间为 5 周，悲观时间为 15 周，这项工作的期望工期为：

$$t_e = \frac{1 + 4 \times 5 + 15}{6} = 6 \text{（周）}$$

其 β 概率分布如图 2-63 所示。

假定另一工作的乐观时间为 10 周，最可能时间为 15 周，悲观时间为 20 周，这项工作的期望工期为：

$$t_e = \frac{10 + 4 \times 15 + 20}{6} = 15 \text{（周）}$$

其 β 概率分布如图 2-64 所示。巧合的是，这正好与最可能时间估计相同。

图中曲线的峰值代表了每项工作各自的最可能时间。期望工期（t_e）把

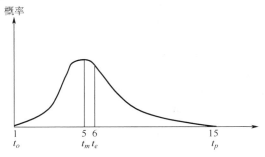

图 2-63 工作期望工期的计算（一）

β 概率分布曲线下的总面积分成相等的两部分，50% 的面积在 t_e 的左边，50% 的面积在 t_e 的右边。因此，工作实际执行时间多于和少于期望工期的概率均为 50%。换句话说，工作工期超出 t_e 的概率为 0.5，少于 t_e 的概率也为 0.5。例如，在图 2-63 中，曲线下

50% 的面积在 6 周的左边，50% 的面积在 6 周的右边。即工作实际执行时间多于 6 周的概率为 50%，少于 6 周的概率也为 50%。

（2）工作方差的估计。标准差是衡量分布离散程度的尺度。对于正态分布，如图 2-65 所示，期望值两边一个标准方差的范围内，曲线下面积约占总面积的 68%；两个标准方差范围内，曲线下面积约占总面积的 95%；三个标准差范围内，曲线下面积约占总面积的 99%。

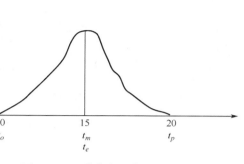

图 2-64 工作期望工期的计算（二）

图 2-66 给出了两个正态分布。由于图 2-66a）中的概率分布比图 2-66b）中的概率分布更宽，因此，图 2-66a）中分布就有较大的标准差。然而，对于任何两个正态分布，在其平均值两侧的一个标准差范围内部包含了各自总面积的 68%。

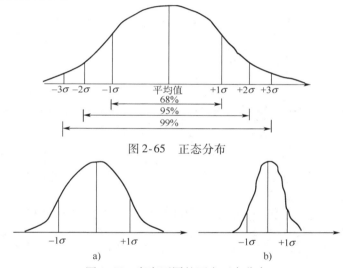

图 2-65 正态分布

图 2-66 宽窄不同的两个正态分布

2. 关键线路上工作工期和方差的计算

网络图中关键线路上的所有工作的总概率分布是一个正态分布，其均值等于各项工作期望工期之和，方差等于各项工作的方差之和。

例 2-7 考虑图 2-67 简单的网络图，假定项目的开始时间为 0，必须在第 40 天之前完成。每项工作的概率分布如图 2-68a、b、c 所示。试计算关键线路上工作的期望工期和方差。

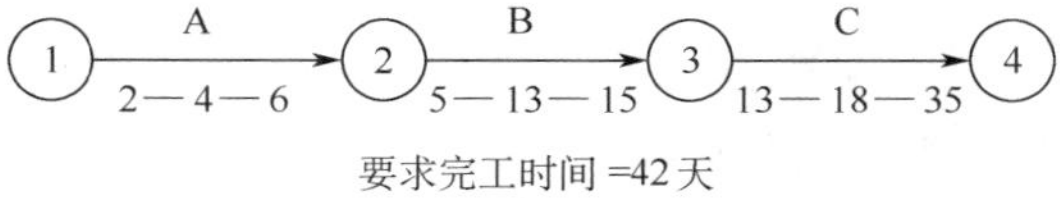

要求完工时间 =42 天

图 2-67 项目举例

解：此项目的每项工作都为关键工作。

　　（1）工作工期的计算。计算关键线路上工作工期的方法有两种：

　　1）分别计算，后加总。即先分别计算各项工作的工期，然后加总得到关键线路上工作的总工期。

　　各个工作的期望工期计算如下：

$$\text{工作 A：} \quad t_e = \frac{2 + 4 \times 4 + 6}{6} = 4 \text{（天）}$$

$$\text{工作 B：} \quad t_e = \frac{5 + 4 \times 13 + 15}{6} = 12 \text{（天）}$$

$$\text{工作 C：} \quad t_e = \frac{13 + 4 \times 18 + 35}{6} = 20 \text{（天）}$$

　　把这三个期望值加总，可以得到一个总平均值，即总的 t_e：

$$\text{总 } t_e = 4 + 12 + 20 = 36 \text{（天）}$$

　　2）先加总，再计算。即先将各工作的 t_o、t_m、t_p 分别加总（见表2-22），再用公式求出总的工期 t_e。

表2-22　工作 A、B、C 的 t_o、t_m、t_p 的加总

工作	t_o	t_m	t_p
A	2	4	6
B	5	13	15
C	13	18	35
总计	20	35	56

$$\text{总 } t_e = \frac{20 + 4 \times 35 + 56}{6} = 36 \text{（天）}$$

　　这两种方法计算出来的结果是相同的。三项工作的总概率分布如图2-68d）所示。路径1—2—3—4的总期望工期是36天，因此，项目的最早期望完成时间是第36天。而项目的要求完工时间是42天。

　　总分布平均消耗时间等于三项工作消耗时间平均值或期望值之和。在第36天之前完成项目的概率为0.5，在第36天之后完成项目的概率也是0.5。

　　（2）工作方差的计算。对于图2-67中的例子，三项工作的方差如下：

$$\text{工作 A} \quad \sigma^2 = (\frac{6-2}{6})^2 = 0.444$$

$$\text{工作 B} \quad \sigma^2 = (\frac{15-5}{6})^2 = 2.778$$

$$\text{工作 C} \quad \sigma^2 = (\frac{35-13}{6})^2 = 13.444$$

　　总分布是一个正态分布，它的方差是三项工作的方差之和，即16.666。总分布的标准差是：

$$\sigma = \sqrt{\sigma^2} = \sqrt{16.666} = 4.08 \text{（天）}$$

　　3. 总概率分布曲线及其标准差解释

　　图2-69给出了总概率分布曲线及其标准差。

　　图2-69是一个正态曲线，由前面的分析可知，在 $\pm 1\sigma$ 范围内，即在 31.92 天与

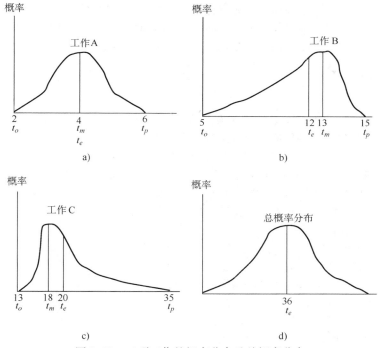

图 2-68　三项工作的概率分布及总概率分布

40.08 天之间包含了总面积的 68%；在 27.84 天和 44.16 天之间包含了总面积的 95%；在 23.76 天与 48.24 天之间包含了总面积的 99%。概率分布可以解释如下：

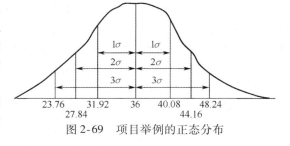

图 2-69　项目举例的正态分布

1）在 23.76 天到 48.24 天之间完成项目的概率为 99%（概率为 0.99）。

2）在 27.84 天到 44.16 天之间完成项目的概率为 95%（概率为 0.95）。

其中：① 在 27.84 天到 36 天之间完成项目的概率为 47.5%（概率为 0.475）；② 在 36 天到 44.16 天之间完成项目的概率为 47.5%（概率为 0.475）。

3）在 31.92 天到 40.08 天之间完成项目的概率为 68%（概率为 0.68）。

其中：① 在 31.92 天到 36 天之间完成项目的概率为 34%（概率为 0.34）；② 在 36 天到 40.08 天之间完成项目的概率为 34%（概率为 0.34）。

4）在 27.84 天到 31.92 天之间完成项目的概率为 13.5%（概率为 0.135）。

5）在 40.08 天到 44.16 天之间完成项目的概率为 13.5%（概率为 0.135）。

6）在 23.76 天之前完成项目的概率为 0.5%（概率为 0.005）。

7）在 48.24 天之后完成项目的概率为 0.5%（概率为 0.005）。

4. 项目在要求完工时间之前完成的概率

项目的最早期望结束时间取决于网络图上的关键线路，它等于项目计划开始时间加上关键线路上从项目开始到项目完成时各项工作的期望工期之和。如前所述，在期望完工时间之前完成项目的概率为 0.5，在期望完工时间之后完成项目的概率也为 0.5。因此，由项目的要求完工时间就可以计算在此时间之前完成项目的概率了。其计算公式为：

$$Z = \frac{LF - t_e}{\sigma_t}$$

式中　LF——项目的要求完工时间（最迟结束时间）；

　　　t_e——项目最早期望结束时间（正态分布的均值）；

　　　σ_t——沿最长（花费最多时间）路径完成项目各项工作的总分布的标准差。

在上面的公式中，Z 是度量正态分布曲线上 t_e 和 LF 之间标准差的量值。这个 Z 值必须转化为 t_e 和 LF 之间正态曲线下的面积与正态曲线下总面积的比值。因为正态曲线下总面积为 1，因此，在项目的要求完工时间之前完成项目的概率就等于曲线下 LF 以左的面积占总面积的比例。

例 2-8　图 2-70 中，只有三项工作的简单网络图的最早期望结束时间（t_e）是 36 天，项目的要求完工时间（LF）是 42 天。图 2-70 给出了项目的正态曲线，求项目在 42 天之前完成的概率。

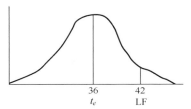

解：已知 $t_e = 36$ 天，LF = 42 天，代入公式得：

$$Z = \frac{LF - EF}{\sigma_t} = \frac{42 - 36}{4.08} = \frac{6}{4.08} = 1.47$$

图 2-70　项目举例的正态分布

表明在 t_e 和 LF 之间有 1.47 个标准差（一个标准差为 4.08 天）。然而，Z 值不能给出曲线下 t_e 和 LF 之间的面积比例。为了计算这个面积，可通过查正态分布表求得。查正态分布表得：

在 t_e 和 LF 之间（36～42 天之间）实际完成项目的概率为 0.42922。

由于 t_e 左边面积所占比例为 0.5，即 36 天之前完成项目的概率为 0.5，故 42 天之前完成项目的概率等于在 36 天之前完成项目的概率加上在 36 天至 42 天之间完成项目的概率：

$$0.50000 + 0.42922 = 0.92922$$

即项目在 42 天之前完成项目的概率为 0.92922。

2.7　网络计划的优化

2.7.1　时间—成本平衡法

1. 基本假设

时间—成本平衡法是一种用最低的相关成本的增加来缩短项目工期的方法。该方法基于以下假设：

（1）每项工作有两组工期和成本估计：正常的和应急的。正常时间（normal time）是指在正常条件下完成某项工作需要的估计时间。正常成本（normal cost）是指在正常时间内完成某项工作的预计成本。应急时间（crash time）是指完成某项工作的最短估计时间。应急成本（crash cost）是指在应急时间内完成某项工作的预计成本。

（2）当需要将工作的预计工期从正常时间缩短至应急时间时，必须有足够的资源作保证。一项工作的工期从正常时间减至应急时间，要靠投入更多的资源来实现，即指派更多的人、延长工作时间、使用更多的设备等。成本的增加是与加快工作进程相联系的。

（3）无论对一项工作投入多少额外的资源，也不可能在比应急时间短的时间内完成这项工作。

（4）在工作的正常点和应急点之间，时间和成本的关系是线性的。

在图 2-71 中，四个工作均有一组正常时间和成本估计，一组应急时间和成本估计。例如，工作 A 的正常估计时间为 7 周，正常预计成本为 50 000 美元；应急时间是 5 周，应急成本为 62 000 美元。

每项工作的工期从正常时间缩短至应急时间都有自己的单位时间成本。缩短工期的单位时间成本可用如下公式计算：

$$\frac{应急成本 - 正常成本}{正常时间 - 应急时间}$$

例如，在图 2-71 中，将工作 A 的工期从正常时间缩短至应急时间，在缩短的这段时间内的每周的成本为：

$$\frac{62\ 000 - 50\ 000}{7 - 5} = \frac{12\ 000}{2} = 6\ 000\ （美元/周）$$

2. 基本思路

下面以一个例子来说明时间—成本平衡法的思路。

例 2-9　对于如图 2-71 所示的网络图，试用最小的成本尽可能短地压缩工期。

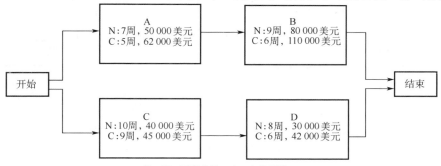

注：N＝正常估计；C＝应急估计

图 2-71　附有正常和应急时间及成本的网络图

解：图 2-71 的网络图从开始到完成有两条路径：路径 A—B 和路径 C—D。

（1）如果仅考虑正常工期估计，路径 A—B 需要 16 周完成，而路径 C—D 需要 18 周完成。因此，该项目的最早结束时间由 C 和 D 构成的关键线路的时间长度所决定，为 18 周。根据正常时间内完成工作的成本可计算出项目总成本为：

$$50\ 000 + 80\ 000 + 40\ 000 + 30\ 000 = 200\ 000\ （美元）$$

（2）如果全部工作均在它们各自的应急时间内完成，路径 A—B 将用 11 周时间，路径 C—D 将用 15 周时间。按应急时间估计计算，项目的最早结束时间是 15 周，比在正常时间内完成这些工作提前 3 周。项目总成本为：

$$62\ 000 + 110\ 000 + 45\ 000 + 42\ 000 = 259\ 000\ （美元）$$

缩短全部工作的工期通常是不必要的，甚至是没有好处的。例如，在图2-71中，只要对C—D上的工作进行适当的压缩，使其从18周缩短至15周，以加速项目进程就行了。任何附加工作的压缩仅会增加项目的总成本，却不会减少项目的总工期，这是因为关键线路的工期决定着项目的总工期。换句话说，加速非关键线路上工作的进展不会缩短项目的完成时间，却会增加项目的总成本。例如，如果压缩A—B上的工作至11周，那么，虽然增加了总成本，但并不能缩短整个项目的周期。

（3）用时间—成本平衡法。时间—成本平衡法的目标是通过压缩那些使总成本增加最少的工作的工期，确定项目最短完成时间。为了实现这个目标，应在每次平衡一个时间段的前提下，压缩关键线路上那些单位时间增加成本最低的工作。

在图2-71中，根据正常时间和成本估计，首先确定项目的最早结束时间为18周（由关键线路C—D决定），项目的总成本是200 000美元，加速每项工作的每周成本是：

工作A：6 000美元/周；工作B：10 000美元/周；

工作C：5 000美元/周；工作D：6 000美元/周。

1）从18周减至17周。为了将项目的工期从18周减至17周，首先必须找出关键线路C—D。然后，才能确定关键线路上哪项工作能以最低的每周成本被加速。

由于工作C每加速1周的成本比工作D小，故缩短C的时间。将工作C缩短1周（从10周缩短至9周），则项目总工期从18周缩短至17周，但项目总成本增加了5 000美元，达到205 000美元，如图2-72所示。

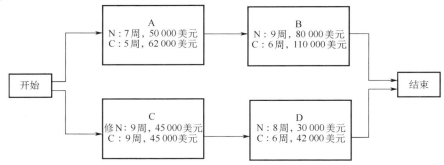

图2-72　工作C缩短1周

2）从17周减至16周。为了从17周缩短至16周，必须再次找出关键线路，两条线路的工期分别是A—B为16周，C—D为17周，因此关键线路仍是C—D，它必须再次被缩短。对于关键路径C—D，尽管工作C比工作D每周加速成本低，但工作C已达到应急时间9周，不能再加速进程了，因此，仅有的选择是加速工作D的进程，使其工期减少1周，从8周减至7周。于是关键路径C—D的工期就减至16周，但总项目成本却增加了6 000美元（加速工作D的每周成本为6 000美元），从205 000美元增至211 000美元，如图2-73所示。

3）从16周降至15周。为了再次将项目工期缩短1周，从16周降至15周。由于两条路径有相同的工期16周。因此，有两条关键路径，必须将每个路径都缩短1周。观察路径C—D，只有工作D仍有剩余时间可以被压缩，从7周减至6周，同时增加

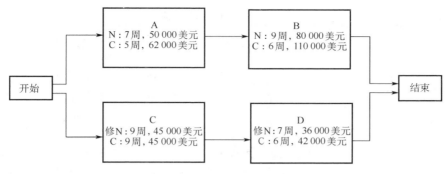

图 2-73 工作 D 缩短 1 周

6 000 美元成本。为了使路径 A—B 缩短 1 周，可以压缩工作 A 或工作 B。加速工作 A 每周增加 6 000 美元，而加速工作 B 的每周成本为 10 000 美元，由此可见应压缩 A。因此，为了将项目总工期从 16 周缩短至 15 周，需将工作 D 和工作 A 各压缩 1 周。这使项目成本增加了 12 000 美元（6 000 美元 + 6 000 美元），从 211 000 美元增加到 223 000 美元，如图 2-74 所示。

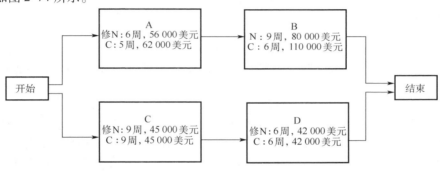

图 2-74 工作 A 和工作 D 各缩短 1 周

4）从 15 周降至 14 周。欲再次将项目总工期缩短 1 周，从 15 周降至 14 周。由图 2-74 可见，仍有两条相同的关键路径。因此，必须将两条路径同时缩短 1 周。然而，路径 C—D 上的两项工作均已达到它们的应急时间——分别为 9 周和 6 周，不能再进一步缩短这两个工作的进程了。加速路径 A—B 的进程因此会毫无意义，只能增加项目的总成本，却不能缩短项目的总工期。因此，缩短项目总工期的能力由于路径 C—D 的工期不能再进一步缩短而受到限制。

表 2-23 列出了项目总工期的缩短和项目总成本的相应增加的关系。表 2-23 表明项目总工期减少 1 周，项目总成本将增加 5 000 美元；项目工期减少 2 周，项目总成本将增加 11 000 美元；项目工期减少 3 周，项目总成本将增加 23 000 美元。

如果四项工作均达到应急时间，项目总成本将达到 259 000 美元。而项目的完成时间仍不会少于 15 周，用时间—成本平衡法，我们可以通过压缩关键线路上单位时间成本最小的工作，用 23 000 美元的增加成本将项目的工期从 18 周降至 15 周。由于项目总工期不会少于 15 周，压缩全部工作至应急时间将会浪费 36 000 美元。

表 2-23 时间—成本平衡

项目工期（周）	关键路径	总项目成本（美元）
18	C—D	200 000
17	C—D	200 000 + 5 000 = 205 000
16	C—D	205 000 + 6 000 = 211 000
15	C—D，A—B	211 000 + 6 000 = 223 000

时间—成本平衡法是一种通过最低限度地增加相应成本来缩短项目工期的方法。时间—成本平衡法的假设前提是：每项工作有一个正常和应急的时间和成本；可以通过增加更多的资源来加速工作进程；时间和成本之间的关系是线性的。正常时间是在正常条件下完成工作需要的估计时间长度；正常成本是在正常时间内完成工作的预计成本。应急时间是完成工作的最短估计时间长度；应急成本是在应急时间内完成工作的预计成本。

3. 基本步骤

在正常估计和应急估计已知的条件下，时间—成本平衡的步骤如下：

（1）假设期望的工期是 V；

（2）列出所有工期大于 V 的可能线路，并计算每条线路的长度；

（3）找出关键线路，假设关键线路的工期为 W；

（4）对于构成该关键线路的所有工作，计算它们的费率（即每缩短单位工期的费用）；

（5）选择费率最低的工作进行压缩，则关键线路的工期减为 W－1；

（6）重复步骤 2～步骤 4，直至压缩到期望的工期，或者无法压缩为止。

例 2-10 对于图 2-75 所示的网络图及表 2-24 所示的数据，计算将项目工期从 12 周压缩到 6 周所需要的费用，其中图 2-75 中每个方框上的左右两个数字分别代表这项工作的正常时间和应急时间。

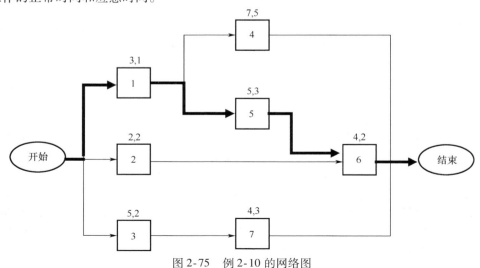

图 2-75 例 2-10 的网络图

表 2-24 例 2-10 的费率表

工作	时间		费用（单位：美元）		费率
	正常	应急	正常	应急	
1	3	1	5 000	15 000	5 000
2	2	2	10 000	10 000	—
3	5	2	20 000	32 000	4 000
4	7	5	20 000	26 000	3 000
5	5	3	10 000	18 000	4 000
6	4	2	10 000	24 000	7 000
7	4	3	10 000	13 000	3 000
总计			85 000	138 000	

解：（1）如果所有的工作都在正常时间完成，如图 2-75 所示，关键线路为 1—5—6，此项目的工期是 12 周。由表 2-24 可知，费用为 85 000 美元。

（2）如果所有的工作都在应急时间完成，则此项目的工期是 6 周，费用是 138 000 美元。

（3）用时间成本平衡法。首先找出所有工期大于 6 的路径，共有 3 条，它们是：1—5—6、1—4、3—7。表 2-25 中的"＊"表示各条路径包含的工作。

从 12 周压缩到 11 周。由表 2-25 得知，路径 1 的工期为 12，最长，因此为关键线路，必须进行压缩。路径 1 由工作 1、5、6 构成，在表 2-24 中需要找出这三项工作的费率，选择最小的费率所对应的工作进行压缩（见表 2-26 中第 2 行）。工作 1 的费率是 5 000 美元，在表 2-26 中用"1（5）"表示，工作 5 的费率是 4 000 美元，在表 2-26 中用"5（4）"表示，工作 6 的费率是 7 000 美元，在表 2-26 中用"6（7）"表示。比较工作 1、5、6 的费率，5 的费率最小，故压缩工作 5，表 2-26 中的"选择压缩的工作"一栏中选择"5"，此次压缩使费用增加了 4 000 美元。经过这次压缩，三条路径的长度分别是 11、10、9。

从 11 周压缩到 10 周。由表 2-25 得知，路径 1 的工期为 11，仍为关键线路，还需进行压缩。比较工作 1、5、6 的费率，工作 5 的费率最小，故压缩工作 5，表 2-26 中的"选择压缩的工作"一栏中选择"5"，此次压缩使累计费用增加了 8 000 美元。经过这次压缩，工作 5 已达到应急时间，不能再进行压缩，故终止。此时三条路径的长度分别是 10、10、9。

从 10 周压缩到 9 周。由表 2-25 得知，路径 1 和 2 的工期都为 10，都是关键线路，两条关键线路必须同时进行压缩。在表 2-26 中有两种"可选压缩方案"：压缩工作 1，费率是 5 000 美元，即"1（5）"；压缩工作 4 和 6，费率为 10 000 美元，即"4&6（10）"。比较两者的费率，1 的费率较小，故压缩 1。此次压缩使累计费用增加了 13 000 美元。经过这次压缩，三条路径的长度分别是 9、9、9。

从 9 周压缩到 8 周。由表 2-25 得知，由于路径 1、2、3 的工期都为 9，存在三条关键线路，这三条关键线路必须同时进行压缩。在表 2-26 中有如下几种"可选压缩方案"：1&3（9），1&7（8），3&4&6（14），4&6&7（13）。比较它们的费率，同时压缩 1 和 7 的费率最小，为 8 000 美元。故压缩工作 1 和工作 7。此次压缩使累计费用增加了 21 000 美元。经过这次压缩，工作 1 和 7 已达到应急时间，不能再进行压缩，故终止。此时三条路径的长度分别是 8、8、8。

从 8 周压缩到 7 周。由表 2-25 得知，由于路径 1、2、3 的工期都为 8，存在三条关键线路，这三条关键线路必须同时进行压缩。在表 2-26 中"可选压缩方案"为：3&4&6（14）。即同时压缩工作 3、4、6，费用为 14 000 美元。此次压缩使累计费用增加了 35 000 美元。经过这次压缩，三条路径的长度分别是 7、7、7。

从 7 周压缩到 6 周。由表 2-25 得知，由于路径 1、2、3 的工期都为 7，存在三条关键线路，这三条关键线路必须同时进行压缩。在表 2-26 中"可选压缩方案"为：3&4&6（14）。即同时压缩工作 3、4、6，费用为 14 000 美元。此次压缩使累计费用增加了 49 000 美元。经过这次压缩，工作 4 和 6 已达到应急时间，不能再进行压缩，故终止。此时三条路径的长度分别是 6、6、6。

表 2-25　例 2-10 各方案的费用值及路径长度

工作	1	2	3	4	5	6	7	累计增加费用						
正常时间	3	2	5	7	5	4	4							
应急时间	1	2	2	5	3	2	3							
费率（千美元）	5	—	4	3	4	7	3	0	4	8	13	21	35	49
路径 1（1-5-6）：	*				*	*		12	11	10	9	8	7	6
路径 2（1-4）：	*			*				10	10	10	9	8	7	6
路径 3（3-7）：			*				*	9	9	9	9	8	7	6

表 2-26　例 2-10 的各压缩方案及选择结果

工期	可选压缩方案	选择压缩的工作	压缩的结果
12	1（5），5（4），6（7）	5	费用增加了 4 000 美元
11	1（5），5（4），6（7）	5	费用增加了 8 000 美元，工作 5 终止
10	1（5），4&6（10）	1	费用增加了 13 000 美元
9	1&3（9），1&7（8），3&4&6（14），4&6&7（13）	1&7	费用增加了 21 000 美元，工作 1、7 终止
8	3&4&6（14）	3&4&6	费用增加了 35 000 美元
7	3&4&6（14）	3&4&6	费用增加了 49 000 美元，工作 4、6 终止
6			

例 2-11　根据图 2-76 的网络图及表 2-27 的数据，计算将项目工期从 48 周压缩到 43 周所需要的费用。假设 G2、G5、Q2、Q6、R3、R6 和 S3 不能被压缩。

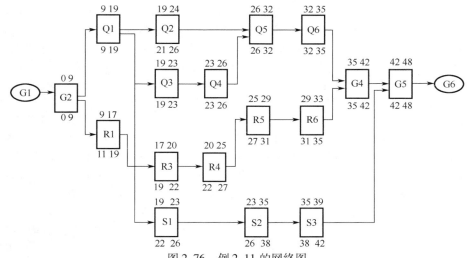

图 2-76 例 2-11 的网络图

表 2-27 例 2-11 费率表

	Q1	Q3	Q4	Q5	R1	R4	R5	S1	S2	G4
正常时间	10	4	3	6	8	5	4	4	12	7
应急时间	8	3	2	5	7	4	3	3	10	5
费率	15	5	12	12	9	6	12	8	12	16

解： 首先找出所有可能的路径，共有 4 条，它们是：路径 1，Q1—Q3—Q4—Q5—G4；路径 2，Q1—Q5—G4；路径 3，R1—R4—R5—G4；路径 4，Q1—S1—S2。表 2-28 中的 "＊" 表示各条路径包含的工作。由表 2-28 可知，路径 1 工期最长（48），为关键线路，压缩从路径 1 开始。

从 48 周压缩到 47 周。路径 1 由工作 Q1、Q3、Q4、Q5、G4 构成，比较它们的费率，Q3 的费率最小为 5，故压缩工作 Q3，表 2-29 中的 "选择压缩的工作" 中选择 "Q3"，此次压缩使费用增加了 5。经过这次压缩，Q3 已达到应急时间，不能再进行压缩，故终止。此次压缩后四条路径的长度分别是 47、46、46、45。

从 47 周压缩到 46 周。路径 1 还是关键线路，由于 Q3 已终止，比较 Q1、Q4、Q5、G4 的费率，Q4 的费率最小为 12，故压缩 Q4，表 2-29 中的 "选择压缩的工作" 中选择 "Q4"，此次压缩使费用增加了 17。经过这次压缩，Q4 已达到应急时间，不能再进行压缩，故终止。此次压缩后四条路径的长度分别是 46、46、46、45。

从 46 周压缩到 45 周。此时，路径 1、2、3 都是关键线路，应同时被压缩。表 2-29 中可选的压缩方案为：Q1&R1（24），Q1&R4（21），Q1&R5（27），Q5&R1（21），Q5&R4（18），Q5&R5（24），G4（16）。比较可见，G4 的费率最小为 16，故压缩 G4，表 2-29 中的 "选择压缩的工作" 中选择 "G4"，此次压缩使费用增加了 33。此次压缩后四条路径的长度都是 45，即关键线路有 4 条。

从 45 周压缩到 44 周。由于路径 1、2、3、4 都是关键线路，应同时被压缩。表 2-29 中可选的压缩方案为：Q1&R1（24），Q1&R4（21），Q1&R5（27），Q5&R1&S1（29），Q5&R1&S2（33），Q5&R4&S1（26），Q5&R4&S2（30），Q5&R5&S1（32），

Q5&R5&S2（36），S1&G4（24），S2&G4（28），Q1&G4－Q3（26），Q1&G4－Q4（19）。其中Q1&G4－Q4（19）表示在同时压缩Q1、G4的同时，释放已经被压缩了的Q4，即在第2次压缩（从47周压缩到46周）中，撤回Q4的压缩。比较可见，Q1&G4－Q4（19）的费率最小为19，故在同时压缩Q1、G4的同时，释放已经被压缩了的Q4。表2-29中的"选择压缩的工作"中选择"Q1&G4－Q4"，此次压缩使费用增加了52。此次压缩后，Q4被释放，G4被终止。此时四条路径的长度分别为44、43、44、44。关键线路有3条。

从44周压缩到43周。此时，路径1、3、4都是关键线路，应同时被压缩。表2-29中可选的压缩方案为：Q1&R1（24），Q1&R4（21），Q1&R5（27），Q5&R1&S1（29），Q5&R1&S2（33），Q5&R4&S1（26），Q5&R4&S2（30），Q5&R5&S1（32），Q5&R5&S2（36），Q4&R1&S1（29），Q4&R1&S2（33），Q4&R4&S1（26），Q4&R4&S2（30），Q4&R5&S1（32），Q4&R5&S2（36）。比较可见，Q1&R4的费率最小为21，故压缩Q1&R4，表2-29中的"选择压缩的工作"中选择"Q1&R4"，此次压缩使费用增加了73。Q1和R4被终止。此次压缩后四条路径的长度分别为43、42、43、43，即关键线路有3条。

表2-28 例2-11 各方案费用及路径长度

	Q1	Q3	Q4	Q5	R1	R4	R5	S1	S2	G4	累计增加费用					
正常时间	10	4	3	6	8	5	4	4	12	7						
应急时间	8	3	2	5	7	4	3	3	10	5						
费率	15	5	12	12	9	6	12	8	12	16	0	5	17	33	52	73
路径1：48	*	*	*	*						*	48	47	46	45	44	43
路径2：46	*			*						*	46	46	46	45	43	42
路径3：46					*	*	*			*	46	46	46	45	44	43
路径4：45	*							*	*		45	45	45	44	44	43

表2-29 例2-11 各压缩方案及选择结果

工期	可选压缩方案	选择压缩的工作	压缩的结果
48	Q1（15），Q3（5），Q4（12），Q5（12），G4（16）	Q3	费用增加了5，Q3 终止
47	Q1（15），Q4（12），Q5（12），G4（16）	Q4	费用增加了17，Q4 终止
46	Q1&R1（24），Q1&R4（21），Q1&R5（27），Q5&R1（21），Q5&R4（18），Q5&R5（24），G4（16）	G4	费用增加了33
45	Q1&R1（24），Q1&R4（21），Q1&R5（27），Q5&R1&S1（29），Q5&R1&S2（33），Q5&R4&S1（26），Q5&R4&S2（30），Q5&R5&S1（32），Q5&R5&S2（36），S1&G4（24），S2&G4（28），Q1&G4－Q3（26），Q1&G4－Q4（19）	Q1&G4－Q4	费用增加了52，Q4 被释放，G4 被终止
44	Q1&R1（24），Q1&R4（21），Q1&R5（27），Q5&R1&S1（29），Q5&R1&S2（33），Q5&R4&S1（26），Q5&R4&S2（30），Q5&R5&S1（32），Q5&R5&S2（36），Q4&R1&S1（29），Q4&R1&S2（33），Q4&R4&S1（26），Q4&R4&S2（30），Q4&R5&S1（32），Q4&R5&S2（36）	Q1&R4	费用增加了73，Q1、R4 终止
43			

2.7.2 工期优化

工期优化也称为时间优化，其目的是当网络计划计算工期不能满足要求工期时，通过不断压缩关键线路上的关键工作的持续时间等措施，达到缩短工期、满足要求工期的目的。

下面介绍缩短工期的主要方法。

1. 强制缩短法

即采取措施使网络计划中的某些关键工作的持续时间尽可能缩短。强制缩短法的一个重要问题就是选择哪些工作压缩其持续时间以达到缩短工期的目的。常用的方法有：

（1）顺序法，即按关键工作开始时间确定，先开始的工作先压缩。

（2）加权平均法，即按关键工作持续时间长短的百分比进行压缩。

（3）选择法，即计划编制者有目的地选择某些关键工作进行持续时间的压缩。

以下详细介绍选择法。

1）选择调整对象（关键工作）考虑的主要因素：

① 缩短持续时间对质量影响不大的工作；

② 有充足备用资源的工作；

③ 缩短持续时间所需增加的资源量最少的工作；

④ 缩短持续时间所需增加的费用最少的工作。

2）选择法工期优化的步骤如下：

① 计算并确定初始网络计划的计算工期、关键线路及关键工作；

② 按要求工期计算应缩短的时间；

③ 确定各关键工作能缩短的持续时间；

④ 根据上述因素选择关键工作压缩其持续时间，并重新计算网络计划的计算工期；

⑤ 若计算工期仍超过要求工期，则重复以上步骤，直到满足工期要求或工期已不能再缩短为止。

例 2-12 某项目网络计划如图 2-77 所示，图 2-77 中括号内的数据是工作的最短持续时间，要求工期是 100 天。采用选择法进行工期优化。

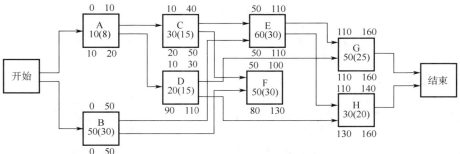

图 2-77　某项目的网络计划图

解：（1）计算并确定初始网络计划的计算工期、关键线路及关键工作

计算的结果见图 2-77。由图可知，项目工期为 160 天；关键线路为 B—E—G。

（2）按要求工期计算应缩短的时间

要求的工期为 100 天，需要缩短 60 天。

（3）确定各关键工作能缩短的持续时间

B 可缩短 20 天，E 可缩短 30 天，G 可缩短 25 天，共计可缩短 75 天。

（4）假设 B 压缩 20 天，E 压缩 30 天，G 压缩 10 天，则压缩后的网络图如图 2-78 所示。

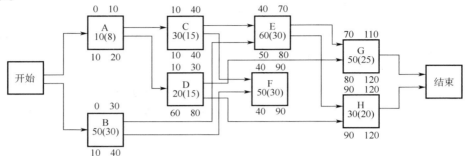

图 2-78　第 1 次优化后的网络图

（5）由图 2-78 可见，工期还需压缩 20 天。再次调整关键工作的持续时间：A、C、F、H 可分别压缩 2、15、20、10 天，选择 C、F 比较适宜，则压缩后的网络图如图2-79 所示。

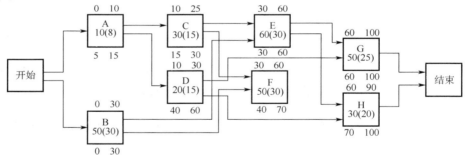

图 2-79　第 2 次优化后的网络图

经过这次压缩，工期已达到 100 天的要求。压缩后的关键工作为 B、E、G，工期为 100 天。

2. 调整工作关系

根据项目的可能性，将某些串联的关键工作调整为平行作业或交替作业。

例 2-13　粉刷房间的项目。有三个房间要求粉刷，其中包括三项工作：准备房间以备粉刷；粉刷屋顶和墙；漆贴面。有三个熟练工：一个准备工，一个粉刷工粉刷屋顶和墙，一个油漆工漆贴面。应如何安排此项目？

解：有三种安排方式，但对资源的需求不同。

（1）串行安排。串行安排的顺序为：准备工先准备第一个房间，然后，由粉刷工粉刷，最后由油漆工油漆。第一个房间完成后，三个工人一起转移到第二个房间，依次类推。串行安排的网络图如图 2-80 所示。

串行安排所需要的完成时间最长。

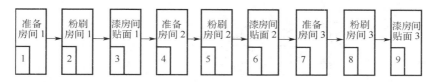

a) 用节点表示活动形式

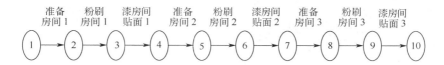

b) 用箭头表示活动形式

图 2-80 串行安排的网络图

（2）并行安排。并行安排同时需要三个准备工、三个粉刷工、三个油漆工，三个房间的工作同时展开。并行安排的网络图如图 2-81 所示。

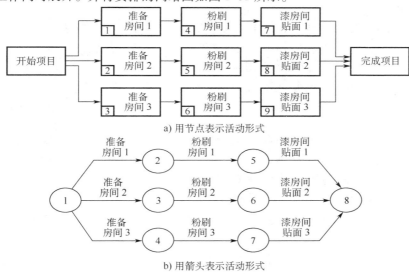

a) 用节点表示活动形式

b) 用箭头表示活动形式

图 2-81 并行安排的网络图

并行安排所需要完成的时间最短。

（3）并行交叉安排

并行交叉安排的顺序为：准备工先准备第 1 个房间，然后由粉刷工粉刷第 1 个房间，在粉刷工粉刷第 1 个房间的同时，准备工准备第 2 个房间，当粉刷工粉刷完第 1 个房间后，油漆工油漆第 1 个房间，依次类推。可见，粉刷房间 1 与准备房间 2 可同时进行；油漆房间 1、粉刷房间 2、准备房间 3 也可同时进行，等等。并行交叉安排的网络图如图 2-82 所示。

并行交叉安排所需要的完成时间虽比并行安排的时间长，但比串行安排要短得多，尤其在资源有限的情况下，这是优化工期的一种比较好的方法。

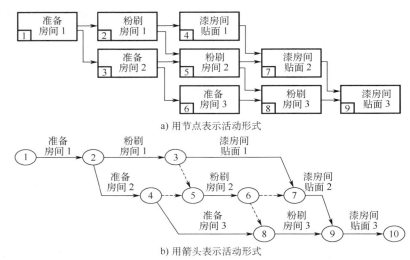

a) 用节点表示活动形式

b) 用箭头表示活动形式

图 2-82 并行交叉安排的网络图

3. 利用时差缩短工期

利用非关键工作的时差，用其中的部分资源加强关键工作，以缩短关键工作的持续时间，使工期缩短。采用这一措施，关键线路可能会不断地发生转移。

（1）对关键线路上工作的检查与调整。关键线路上所有工作都是关键工作，是没有机动时间的。其中任一工作的作业时间的缩短或延长都会影响整个项目进度。因此，必须集中精力抓关键，经常分析、研究这些工作是否有可能提前或拖期，并找出原因，采取对策。

当关键线路上某些工作的作业时间缩短了，则有可能出现关键线路转移，后续各工作的最早可能开始时间最迟必须开始时间以及时差的大小都有可能发生变化，因此对后续工作的作业时间也可能需要进行必要的修正，并重新计算时间参数。

例 2-14 在图 2-83 中，原关键线路为 A、B、C、D、F、I、K、L、M。若 I 的工作时间缩短为 5 天，则关键线路转移为：A、B、C、D、G、J、K、L、M，如图 2-84 所示。

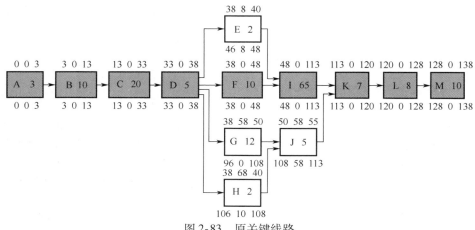

图 2-83 原关键线路

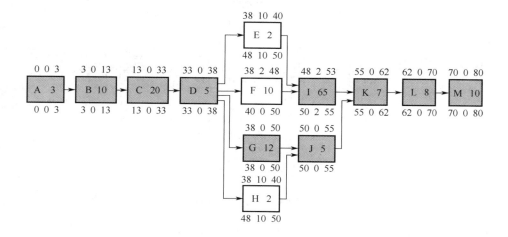

图 2-84 关键线路转移

（2）对非关键线路上工作的检查与调整。非关键线路上工作有以下两种情况：

1）当非关键线路上某些工作的作业时间延长了，但不超过时差范围时，不致影响整个项目进度，计划也就不必调整。

例 2-15 非关键线路上作业 E 的时间由 2 变为 8，增加了 6，但小于时差 8，则关键线路不变，如图 2-85 所示。

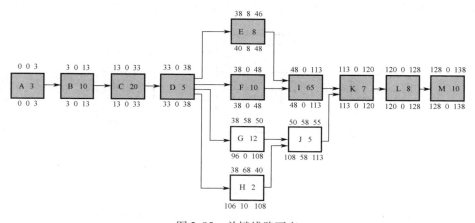

图 2-85 关键线路不变

2）当非关键线路上某些工作的作业时间延长而且超过了时差范围时，则势必影响整个项目进度，关键线路就会转移。

例 2-16 非关键线路上作业 E 的时间由 2 变为 12，增加了 10，大于时差 8，则关键线路变为：A、B、C、D、E、I、K、L、M，如图 2-86 所示。

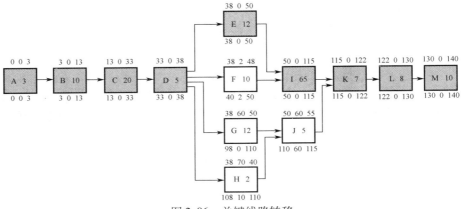

图 2-86 关键线路转移

2.8 进度控制

2.8.1 进度控制过程

项目计划只是根据预测而对未来做出的安排，由于在编制计划时事先难以预见的问题有很多，在计划执行过程中往往会发生或大或小的偏差，这就要求项目经理及其他管理人员对计划做出调整，消除与计划不符的偏差，以使预定目标按时实现。因此，在项目进行过程中，必须始终监控项目的进程以确保每项工作都能按进度计划进行。同时，必须始终掌握计划的实施状况，并将实际情况与计划进行对比分析，必要时应采取有效对策，使项目按预定的进度目标进行，避免工期的拖延。这一过程被称为进度控制，该过程可用图 2-87 描述。

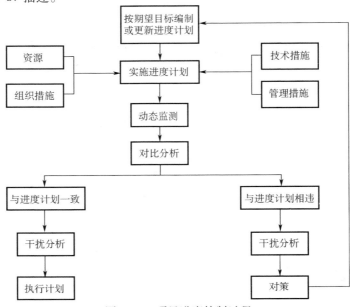

图 2-87 项目进度控制过程

2.8.2 进度控制的类型

按照不同的管理层次，进度控制可分为以下三类：

1. 项目总进度控制

项目总进度控制是项目经理等高层次管理部门对项目中各里程碑事件的进度控制。

2. 项目主进度控制

项目主进度控制主要是指项目部门对项目中每一个主要事件的进度控制。在多级项目中，这些事件可能就是各个分项目。通过控制项目主进度使其按计划进行，就能保证总进度的如期完成。

3. 项目详细进度控制

项目详细进度控制主要是各作业部门对各具体作业进度计划的控制。这是进度控制的基础，只有详细进度得到较强的控制才能保证主进度的按计划进行，从而保证项目总进度，最终使项目目标得以顺利实现。

2.8.3 进度控制的原理

下面介绍项目进度控制的原理。

1. 动态控制原理

项目进度控制是随着项目的进行而不断进行的，是一个动态过程，也是一个循环进行的过程。从项目开始，实际进度就进入了运行的轨迹，也就是计划进入了执行的轨迹。实际进度按计划进行时，实际进度符合计划，计划的实现就有保证；实际进度与进度计划不一致时，就产生了偏差，若不采取措施加以处理，工期目标就不能实现。所以，当产生偏差时，就应分析偏差的原因，采取措施，调整计划，使实际与计划在新的起点上重合，并尽量使项目按调整后的计划继续进行。但在新的因素干扰下，又有可能产生新的偏差，又需继续按上述方法进行控制。进度控制就是采用这种动态循环的控制方法。

2. 系统原理

进行项目的进度控制，首先应编制项目的各种计划，包括进度计划、资源计划等。计划的对象由大到小，计划的内容从粗到细，形成了项目的计划系统；项目涉及各个相关主体、各类不同人员，这就需要建立组织体系，形成一个完整的项目实施组织系统；为了保证项目进度，自上而下都应设有专门的职能部门或人员负责项目的检查、统计、分析、调整等工作。当然，不同的人员负有不同的进度控制责任，分工协作，形成一个纵横相连的项目进度控制系统。所以，无论是控制对象，还是控制主体；无论是进度计划，还是控制工作都是一个完整的系统。进度控制实际上就是用系统的理论和方法解决系统问题。

3. 封闭循环原理

项目进度控制的全过程是一种循环性的例行工作，其工作包括编制计划、实施计划、检查、比较与分析、确定调整措施、修改计划，形成一个封闭的循环系统。进度控制过程就是这种封闭循环不断运行的过程。

4. 信息原理

信息是项目进度控制的依据。项目进度计划的信息从上到下传递到项目实施相关人员，以使计划得以贯彻落实。而项目实际进度信息则自下而上反馈到各有关部门和人员，供其分析并做出决策、调整，以使进度计划仍能符合预定工期目标。这就需要建立信息系统，以便不断地进行信息的传递和反馈。所以，项目进度控制的过程也是一个信息传递和反馈的过程。

5. 弹性原理

项目一般工期长且影响因素多。这就要求计划编制人员能根据统计经验估计各种因素的影响程度和出现的可能性，并在确定进度目标时进行目标的风险分析，使进度计划留有余地，即使计划具有一定的弹性。在进行项目进度控制时，可以利用这些弹性缩短工作的持续时间，或改变工作之间的搭接关系，以最终能实现项目的工期目标。

6. 网络计划技术原理

网络计划技术不仅可以用于编制进度计划，而且可以用于计划的优化、管理和控制。网络计划技术是一种科学、有效的进度管理方法，是项目进度控制，特别是复杂项目进度控制的完整的计划管理和分析计算的理论基础。

2.8.4 项目进度动态监测

在项目实施过程中，为了收集反映项目进度实际状况的信息，以便对项目进展情况进行分析，掌握项目进展动态，应对项目进展状态进行观测。这一过程称为项目进度动态监测。

对于项目进展状态的监测，通常采用日常观测和定期观测的方法进行，并将观测的结果用项目进展报告的形式加以描述。

1. 日常观测

随着项目的进展，不断观测进度计划中所包含的每一项工作的实际开始时间、实际完成时间、实际持续时间、目前状况等内容，并加以记录，以此作为进度控制的依据。记录的方法有实际进度前锋线记录法、图上记录法等。

（1）实际进度前锋线记录法。实际进度前锋线是一种在时间坐标网络中记录实际进度情况的曲线，简称为前锋线。它表达了在网络计划执行过程中，某一时刻正在进行的各工作的实际进度前锋的连线，如图2-88所示。

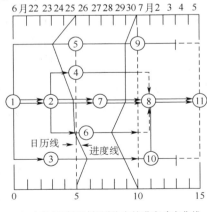
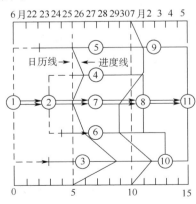

a) 在最早时间时标网络中的进度动态曲线 　　b) 在最迟时间时标网络中的进度动态曲线

图2-88　实际进度前锋线

（2）图上记录法。当采用非时标网络计划时，可直接在图上用文字或符号记录。如用点划线代表其实际进度，在网络图中标出，如图 2-89 所示。

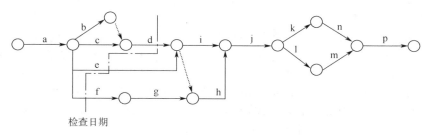

图 2-89　双代号网络实际进度的记录

也可在箭线下方标出相应工作的实际持续时间，或在箭尾节点下方和箭头节点下方分别标出工作的实际开始和实际结束时间，如图 2-90 所示。

也可在网络图的节点内涂上不同颜色或用斜线表示相应工作已经完成，如图 2-91 所示。

图 2-90　实际工时记录　　　　　　图 2-91　已完成的工作的记录

若进度计划是甘特图，则可在图中用不同的线条分别表示计划进度和实际进度，如图 2-92 所示。

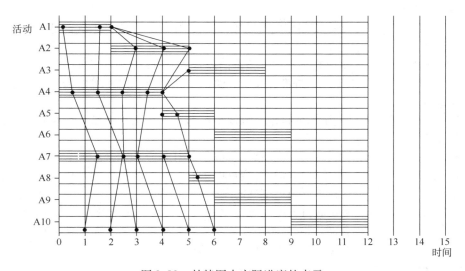

图 2-92　甘特图中实际进度的表示

随着项目的完成，可绘出实际进度网络图。该图表达了各工作实际开工、完工时间，并将项目进展中出现的问题、影响因素等反映在图中。绘制实际进度网络图，可明显表达实际与计划不相符合的情况，有助于计划工作的总结和资料的积累。

2. 定期观测

定期观测是指每隔一定时间对项目进度计划执行情况进行一次较为全面、系统的观测、检查。间隔的时间因项目的类型、规模、特点和对进度计划执行要求程度的不同而异，可以一日、双日、五日、周、旬、半月、月、季、半年等为一个观测周期。

（1）项目信息收集方式。信息是物质系统运动的质，所以项目运作的过程即是项目信息流动的过程。项目工作中的信息载体丰富多样，信息的收集同样存在多种方式。

一般项目信息的采集可用下列五种方法进行：

1）发生频率统计法。这是对某一事件发生的次数进行记录的信息收集方法。该方法常用于"投诉"、延误报告次数、无事故天数、计算机软件故障次数等。这类信息容易收集，并常常以频率或百分比形式进行报告。

2）原始数据记录法。这是对项目运行中实际资源投入量和项目产出技术指标进行统计。如某工作已投入的工作日、人民币、机器或设备工作台时或技术性能指标等的统计。

3）经验法。这类指标的定量或定级来自于人的主观意志。如用特尔菲法确定产品的质量。

4）指标法。在项目实施过程中，有一些对象的有关信息是较难甚至无法直接获得的。这时，我们可以寻找一种间接的度量或指标。如要判断项目小组的工作效率，可以用项目变更指令下达速度以及变更指令被接纳、工作进入协调状态的速度来度量。而对项目变更的响应程度和速度，同样是项目成员沟通质量的指标。在用这种方法收集信息时，要先确定替代对象和特征指标及特征关系，这需要建立多个候选指标并对它们与测定对象的特征差异或关系进行分析和评价，选择差别最小或关系清楚而又易于测量的对象特征作为替代指标。

5）口头测定方式。该方法常用于测定队员的合作质量、队员士气高低、项目组—业主间合作程度等。

（2）定期观测的主要内容。观测、检查的内容主要有以下几个方面：

1）观测、检查关键工作的进度和关键线路的变化情况，以便采取措施调整或保证计划工期的实现。

2）观测、检查非关键工作的进度，以便更好地发掘潜力，调整或优化资源，以保证关键工作按计划实施。

3）检查工作之间的逻辑关系变化情况，以便适时进行调整。

4）有关项目范围、进度计划和预算变更的信息。这些变更可能是由客户或项目团队引起的，也可能是由某种不可预见事件的发生所引起的。

定期观测、检查有利于项目进度动态监测的组织工作，使观测、检查具有计划性，成为例行性工作。定期观测、检查的结果应加以记录，其记录方法与日常观测记录相同。定期检查的重要依据是日常观测、检查的结果。

3. 项目进展报告

项目进度观测、检查的结果通过项目进展报告的形式向有关部门和人员报告。项目进展报告是记录观测检查的结果、项目进展现状和发展趋势等有关内容的最简单的书面形式报告。

（1）项目进展报告的分类。项目进展报告根据报告的对象不同，确定不同的编制范围和内容。一般分为项目概要级进度控制报告、项目管理级进度控制报告和业务管理级进度控制报告。项目概要级进度控制报告是以整个项目为对象说明进度计划执行情况的报告；项目管理级进度控制报告是以分项目为对象说明进度计划执行情况的报告；业务管理级进度控制报告是以某重点部位或重点问题为对象所编写的报告。

（2）项目进展报告的内容。编制项目进度报告的目的是为了及时反映项目进展状况和内外部环境变化状况，发现存在的问题、发生的变化，分析潜在的风险和预测发展趋势，以便管理人员做出正确的判断和决策，实现项目管理的有效控制。项目进展报告的内容主要包括项目实施概况、管理概况、进度概要；项目实际进度及其说明；资源供应进度；项目近期趋势；项目费用发生情况；项目存在的困难与危机；人事表扬等。

项目进展报告一般应由以下五个方面的内容组成：

1）项目进展简介。列出有关重要事项。对每一个事项，叙述近期的成绩、完成的里程碑事件以及其他一些对项目有重大影响的事件（如采购、人事、业主等）。为了使报告既简洁又清楚，报告要提供可索取进一步信息的途径。

2）项目近期走势。叙述从现在到下次报告期间项目将要发生的事件。对每个将要发生的事件进行简单说明，并提供一份项目下一期的里程碑图表。

3）预算情况。一般以清晰、直观的图表反映项目近期的预算情况，并对重大的偏差做出解释。

4）困难与危机。困难是指力所不及的事，危机是指对项目造成重大险情的事。对困难与危机，要提出高层管理人员应如何予以支持的要求。

5）人事表扬。在"以人为本"的项目管理中，表扬好人、好事是不可缺少的工作。项目工作是意志力的工作，项目成功是每一个项目工作者长年累月加班加点、不辞辛劳、乐于奉献的结果。

（3）项目进展报告的频次、时间与报告期。对于与项目有关的不同组织、不同部门和不同层次的人员，应提供广度、深度内容细节不同的项目信息报告，提供报告的频次也不一样。

对于基层管理人员，他们所关心的是个人和小组工作任务的完成，因此所需要的信息主要是关于个人和小组的工作任务完成及其影响因素，而且报告的次数多。

而高层管理者所要求的信息，其内容细节少、综合性强，大多是综述性的项目进展情况，报告的次数少。

项目进展报告与项目行动计划和 WBS 的关系是确定报告内容和频次的关键。项目进展报告内容必须与按照特定行动计划进行过程控制的信息密切相关。报告的频次应达到在计划完成期间满足控制所需信息的要求。

原则上项目进展报告应及时给出以便项目控制的实现，因此，报告的时间一般要对应于项目里程碑时间。对高层管理，一个项目可能只有几个里程碑，而对于基层管理，在项目计划的实施过程中存在许多关键点，在这些关键之处有许多决策要做，我们将这些关键点定为里程碑。基层管理中的里程碑的确定还取决于项目进展中的细节内容。里程碑数量越多，所要求的报告的信息内容越详细、报告次数也越多。另外信息报告应和计划、预算、进度系统的逻辑相一致，主要目的是保证通过控制实现项目计划。

项目进展报告的报告期应根据项目的复杂程度和时间期限以及项目的动态监测方式等因素确定，一般可考虑与定期观测的间隔周期相一致。一般来说，报告期越短，早发现问题并采取纠正措施的机会就越多。如果一个项目远远偏离了控制，就很难在不影响项目范围、预算、进度或质量的情况下实现项目目标。明智的做法是增加报告期的频率，直到项目按进度计划进行。

（4）项目进展报告的形式。项目进展报告可分为日常报告、例外报告和特别分析报告。

1）日常报告。根据日常观测和定期观测的结果所编制的进展报告即为日常报告。这是项目进展报告的常用形式。日常报告是用来报告有规律的信息的，但并不意味着一定要按日历安排报告工作时间。对于高层管理者，进展报告常常是周期性提供的，但对项目经理和基层管理人员，报告则是根据工作需要给出。一般按里程碑时间安排报告时间，有时根据资源利用期限发出日常报告，有时每周甚至每日提供报告。

2）例外报告。此种报告方式常用在以下两种场合。①为项目管理决策提供信息报告，报告发给决策有关人；②公布决策并为之做出解释的报告。如当某一决策是建立在例外基础之上并必须以文件形式将此决策通知给有关管理人员时，可采用此类报告。

3）特别分析报告。常用于宣传项目特别研究成果或是对项目实施中发生的一些问题进行评述。这类报告可以发给项目中的任何人。

项目报告除了用文字表达外，图表亦是传送信息的重要工具。

报告如按传递的方式不同可分为书面报告、会议报告、口头报告等。

（5）几种常见的项目进展报告。主要有以下几种：

1）项目关键点检查报告。项目关键点是指对项目工期影响较大的时间点，如里程碑事件点就是项目关键点。对项目关键点的监测、检查是项目进度动态监测的重点之一。将关键点的检查结果加以分析、归纳所形成的报告就是项目关键点检查报告，如表2-30所示。

表2-30 项目关键点检查报告

关键点名称：	检查组名称：
检查组负责人：	报告人：
报告日期：	报告份数：
对关键点的目标描述	
关键点结束时间与计划时间相比	
提交物是否能满足性能要求	
估计项目以后发展态势	
检查组负责人的审核意见：　　　　　签名：　　　　　日期：	

2）项目执行状态报告。项目执行状态报告反映了一个项目或一项工作的现行状态，如表2-31所示。

表 2-31 项目执行状态报告

任务名称		任务编码	
报告日期		状态报告份数	
实际进度与计划进度相比			
投入工作时间加未完成工作的计划时间和计划时间相比			
提交物是否能满足性能要求			
任务能否按时完成			
现在人员配备状况			
现在技术状况			
任务完成估测			
潜在风险分析及建议			
任务负责人审核意见:	签名:		日期:

3）工作完成报告。工作完成报告反映了一项已完成工作或工作的基本情况，如表 2-32 所示。

表 2-32 工作完成报告

任务名称及编码:	结束日期:
交付物的性能特点:	
实际工作时间和计划时间相比:	
实际成本和估计费用相比:	
实际过程中遇到的重大技术问题及解决办法:	
评审意见:	
紧后工作名称及编码:	
紧后工作计划及措施:	
项目负责人审核意见:　　　　　签名:　　　　　　日期:	

4）重大突发性事件报告。就某一重大突发事件的基本情况及其对项目的影响等有关问题所形成的特别分析报告就是重大突发性事件报告。报告的基本形式如表 2-33 所示。

表 2-33 重大突发性事件报告

事件发生的时间:
事件发生的部位:
突发性事件的描述:
对项目正常实施影响的程度:
事件发生的初步原因分析:
建议采取的补救措施:
项目负责人审核意见:　　　　　签名:　　　　　　日期:

5）项目变更申请报告。该报告反映了某一项目变更的状况及其对项目产生的影响，其形式如表 2-34 所示。

表 2-34　项目变更申请报告

项目名称：		项目负责人：
项目变更的原因：		
项目变更替代方案描述：		
估计项目变更后对总项目进度的影响：		
变更时所涉及的相关单位：		
项目负责人的审查意见：	签名：	日期：
上级项目主管部门的审查意见：	签名：	日期：

6）项目进度报告。项目进度报告反映了报告期项目进度的总体状况，如表 2-35 所示。

表 2-35　项目进度报告

项目名称		
报告日期		
关键问题	工作范围变化情况： 进度状况： 费用状况： 质量状况： 技术状况：	
对跟踪项目的解释：		
未来工作计划：		
设想问题和办法：		
完成人：	日期：　　　评审人：	日期

7）项目管理报告。该报告反映了报告期项目管理的总体状况，如表 2-36 所示。

表 2-36　项目管理报告

项目名称		项目号	
报告日期		报告份数	
状态 总结	已完成工作占用时间占总工期的比例： 已完成工作量占总工作量的比例： 已完成工作实际时间、费用及质量状况： 已完成工作计划时间、费用及质量要求情况： 提交物状况： 目前状态对项目工期的影响程度预测： 目前状态对项目费用的影响程度预测： 目前状态对项目质量的影响程度预测：		
评估 事项	人员配备情况： 技术状况： 项目完成情况评估： 其他需说明的事项： 审核意见：　　　　审核人：　　　　审核时间： 项目经理意见：　　　项目经理：　　　　日期：		

2.8.5 项目进度控制的实施

在项目进展中，有些工作会按时完成，有些工作会提前完成，而有些工作则会延期完成。所有这些都会对项目的未完成部分产生影响。特别是已完成工作的实际完成时间，不仅决定着网络计划中其他未完成工作的最早开始与完成时间，而且决定着总时差。但并不是所有不按计划完成的情况都会对项目总工期产生不利影响，有些可能会造成工期拖延，有些则可能有利于工期的实现，有些对工期不产生影响。这就需要对实际进展状况进行分析比较，以弄清其对项目可能会产生的影响，以此作为项目进度更新的依据。

由于各种因素的影响，项目进度计划的变化是绝对的，不变是相对的。进度控制的核心问题就是能根据项目的实际进展情况，不断地进行进度计划的更新。进度计划的更新是进度控制的结果。

1. 比较与分析

将项目的实际进度与计划进度进行比较分析，确定实际进度与计划不相符合的原因，进而找出对策，这是进度控制的重要环节之一。通过比较与分析，为项目管理者明确了实际进度与计划进度之间的偏差，为采取调整措施提出了明确任务。这是进度控制中最简单的方法。进行比较与分析的方法主要有以下几种。

（1）甘特图比较法。甘特图比较法是将在项目进展中通过观测、检查、搜集到的信息整理后直接用横道列出并与原计划的横道线一起进行直观比较的方法。

根据项目中各项工作的进展速度、进度控制要求以及提供的进度信息不同，可以采用以下几种方法。

1）匀速作业甘特图比较法。匀速作业是指项目中每项工作的进展速度都是匀速的，即在单位时间内完成的任务量都是相等的，累计完成的任务量与时间成直线关系。

比较的步骤如下：①在甘特图上标出检查日期；②用细实线在甘特图上标出实际进度数据；③按以下规则分析比较实际进度与计划进度：若细实线右端与检查日期重合，则实际进度与计划进度一致；若细实线右端在检查日期左侧，则实际进度落后；若细实线右端在检查日期右侧，则实际进度超前。

例 2-17 图 2-93 给出了 A、B、C、D、E、F 六项工作在 10 周的计划及执行情况，检查点为第 6 周的周末。图中粗线表示计划进度，细线表示实际进度。从图 2-93 可以看到，A 按计划执行，B 拖延了 1 周，进而 C 也拖延了 1 周，D 和 E 按计划执行。

2）双比例单侧甘特图比较法。双比例单侧甘特图比较法，是在用与计划进度线不同的线条表示实际进度的同时，标出对应时刻完成任务的累计百分数，并将其与同时刻计划百分数相比较，以判断工作的实际进度与计划进度之间的关系。

具体步骤如下：①在计划甘特图上方标出相应工作在不同日期的计划完成的累计百分比，在下方标出工作相应日期实际完成任务的累计百分比；②用不同于计划甘特图的线条标出实际进度线，并从开始日期起，同时反映出项目进展过程中工作的连续与间断情况；③分析比较，确定实际进度与计划进度之间的偏差。其规则是：当同一时刻上下两个累计百分比相等时，表明实际进度与计划进度一致；当同一时刻上面的累计百分比大于下面的累计百分比时，表明实际进度拖后，拖后的量为两者之差；当同一时刻上面的累计百分比小于下面的累计百分比时，表明实际进度超前，超前的量为两者之差。

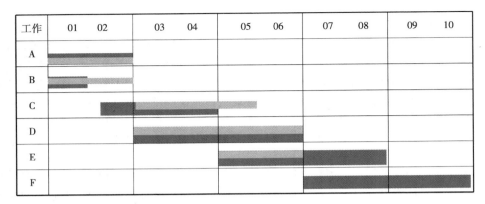

图 2-93　实际进度与计划进度比较甘特图示例

例 2-18　某项目的准备工作按计划需 9 天完成。每天计划完成任务量的百分比、工作的每天实际进度和检查日累计完成任务的百分比标在相应图中（见图 2-94）。试分析进度状况。

解：①在计划进度甘特图上方标出每天拟完成的百分比，分别是 5%、10%、20%、35%、50%、65%、80%、90%、100%；②在计划进度甘特图下方标出第 1、2、3 天末及检查日期实际完成的百分比，分别是 6%、12%、22%、40%；③用粗实线标出实际进度线，由图 2-94 可见，该工作的实际开始时间比计划时间晚半天，工作连续进行；④比较实际进度与计划进度偏差。由图 2-94 可见，第 1 天末到第 4 天末，实际进度比计划进度分别超前 1%、2%、2% 和 5%。

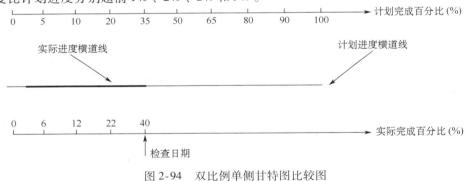

图 2-94　双比例单侧甘特图比较图

3）双比例双侧甘特图比较法。该方法适用于工作进度按变速进展的情况。做法是：将表示实际进度的线条，按检查的期间和完成的累计百分比交替绘制在计划甘特图的上下两面，其长度表示该时间内完成的任务量。工作的实际完成累计百分比标于甘特图下面的检查日期处，通过上下两个相对的百分比相比较，判断该工作的实际进度与计划进度之间的关系。

其比较步骤为：①在计划甘特图上方标出相应日期工作的计划完成累计百分比；②在计划甘特图下方标出相应日期工作的实际完成累计百分比；③用黑粗线分别在甘特图上方和下方交替绘制出每次检查实际完成的百分比；④通过标在甘特图上下方两个累

计百分比，比较各时刻的两种进度的偏差。

例 2-19 同上例。若每天检查一次，用双比例双侧甘特图比较法进行实际进度与计划进度的比较。

解：如图 2-95 所示。①在计划甘特图上方标出每天工作的计划完成累计百分比，分别为 5%、10%、…、100%；②在计划甘特图下方标出按日检查的实际完成累计百分比，分别为 6%、12%、…、100%；③用黑粗线分别按规定比例在甘特图上下方交替画出每次检查实际完成的百分比；④比较实际进度与计划进度，实际进度在第 9 天只完成了整个任务量的 90%，第 10 天末完成累计任务量的 100%，工期拖延了 1 天。

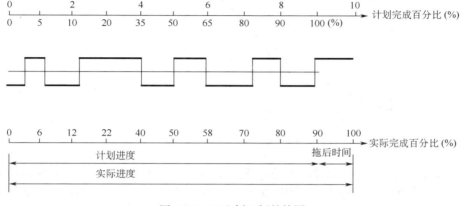

图 2-95 双比例双侧甘特图

（2）实际进度前锋线比较法。前锋线比较法是从计划检查时间的坐标点出发，用点划线依次连接各项工作的实际进度点，最后到计划检查时间的坐标点为止，形成前锋线。根据前锋线与工作箭线交点的位置判断项目实际进度与计划进度偏差，如图 2-88 所示。

（3）S 型曲线比较法。S 型曲线比较法是以横坐标表示进度时间、纵坐标表示累计完成任务量而绘制出的一条按计划时间累计完成任务量的 S 型曲线。用 S 型曲线可将项目的各检查时间实际完成的任务量与 S 型曲线进行实际进度与计划进度的比较，从而得出进度的偏差。如图 2-96 所示。

（4）香蕉型曲线比较法。香蕉型曲线是两条 S 型曲线组合而成的闭合曲线。对于一个项目的网络计划，在理论上总是分为最早和最迟两种开始和完成时间。因此，任何一个项目的网络计划，都可以绘制出两条 S 型曲线，即以最早时间和最迟时间分别绘制出相应的 S 型曲线，分别称为 ES 曲线和 LS 曲线。

在项目实施过程中，可以根据工作完成的情况绘制出实际进度累计曲线，即可对实际进度与计划进度进行以下两方面的比较：

1）时间一定，比较工作的完成量。如图 2-97 所示，当项目进展到 T_1 时，累计完成的工作量为 Q_1，若按最早时间计划，则应完成 Q_2，可见，比最早计划少完成（$Q_2 - Q_1$）；若按最迟时间计划，则应完成 Q_0，可见，比最迟计划多完成（$Q_1 - Q_0$）。由此可以判断，实际进度在计划范围之内，不会影响项目工期。

2）工作量一定，比较所需时间。如图 2-97 所示，当项目进展到 T_1 时，累计完成

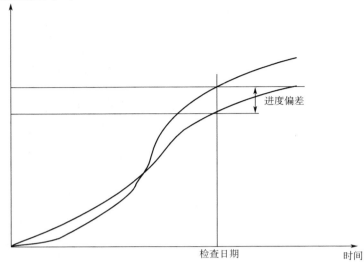

图 2-96　S 型曲线示意图

工作量 Q_1，若按最早时间计划，则应在 T_0 时完成同样的工作量，可见，实际进度拖延（$T_1 - T_0$）；若按最迟时间计划，则应在 T_2 时完成同样的工作量，可见，实际进度提前（$T_2 - T_1$）。由此可以判断，实际进度在计划范围之内，进展正常。

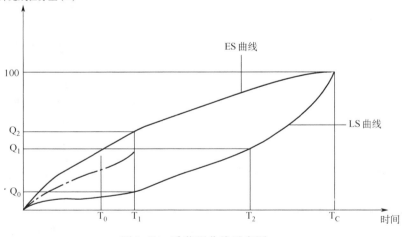

图 2-97　香蕉型曲线示意图

（5）列表比较法。采用无时间坐标网络计划时，在计划执行过程中，记录检查时刻正在进行的工作名称、已耗费的时间及尚需要的时间，然后列表计算有关参数，根据计划时间参数判断实际进度与计划进度之间的偏差，这种方法称为列表比较法。

具体需要计算出拟检查的工作在检查时刻的尚需工作时间、至最迟完成时间前尚剩时间、尚剩总时差，并进行以下分析：

1）如果工作尚剩总时差与原有总时差相等，则表明该工作的实际进度与计划进度一致。

2）如果工作尚剩总时差小于原有总时差，但大于0，则表明该工作的实际进度比计划进度拖后，产生偏差值为两者之差，但不影响总工期。

3）如果工作尚剩总时差小于0，则表明对总工期有影响，应进行进度计划更新。

例 2-20 某项目网络计划如图 2-98 所示。当项目进展到第 10 天时进行检查，检查的结果标于图中，试分析项目进展状况。

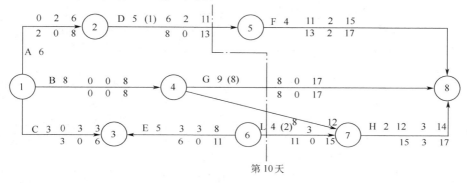

图 2-98 某项目网络计划

解：采用列表比较法。根据检查结果及网络时间参数计算的结果，将第 10 天工作 D、G、L 的尚需工作时间、至最迟完成时间前尚剩时间、尚剩总时差等数值列于表 2-37 中。根据表中所列数值对项目进度状况加以判断，结果也列于表中。

表 2-37　项目进度比较分析表

工作编号	工作代号	检查时尚需时间	至最迟完成时间前尚剩时间	原有总时差	尚剩总时差	判断
2－5	D	1	13－10＝3	2	3－1＝2	正常
4－8	G	8	17－10＝7	0	7－8＝－1	拖期 1 天
6－7	L	2	15－10＝5	3	5－2＝3	正常

2. 项目进度更新

根据实际进度与计划进度比较与分析的结果，以保持项目工期不变、保证项目质量和所耗费用最少为目标，制定出有效对策，进行进度更新，这是进度控制和管理的宗旨。项目进度更新主要包括两方面工作，即分析进度偏差的影响和进行项目进度计划的调整。

（1）分析进度偏差的影响。通过前述进度比较方法，当出现进度偏差时，应分析该偏差对后续工作及总工期的影响。主要从以下几方面进行分析：

1）分析产生进度偏差的工作是否为关键工作。若出现偏差的工作是关键工作，则无论其偏差大小，对后续工作及总工期都会产生影响，必须进行进度计划更新；若出现偏差的工作为非关键工作，则需根据偏差值与总时差和自由时差的大小关系，确定其对后续工作和总工期的影响程度。

2）分析进度偏差是否大于总时差。如果工作的进度偏差大于总时差，则必将影响后续工作和总工期，应采取相应的调整措施；若工作的进度偏差小于或等于该工作的总时差，表明对总工期无影响，但其对后续工作的影响需要将其偏差与其自由时差相比较才能作出判断。

3）分析进度偏差是否大于自由时差。如果工作的进度偏差大于该工作的自由时差，则会对后续工作产生影响，应根据后续工作允许影响的程度进行调整；若工作的进度偏差小于或等于该工作的自由时差，则对后续工作无影响，进度计划可不进行调整更新。

（2）项目进度计划的调整。项目进度计划的调整，一般有以下几种方法：

1）关键工作的调整。关键工作无机动时间，其中任一工作持续时间的缩短或延长都会对整个项目工期产生影响。因此，关键工作的调整是项目进度更新的重点。有以下两种情况：

① 关键工作的实际进度较计划进度提前时的调整方法。若仅要求按计划工期执行，则可利用该机会降低资源强度及费用。实现的方法是，选择后续关键工作中资源消耗量大或直接费用高的予以适当延长，延长的时间不应超过已完成的关键工作提前的量；若要求缩短工期，则应将计划的未完成部分作为一个新的计划，重新计算与调整，按新的计划执行，并保证新的关键工作按新计算的时间完成。

② 关键工作的实际进度较计划进度落后时的调整方法。调整的目标就是采取措施将耽误的时间补回来，保证项目按期完成。调整的方法主要是缩短后续关键工作的持续时间。

2）改变某些工作的逻辑关系。若实际进度产生的偏差影响了总工期，则在工作之间的逻辑关系允许改变的条件下，改变关键线路和超过计划工期的非关键线路上有关工作之间的逻辑关系，达到缩短工期的目的。这种方法调整的效果是显著的。例如，可以将依次进行的工作变为平行或互相搭接的关系，以缩短工期。但这种调整应以不影响原定计划工期和其他工作之间的顺序为前提，调整的结果不能形成对原计划的否定。

3）重新编制计划。当采用其他方法仍不能奏效时，则应根据工期的要求，将剩余工作重新编制网络计划，使其满足工期要求。

4）非关键工作的调整。当非关键线路上某些工作的持续时间延长，但不超过其时差范围时，则不会影响项目工期，进度计划不必调整。为了更充分利用资源，降低成本，必要时可对非关键工作的时差做适当调整，但不得超出总时差，且每次调整均需进行时间参数计算，以观察每次调整对计划的影响。非关键工作的调整方法有三种：一是在总时差范围内延长非关键工作的持续时间；二是缩短工作的持续时间；三是调整工作的开始或完成时间。当非关键线路上某些工作的持续时间延长而超出总时差范围时，则必然影响整个项目工期，关键线路就会转移。这时，其调整方法与关键线路的调整方法相同。

5）增减工作。由于编制计划时考虑不周，或因某些原因需要增加或取消某些工作，则需重新调整网络计划，计算网络参数，增减工作不应影响原计划总的逻辑关系，以便使原计划得以实施。增减工作只能改变局部的逻辑关系。增加工作，只是对原遗漏或不具体的逻辑关系进行补充；减少工作，只是对提前完成的工作或原不应设置的工作予以删除。增减工作后，应重新计算网络时间参数，以分析此项调整是否对原计划工期产生影响。若有影响，应采取措施使之保持不变。

6）资源调整。若资源供应发生异常，应进行资源调整。资源供应发生异常是指因供应满足不了需要，如资源强度降低或中断，影响到计划工期的实现。资源调整的前提是保证工期不变或使工期更加合理。资源调整的方法是进行资源优化。

复习思考题

1. 比较甘特图与网络计划技术的优缺点。

2. 在选择项目进度计划方法时应考虑哪些因素？

3. 解释总时差、自由时差的概念。关键线路如何确定？

4. 试描述进度计划安排过程。

5. 请对于一个具体的项目，用项目描述表进行描述。

6. 假如贵单位将进行成立 10 周年庆典工作，如果请你负责此次工作，你将如何分析此次工作应包含的工作？用 WBS 进行描述，并进行编码。

7. 对于第 6 个问题，制订责任分配矩阵。

8. 分别画一个双代号和单代号网络图，表示下面的 IS 开发任务一览表。

工作	紧前工作
1. 问题界定	—
2. 研究现有系统	1
3. 确定用户要求	1
4. 逻辑系统设计	3
5. 实体系统设计	2
6. 系统开发	4、5
7. 系统测试	6
8. 转换数据库	4、5
9. 系统转换	7、8

9. 计算下图中各项工作的 ES、EF、LS、LF 以及时差，并找出该项目的关键线路。试问该项目是否能够在 40 周内完成？再将此图转换成单代号网络图进行计算。

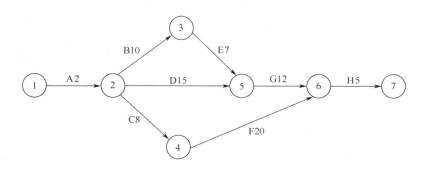

10. 计算下图中各时间参数。

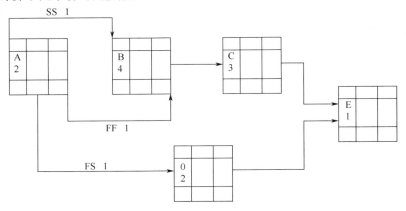

11. 如果在下面正态曲线下标明的两点间有95%的面积，期望值是多少？方差是多少？

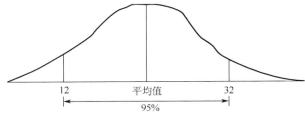

12. 一个项目的最早期望结束时间是138天，它的要求完工时间是130天。如果 σ_t （最长路径上各项工作总分布的标准差）是6，那么在要求完工时间之前完成项目的概率是多少？

13. 已知以下项目数据。试分别计算项目到17周、24周完成的概率，并计算到多少周完成才能达到90%的完成概率。

工作	时间（周）		
	乐观估计	最可能估计	悲观估计
1—2	5	11	11
1—3	10	10	10
1—4	2	5	8
2—6	1	7	13
3—6	4	4	10
3—7	4	7	10
3—5	2	2	2
4—5	0	6	6
5—7	2	8	14
6—7	1	4	7

如果公司能在18周内完成项目，将会得到一笔10 000元的奖金；但如果项目拖期

到 22 周以上，就要付出 5 000 元的罚款。如果公司可以选择投标或不投这个项目，而这个项目只是一个收支平衡的一般项目，公司应当如何决策？

14. 某项目由 8 项工作构成，数据如下表所示：

工作	紧前工作	正常时间（周）	应急时间（周）	费率/周（美元）	总费用（美元）
P	—	4	2	12000	18000
Q	R，V	6	3	8000	18000
R	S，U	3	3	—	32000
S	P	7	6	18000	42000
T	W	5	4	10000	20000
U	—	5	3	10000	20000
V	P	8	5	14000	40000
W	S，U	2	1	6000	10000

试用时间—成本平衡法用最小成本的增加优化项目工期。

15. 为什么项目应该有固定的报告期？全部项目应该有相同的报告期吗？并对答案进行解释。

16. 项目报告中应收集哪些数据？

17. 如果一个项目需要调整，可能要进行哪些权衡，并可采用哪些方法？

18. 项目实施过程中，需要改变计划进度时，如何更新网络图和进度？

19. 请描述进度控制的步骤，举例说明。

20. 在项目实施过程中，为加速项目进度，最可以调整哪些工作？为什么？

案例分析讨论

浙江××风电场建设工程项目进度计划的编制及改进[○]

1. 项目背景

浙江××风电场建设工程项目位于浙江省舟山本岛定海区的岑港镇境内，风电机布置在定海区西北黄金湾村的马目山和烟墩下村的狮子山山脊上。其中，马目山场址布置 23 台，狮子山场址布置 7 台，总共 30 台单机容量 1.5MW 风力发电机组，总装机容量为 45MW。本项目是浙江省境内首个单机容量突破兆瓦级的山区风电场，总投资 46 438万元，工程量和工程难度都比较大，被浙江省发改委重点办列入 2010 年重点项目。本项目风力发电机组基础采用直径为 17.5m 的八边形钢筋混凝土现浇重力式天然基础，埋深 3.9m；混凝土强度等级为 C35，每台风机基础混凝土为 360m³，每台基础底部平均厚度为 0.3m 的 C15 混凝土垫层。场区内山顶和山脊处地势相对平缓，风电机的安装场地由开挖填筑整平而成。根据单机容量 1.5MW 风力发电机组的需要，风力发电机组的安装需两台吊车，主吊为 LR1400/1 型履带吊，负责塔筒、机舱和风叶等主要设备的吊装，尾吊为 50t 轮胎式起重机，用于辅助吊装和设备卸车。因此，吊车的安装场地尺寸需要 30m×60m 的范围。因为风电机叶片长约 37.5m，因此，场内道路路基宽度至少需要 6m，路面宽度为 5m，爬坡纵向坡度小于 8°，道路转弯半径应不小于 25m。

○ 案例提供与整理：黄良、卢向南、杨秀秀。

风电场建设项目普遍存在工期紧张的问题，主要是因为风电场建设地区一般为偏远山地或沿海滩涂区域，现场三通一平、配套建设、政策处理等工作都存在较大的困难；其次，项目不可预测的风险因素较多，风险系数较高，比如叶片等长部件的运输、高山上风电机基础场地平整、爆破以及挡土墙堆砌等都存在一定的不确定性。然而，浙江省发改委项目核准批复中要求工期为13个月，建设单位上级主管部门更是要求工期必须压缩在11个月以内（2010年10月20日风机组试运行）；同时，建设单位上级主管部门又要求严格控制风电场建设项目的总投资，各子工程（如中控楼升压站建筑工程、接入系统工程以及风电机基础与安装工程等）都采用招投标方式确定施工单位，原则上每个标段最终确定的价格一般不允许向上调整。这样一来，项目工期和概算费用都不存在太大的余度。

2. 项目特点

风电场建设工程项目由以下子项目组成：风电场建设工程设计、场内道路工程、风电机基础土建工程、风电机安装工程、风电机调试工程、中控楼建筑土建工程、升压站电气安装工程、接入系统工程、场区线路工程以及电网倒送电工程等。这些子项目交叉作业多，搭接关系复杂，因而，风电场建设工程项目普遍存在工期紧张的问题。

浙江××风电场建设工程项目主要有以下几个特点：

（1）由于风电场建设工程地理位置比较偏远，建设和生活条件都相对艰苦，因此，无论是交通条件还是原材料、水、电等资源的供应方面都存在不小的困难。

（2）虽然风电场建设投资不小，但是投资总额的60%以上是用于采购项目设备的，建安费用其实并不是很高，单就建安费用而言，风电建设项目应该属于小型基建项目。和其他小型基建项目一样，工程监理人员配备有限，施工管理不到位；由于各子工程都采用招投标方式确定承包商，而且基本上都是低价中标，因此施工单位在机械设备等资源的投入方面也存在不足。

（3）交叉作业多，搭接关系复杂。道路工程与风电机基础土建工程交互作业，风电机基础土建工程与风电机安装工程交互作业，风电机安装工程与风电机调试工程交互作业，升压站土建工程和升压站电气安装工程交互作业等，各子工程之间存在相互影响和相互制约的关系。

（4）土地征用，大型设备运输借用当地原有公路等政策问题处理工作难度大，不确定性比较高，风险较大。这些问题都需要项目管理人员全面考虑，综合分析，逐步稳健推进。

（5）风电场建设项目需要进行吊装作业和高空作业，存在安全风险。

（6）风电机设备价值高，属于技术密集型设备，它对于安装工程的精密程度要求严格，技术风险较高。

（7）项目施工前，施工单位需要在当地进行多项行政审批工作，包括施工许可证的申请、规划许可证的申请等。这些行政审批工作一旦滞后会严重影响工程进度。

（8）项目场址所在地区为台风多发地区，冬季的冰冻现象也比较普遍。风电机安装工程及土建工程受大风、大雨等恶劣天气影响明显。

（9）参建单位多。风电场建设项目基本分为道路工程、升压站土建工程、升压站电气安装工程、场内线路工程、风电机基础土建工程、风电机吊装工程、风电机调试工程等子工程。各子工程承包商一般通过招标确定，很少出现一家单位重复中标的情况，再加上众多的设备供货商、设计院等，导致各参建单位相互之间的协调以及交接面的划分工作就显得比较重要且烦琐。

（10）风电机调试需要达到一定的风速以上才能进行并网试验，一般要求风速应大于 6m/s，而如果连续几天风速过小会影响调试的进度。

（11）山区风电场在升压站、风电机等基础开挖时，由于受现场地质条件的限制，常常会遇到坚固的基岩，这时就需要进行爆破处理。而爆破工作会较大地增加工程量，从而延长工程工期。

根据以上特点，浙江××风电场工程项目能否在限定的工期内完成将是一项严峻的挑战。

3. 项目进度计划现状与存在的问题

（1）进度计划现状

在该项目的建设初期，风电场建设单位（业主单位）主要以节点计划表方法进行项目进度计划的编制，其中节点计划一般分为一级进度节点计划和二级进度节点计划，表1和表2是浙江××风电场建设项目一级进度节点计划和二级进度节点计划。

表1 ××风电场建设工程项目一级节点计划

工期节点	时间范围
风电机基础	2010 年 3 月 – 2010 年 8 月
升压站/中控楼	2009 年 12 月 – 2010 年 7 月
送出线路	2010 年 4 月 – 2010 年 8 月
场内线路	2010 年 3 月 – 2010 年 6 月
塔架运输到场	2010 年 6 月 – 2010 年 8 月
风电机运输到场	2010 年 6 月 – 2010 年 8 月
风电机安装	2010 年 6 月 – 2010 年 10 月
风电机组调试	2010 年 9 月 – 2010 年 10 月
风电机组投产	2010 年 10 月 20 日

表2 ××风电场建设工程项目二级节点计划

	工 期 节 点	开始时间	结束时间
1.	地形测绘	2009 年 3 月 1 日	2009 年 4 月 20 日
2.	道路工程地质勘探	2009 年 4 月 1 日	2009 年 6 月 30 日
3.	风电机及中控楼地质详勘	2009 年 9 月 20 日	2009 年 11 月 30 日
4.	接入系统方案审查	2009 年 9 月 15 日	2009 年 11 月 30 日
5.	场内道路设计/招标/合同	2009 年 08 月 17 日	2010 年 1 月 22 日
	狮子山道路设计	2009 年 08 月 17 日	2009 年 11 月 9 日
	狮子山道路设计审查	2009 年 11 月 12 日	
	狮子山道路招标	2009 年 11 月 12 日	2009 年 12 月 2 日
	狮子山道路施工合同	2009 年 12 月 10 日	2009 年 12 月 15 日
	马目山道路设计	2009 年 8 月 17 日	2009 年 12 月 22 日
	马目山道路设计审查	2009 年 12 月 31 日	
	马目山道路招标	2009 年 12 月 23 日	2010 年 1 月 13 日
	马目山道路施工合同	2010 年 1 月 20 日	2010 年 1 月 22 日

（续）

	工 期 节 点	开始时间	结束时间
6.	场内道路施工	2009 年 12 月 25 日	2010 年 7 月 30 日
	狮子山道路施工	2009 年 12 月 25 日	2010 年 4 月 25 日
	马目山道路施工	2010 年 1 月 23 日	2010 年 7 月 30 日
7.	机位确认及概念设计	2009 年 8 月 17 日	2009 年 11 月 9 日
8.	风机基础施工图设计	2009 年 11 月 10 日	2010 年 12 月 30 日
9.	确认风机基础施工图	2010 年 1 月 5 日	
10.	中控楼土建设计/招标/合同	2009 年 08 月 17 日	2009 年 12 月 15 日
	中控楼土建设计	2009 年 08 月 17 日	2009 年 11 月 9 日
	中控楼土建招标	2009 年 11 月 12 日	2009 年 12 月 2 日
	中控楼土建合同	2009 年 12 月 10 日	2009 年 12 月 15 日
11.	中控楼土建施工	2009 年 12 月 25 日	2010 年 5 月 25 日
12.	送出线路施工图设计	2009 年 12 月 1 日	2010 年 2 月 28 日
	送出线路施工图设计	2009 年 12 月 1 日	2010 年 1 月 30 日
	送出线路施工图审查	2010 年 2 月 5 日	
	送出线路施工图招标	2010 年 2 月 2 日	2010 年 2 月 24 日
	送出线路施工图合同	2010 年 2 月 25 日	2010 年 2 月 28 日
13.	送出线路施工	2010 年 3 月 1 日	2010 年 8 月 15 日
14.	升压站电气施工图	2010 年 1 月 15 日	2010 年 2 月 28 日
15.	升压站电气安装招标/合同/施工	2010 年 3 月 1 日	2010 年 8 月 10 日
	升压站电气安装招标	2010 年 3 月 1 日	2010 年 3 月 24 日
	升压站电气安装合同	2010 年 4 月 1 日	2010 年 4 月 10 日
	升压站电气安装施工	2010 年 6 月 1 日	2010 年 8 月 10 日
16.	箱式变电气安装	2010 年 3 月 15 日	2010 年 6 月 30 日
17.	场内线路招标/合同/施工	2010 年 2 月 8 日	2010 年 6 月 30 日
	场内线路施工招标	2010 年 2 月 8 日	2010 年 3 月 3 日
	场内线路施工合同	2010 年 3 月 10 日	2010 年 3 月 14 日
	场内线路施工	2010 年 3 月 15 日	2010 年 6 月 30 日
18.	基础环运输	2010 年 3 月 1 日	2010 年 3 月 5 日
	基础环运输（第一批）		
	基础环运输（第二批）	2010 年 4 月 20 日	2010 年 4 月 25 日
19.	风机及箱变基础招标/合同/施工	2010 年 1 月 10 日	2010 年 8 月 30 日
	风机及箱变基础施工招标	2010 年 1 月 10 日	2010 年 2 月 3 日
	风机及箱变基础施工合同	2010 年 2 月 4 日	2010 年 2 月 8 日
	风机及箱变基础施工	2010 年 3 月 1 日	2010 年 8 月 30 日
20.	风机运输（第一批）	2010 年 6 月 20 日	2010 年 6 月 30 日
21.	风机运输（第二批）	2010 年 8 月 5 日	2010 年 8 月 15 日
22.	风机运输（第三批）		

（续）

工 期 节 点		开始时间	结束时间
23.	塔架、法兰招标/合同/第一批运输	2010 年 2 月 1 日	2010 年 6 月 1 日
	塔架、法兰招标	2010 年 2 月 1 日	2009 年 2 月 24 日
	塔架、法兰合同	2010 年 3 月 10 日	2009 年 3 月 15 日
	塔架、法兰运输（第一批）	2010 年 6 月 20 日	2010 年 6 月 30 日
	塔架、法兰运输（第二批）	2010 年 8 月 5 日	2010 年 8 月 15 日
24.	风机吊装招标/合同/施工	2010 年 3 月 1 日	2010 年 10 月 10 日
	风机吊装招标	2010 年 3 月 1 日	2010 年 3 月 24 日
	风机吊装合同	2010 年 4 月 1 日	2010 年 4 月 10 日
	风机吊装施工	2010 年 7 月 1 日	2010 年 10 月 10 日
25.	电网倒送电	2010 年 8 月 30 日	
26.	风机调试	2010 年 9 月 1 日	2009 年 10 月 20 日
27.	风机试运行	2010 年 10 月 20 日	2010 年 10 月 30 日
28.	项目移交生产验收	2010 年 10 月 30 日	

（2）进度计划存在的问题

1）风电场建设单位仅仅编制了相对简单的一级和二级节点进度计划表，没有对二级节点计划做进一步的细化安排。

2）风电场建设单位在进度计划编制过程中没有进行工作分解结构及资源计划安排等工作，各节点持续时间的确定比较随意，主要以经验判断为主，存在较大的误差。

3）在节点计划中没有强调子工程之间的逻辑关系，使得项目管理人员对于各子工程之间的搭接关系确定比较随意，没有经过合理计算。

4）没有采用网络计划技术，也没有进行网络计划的优化。

4. 项目进度计划的改进

针对上述问题，项目团队提出了相应的解决方案。一是制定分层网络计划，这对于大型的项目尤其适用；二是用项目进度计划的流程和工具进行进度计划的重新编制。

（1）风电场建设工程分层网络计划

项目团队成员运用头脑风暴法，梳理出风电场建设项目的主要工作包。风电场建设项目由以下子项目组成：风电场建设工程设计、场内道路工程、风电机基础土建工程、风电机安装工程、风电机调试工程、中控楼建筑土建工程、升压站电气安装工程、接入系统工程、场区线路工程以及电网倒送电工程。根据以上子项目的划分，团队成员绘制出风电场建设工程项目一级 WBS 图，如图 1 所示。

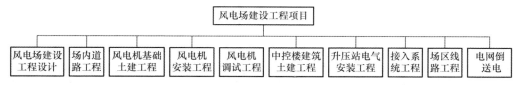

图 1　风电场建设工程项目一级 WBS 图

在风电场建设工程项目一级 WBS 的基础上，团队成员又对各子项目间的逻辑关系进行了分析判断，形成了项目工作列表，如表 3 所示。此处先不考虑风电场建设工程设计子项目，同时，将升压站土建与升压站电气安装两个子项目进行了合并，并增加验收试运行子项目作为项目结束的标志。

表 3　风电场建设工程项目工作列表

序号	WBS 编码	任务名称	工期	紧前关系	搭接关系
1	1.1	场内道路工程	348		
2	1.2	风电机基础工程	344	1	SS（35）
3	1.3	风电机安装工程	224	2	SS（161）
4	1.4	风电机调试工程	52	3、7	SS（182）
5	1.5	升压站土建及电气安装工程	282		
6	1.6	场内线路及箱变安装施工	105		
7	1.7	送出线路工程	335		
8	1.8	电网倒送电	14	5、6	
9	1.9	验收试运行	10	4	

根据工作列表，团队成员绘制了风电场建设工程项目一级网络计划图，如图 2 所示。

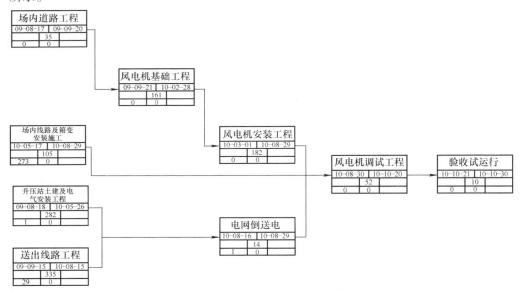

图 2　风电场建设工程项目总体网络计划

一级网络计划编制完成后，根据分层网络的思想，还需要确定各子工作包之间的联系，以进一步编制二级及以下进度计划。

（2）进度计划重新编制前的梳理

在编制二级进度计划前，团队成员对进度计划的编制过程进行了梳理。

1）WBS 分解。风电场建设项目一级工作分解结构的思路是按各子项目的合同进行分解；而对一级子项目再进行工作分解结构时，主要根据二级子工作的时间顺序及交付成果进行分解。二级子工作的分解，如图 3 所示。

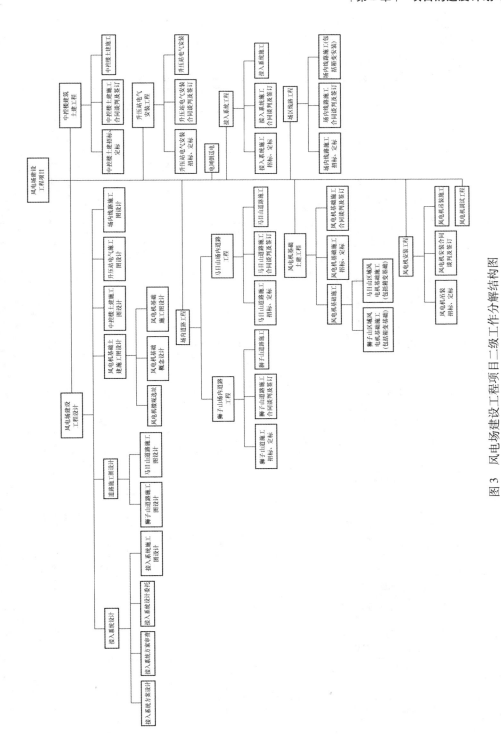

图 3 风电场建设工程项目二级工作分解结构图

2）确定了各工作的紧前工作及工作时间。根据工作之间的逻辑关系确定了各工作的紧前工作。对于工作时间，根据统计资料给出了每项工作的乐观时间（t_o）、悲观时间（t_p）和最可能时间（t_m），如表4所示。

表4 风电场建设工程项目各子工程/工作逻辑关系及三种时间

序号	工作名称	紧前工作	时间（天）		
			t_o	t_m	t_p
1	狮子山道路施工图设计		70	85	90
2	狮子山道路施工招标、定标	1	28	30	35
3	狮子山道路施工合同谈判及签订	2	5	6	8
4	狮子山道路施工	3	135	150	160
5	狮子山区域风电机基础施工（包括箱变基础）	4_ SS（85）、10	70	77	84
6	风电机微观选址		25	30	40
7	风电机基础概念设计	6	40	50	55
8	风电机基础施工图设计	7	50	60	65
9	风电机基础施工招标、定标	8	28	30	35
10	风电机基础施工合同谈判及签订	9	5	6	10
11	马目山区域风电机基础施工（包括箱变基础）	10、17_ SS（50）	161	184	207
12	风电机吊装施工	34、5、11_ FF（15）	81	90	95
13	风电机调试工程	12_ SS（6）、38_ SS（90）、32	75	90	100
14	马目山道路施工图设计		115	125	130
15	马目山道路施工招标、定标	14	28	30	35
16	马目山道路施工合同谈判及签订	15	5	6	10
17	马目山道路施工	16	185	200	210
18	中控楼土建施工图设计		75	85	90
19	中控楼土建招标、定标	18	28	30	35
20	中控楼土建施工合同谈判及签订	19	5	6	8
21	中控楼土建施工	20	225	265	280
22	升压站电气施工图设计		25	45	50
23	升压站电气安装招标、定标	22	28	30	35
24	升压站电气安装合同谈判及签订	23	5	6	10
25	升压站电气安装	24、21_ SS（185）	45	60	70
26	接入系统方案审查		50	75	80
27	接入系统设计委托	26	5	15	20
28	接入系统施工图设计	27	55	60	90
29	接入系统施工招标、定标	28	28	30	35

序号	工作名称	紧前工作	时间（天）		
			t_o	t_m	t_p
30	接入系统施工合同谈判及签订	29	5	8	10
31	接入系统施工	30	150	160	200
32	电网倒送电	31、25	10	15	30
33	风电机吊装招标、定标		28	30	35
34	风电机安装合同谈判及签订	34	5	6	8
35	场内线路施工图设计		40	45	55
36	场内线路施工招标、定标	35	28	30	35
37	场内线路施工合同谈判及签订	36	5	6	8
38	场内线路施工（包括箱变安装）	37	110	120	135
39	接入系统方案设计		20	30	35

（3）编制基于 PERT 技术的期望网络进度计划

根据以上确定的各子工程/工作的逻辑关系，需要项目团队成员通力合作，完成以下工作：计算各项工作的期望工期、绘制网络图、计算时间参数、确定关键工作。项目团队成员需要运用项目管理的方法及工具来完成这些工作。

5. 问题讨论

（1）制订进度计划的方法有哪些？

（2）选择制订进度计划的方法时应考虑的因素有哪些？

（3）对该风电场建设工程项目进度计划存在的问题进行分析。

（4）为什么要采用分层网络计划的方法？制订网络计划的过程如何？

（5）该项目的进度计划用的是哪一种网络计划技术？CPM 或 PERT？该项目中为什么要用 PERT 技术来制订进度计划？

（6）请计算各活动的期望工期。

（7）请绘制该项目的网络图、计算时间参数、确定关键活动。

主要内容
- ➤ 3.1 资源计划概述
- ➤ 3.2 无约束下的资源进度计划
- ➤ 3.3 有约束下的资源进度计划
- ➤ 3.4 资源分配

第 3 章

项目的资源计划与资源分配

本章目标

- 了解项目资源计划的方法、工具、结果
- 掌握无约束下的项目资源进度计划的编制
- 掌握时间受限型项目资源进度计划的编制
- 掌握资源受限型项目资源进度计划的编制
- 掌握项目资源分配的方法

本章介绍

本章主要介绍项目资源计划的方法、工具、结果，介绍了无约束下的项目资源进度计划编制的方法和步骤；介绍了两种项目约束：时间受限和资源受限，分别对时间受限和资源受限的资源进度计划的方法和步骤进行了详细阐述。最后，对项目资源分配的规则、程序、方法进行了讨论。

任何项目的实施都需要有各种资源的投入，如人力资源、原材料、设备、资金等。资源计划与均衡是以进度计划为依据，对项目中的各项工作所需的资源进行估计并进行均衡及分配的过程。

3.1 资源计划概述

项目资源包括项目实施中需要的人力、设备、材料、能源及各种设施等。资源计划涉及决定什么资源（人、设备、材料）以及多少资源将用于项目的每一项工作的执行过程中。

3.1.1 资源计划所依赖的数据

1. 工作分解结构 WBS

利用 WBS 进行资源计划时，工作划分得越细、越具体，所需资源种类和数量越容易估计。工作分解自上而下逐级展开，各类资源需要量可以自下而上逐级累加，于是便得到了整个项目各类资源的需要量。

2. 项目工作进度计划

项目工作进度计划是项目计划中最主要的，是其他各项目计划（如质量计划、资金使用计划）的基础。资源计划必须服务于工作进度计划，什么时候需要何种资源是围绕工作进度计划的需要而确定的。

3. 历史信息

历史信息记录了先前类似工作使用资源的需求情况，这些资料一般是可以获得的。

4. 范围陈述

范围陈述包括了项目工作的说明和项目目标，这些在项目资源计划的编制过程中应特别考虑。

5. 资源安排描述

什么资源是可能获得的是项目资源计划所必须掌握的，特别的数量描述和资源水平对于资源安排描述是特别重要的。例如，工程设计项目执行的早期阶段可能需要大量的高中级工程师。

6. 组织策略

在资源计划的过程中还必须考虑人事组织、所提供设备的租赁和购买策略。例如，工程项目中劳务人员是用外包工还是本企业职工，设备是租赁还是购买等，都会对资源计划产生影响。

3.1.2　资源计划的方法

1. 专家判断

专家判断法是一种古老的方法。在得不到更多的专业信息的情况下，这是一种借助专家知识的比较简单有效的方法，常常被决策者们广泛采用。

专家判断对于资源计划的制定是最为常用的，专家可以是任何具有特殊知识或经过特别培训的组织和个人。

2. 选择确认

通过制定多种资源安排计划并由专家选择，最常用的是头脑风暴法。

头脑风暴法是在解决问题时常用的一种方法，具体来说就是团队的全体成员自发地提出主张和想法。团队成员在选择问题的方案之前，一定要得出尽可能多的方案和意见。利用头脑风暴法，可以想出许多主意。头脑风暴法能产生热情的、富有创造性的、更好的方案。

头脑风暴法更注重提出的主意的数量，而不是质量。这样做的目的是让团队想出尽可能多的主意，鼓励成员有新奇或突破常规的主意。

头脑风暴法的做法是：当讨论某个问题时，由一个协助的记录人员在翻动记录卡或黑板前做记录。首先，由某个成员说出一个主意，接着下一个成员出主意，这个过程不断进行，每人每次想出一个主意。如果轮到某位成员时他（她）没出主意，就说一声"通过"。有些人会根据前面其他人的提法想出主意。这包括把几个主意合成一个或改进其他人的主意。协助的记录人员会把这些主意记录在翻动记录卡或黑板上。这一循环过程一直进行，直到想尽了一切主意或限定时间已到。

应用头脑风暴法时，要遵循两个主要的规则：不进行讨论和没有判断性评论。一个成员说出他（她）的主意后，紧接着下一个成员说。人们只需要说出一个主意，不要讨论、评判，更不要试图宣扬。其他参加人员不允许做出任何支持或判断的评论，也不要向提出主意的人进行提问。像"那不会起作用""这是个愚蠢的做法"或"老板不会那么做"等这类扼杀性的评论是不允许的。同时，也要明确参加人员不要使用身体语言，如皱眉、咳嗽、冷笑或叹气来表达评判意见。头脑风暴法在帮助解决问题团队获得最佳可能方案时，是很有效的。

3. 数学模型

为了使编制的资源计划具有科学性、可行性，在资源计划的编制过程中，往往借助于某些数学模型，如资源分配模型和资源均衡模型等。这些模型将在下面的章节中详细介绍。

3.1.3　资源计划的工具

1. 资源矩阵

资源矩阵用以说明完成项目中的工作需要用到的各种资源的情况。表3-1给出了资源矩阵的一个例子。在表3-1中，左边的列给出了项目中的各项工作（任务），上面的行给出了项目中所用到的资源的名称，行列交叉处的元素代表各项工作所需要的各种资源的状况，其中，"P"表示行中的工作所需用到的主要资源，"S"则表示次要资源。

表3-1　资源矩阵

任务	方法学家	课程专家	评估员	科学专家	数学专家	印刷设备	计算机主体
识别需求	S	P					
建立需求		P					
设计预备课程	S	P		S	S		
评价设计	S	S	P				
开发科学课程		S		P			
开发数学课程		S			P		
测试综合课程	S	S	P				S
印刷与分销		S				P	

2. 资源数据表

资源矩阵用以说明各种资源在项目周期内各时间段上数量的需求情况。表3-2是资源数据表的一个例子。在表3-2中，第1至第3周，各需要方法学家1.5人、课程专家1人，在第6至第11周，各需要方法学家1人、课程专家1人、科学家0.7人、数学家0.7人。

表3-2　资源数据表　　　　　　　　　　（单位：人）

资源＼周	1	2	3	4	5	6	7	8	9	10	11	12	13	14	15	16	17	18	19	20	21	22	23	24	25	26
方法学家	1.5	1.5	1.5			1	1	1	1	1	1	2	2													
课程专家	1	1	1	1	1	1	1	1	1	1	1	1	1	1	1	1	1	1	1	1	1	1	1	1	1	1
评估员												2	2								2	2	2			
科学家						0.7	0.7	0.7	0.7	0.7		2	2	2	2	2	2	2								
数学家						0.7	0.7	0.7	0.7	0.7		2	2	2	2	2	2	2								
印刷设备																						0.3	0.3	0.3		
大型计算机主机																						0.1	0.1	0.1		

3. 资源甘特图

资源甘特图用以反映各种资源在项目周期内各个阶段用于完成哪些工作的情况。图 3-1 是资源甘特图的一个例子。

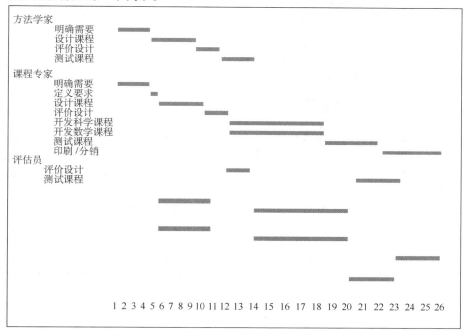

图 3-1 资源甘特图的例子

4. 人力资源负荷图

人力资源负荷图给出在项目周期内的各个阶段所需要的人力资源的数量。可以按不同种类的人力资源画出不同的人力资源负荷图。图 3-2 是人力资源负荷图的一个例子。

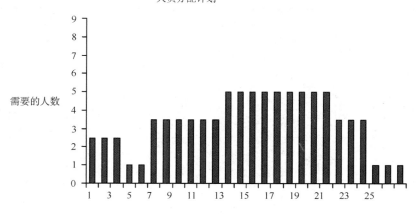

图 3-2 人力资源负荷图的例子

115

3.1.4 资源计划的结果

资源计划的结果是制订资源的需求计划，对各种资源需求及需求计划加以描述，资源的需求安排一般应分解到具体的工作上，并以图表的形式予以反映。资源计划的结果如下：

(1) 资源的需求计划；

(2) 各种资源需求及需求计划的描述；

(3) 具体工作的资源的需求安排。

3.2 无约束下的资源进度计划

为了便于研究项目的资源需求和工作的进度安排之间的关系，我们假定在下面讨论的项目中，只使用一种资源（专业人员），并且假设项目的资源使用率保持不变，于是，总劳动时数 = 每天需要的劳动力×工作持续时间。如果资源的使用率发生变化，就应该分别确定每一时间区段的资源需要状况。

下面以一个例子来说明甘特图、资源需求图、资源需求量表。

例 3-1 表 3-3 中列出了一个项目的 7 个工作对资源的需求。图 3-3 给出了该项目的网络图[一]。

表 3-3 项目中的资源需求情况

工作	持续时间（周）	每周需要的劳动时数	需要的总劳动时数
①	5	8	40
②	3	4	12
③	8	3	24
④	7	2	14
⑤	7	5	35
⑥	4	9	36
⑦	5	7	35

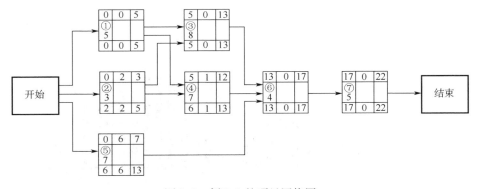

图 3-3 例 3-1 的项目网络图

㊀ 例 3-1 的解见 3.2.1 和 3.2.2 小节的相关内容。

3.2.1 最早开始进度计划的甘特图、资源需求图、资源需求量表

1. 甘特图

按网络计划中最早时间参数画出的甘特图为最早开始进度计划甘特图。根据图 3-3 中最早时间参数的计算结果，图 3-4 给出了按最早开始进度计划的甘特图。

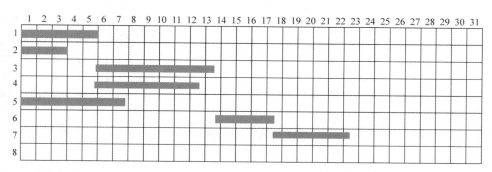

图 3-4 最早开始进度计划的甘特图

2. 资源需求图

根据图 3-4 及表 3-3 可得按最早开始进度计划的甘特图画出的资源需求图，如图 3-5 所示。以下说明具体步骤：①考虑前 3 周。前 3 周中有 1、2、5 3 项工作需要做，由表 3-3 可知，第 1 项工作每周需要劳动时数为 8，第 2 项工作每周需要劳动时数为 4，第 5 项工作每周需要劳动时数为 5，故 1、2、3 周每周需要劳动时数总共为 8 + 4 + 5 = 17。于是，在图 3-5 中对应的坐标处画出高度为 17 的横线。②考虑第 4、5 周。第 4、5 周共有 1 和 5 两项工作，由表 3-3 可知，工作 1 和 5 所需要的时间分别为 8 和 5，共为 13 小时。于是，在图 3-5 中对应的坐标处画出高度为 13 的横线。依次类推，可以画出图 3-5。

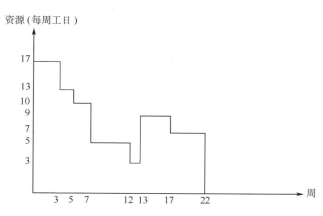

图 3-5 最早开始进度计划的资源需求图

3. 资源需求量表

将图 3-5 转换成表即得资源需求量表，如表 3-4 所示。

117

表 3-4　最早开始进度计划的资源需求量表

周	1	2	3	4	5	6	7	8	9	10	11
需求量/工日	17	17	17	13	13	10	10	5	5	5	5
周	12	13	14	15	16	17	18	19	20	21	22
需求量/工日	5	3	9	9	9	9	7	7	7	7	7

　　从图 3-5 和表 3-4 可以看出，在项目的前 3 个星期，最早开始进度计划对资源的需求量最大。每周共需要 17 个工日。如果每周工作 5 天，那么该项目在最初的 3 个星期中，每天需要 17/5 = 3.4 个专业人员。在该项目中，对资源的最低需求出现在第 13 周，每周只需 3 个工日。因此，本项目的最早开始进度计划使项目对资源需求的变化范围很大，变化范围为 17 - 3 = 14 个工日。

3.2.2　最迟开始进度计划的甘特图、资源需求图、资源需求量表

1. 甘特图

　　按网络计划中最迟时间参数画出的甘特图为最迟开始进度计划甘特图。图 3-6 表示按最迟开始进度计划的甘特图。

图 3-6　最迟开始进度计划的甘特图

2. 资源需求图

　　图 3-7 为按最迟开始进度计划的甘特图画出的资源需求图。其做法与最早开始进度计划的资源需求图相同，在此不再赘述。

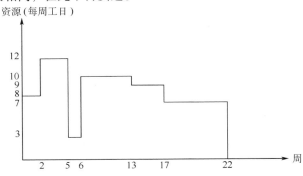

图 3-7　最迟开始进度计划的资源需求图

3. 资源需求量表

将图 3-7 转换成表即得资源需求量表，如表 3-5 所示。

表 3-5 最迟开始进度计划的资源需求量表

周	1	2	3	4	5	6	7	8	9	10	11
需求量/工日	8	8	12	12	12	3	10	10	10	10	10
周	12	13	14	15	16	17	18	19	20	21	22
需求量/工日	10	10	9	9	9	9	7	7	7	7	7

从图 3-7 和表 3-5 可以看出，在最迟开始计划中，对资源需求的最高点从最早开始进度计划的第 1 周~第 3 周，转移到了第 3 周~第 5 周，资源使用的最大值也从每周 17 个工日减少到每周 12 个工日，最小值没有改变，仍为每周 3 个工日，这样，在最迟开始计划中，该项目的资源需求的变动范围减小到 12 - 3 = 9 个工日。可见，最早开始计划的资源需求与最迟开始计划的资源需求之间存在着一定的差别。

3.3 有约束下的资源进度计划

3.3.1 项目约束类型

项目约束（project constrain）会阻碍或延误项目活动开始的时间。有三种项目约束：技术或逻辑约束、资源约束、物理约束。

技术或逻辑约束通常涉及项目活动所必须遵循的次序。项目网络图描述了技术约束。例如房屋建造必须遵循基础工程——主体工程——装修工程这一逻辑约束。

资源约束是指没有资源或资源不足会使技术约束发生巨大变化，从而影响到项目执行。项目网络计划假设资源是充分的，在做计划时往往将一些活动作为平行活动处理。但是，平行活动会产生资源的冲突，在资源不充分的情况下是无法进行的。

物理约束是指物理空间的制约。某些情况下，物理约束可能会导致平行活动受到契约或环境条件的制约。例如，对船舱的装修可能由于空间限制而只允许一个人来完成一项活动。

3.3.2 资源约束类型

资源包括完成项目工作所需要的人员、设备、原材料和资金。

人员是最重要的项目资源。项目中的人员有：工程师、技术员、工人、管理人员等。一般情况下，大部分人员的类型是不可替代的。有些可以替代，但会造成效率的损失。人力资源的不同类型增加了项目进度计划的复杂性。

项目的原材料范围很广，包括科技项目中的化学品、建筑项目中的水泥、市场营销项目中的调查数据等。原材料短缺是许多项目延误的原因。

设备作为项目资源的一种约束，最容易忽略的是项目需要的设备数量超出了假设，待需要用时得不到。

资金在项目中往往是受限的，并且不会事先搁置起来等待备用，而往往在使用时需要及时筹措。

3.3.3 资源进度计划的类型和假设

资源进度计划可分为以下几类：

（1）时间受限型项目（time - constrained project）：是指必须在规定日期内完成的项目。需要时，可增加资源来保证项目完成。

（2）资源受限型项目（resource - constrained project）：是指可用的资源不能增加的项目。

如果资源不足，可延长项目工期，但是延长的工期应尽可能少。

资源进度计划的假设有以下两种：

（1）假设1：工作不允许分段。一旦一项工作被考虑开始做，就假定它会连续不断地做，直到完成。

（2）假设2：一项工作使用的资源数量在整个活动过程中不变。

3.3.4 时间受限型项目资源进度计划

仅考虑时间受限，资源不增加这种情况。即在整个资源进度计划过程中，在给定的工期下，可以不增加资源的情况。

在做时间受限型项目资源进度计划的时候，同时也需考虑资源的均衡。资源均衡就是在项目的资源需求图中，为了使各工作的资源需求的波动最小，对总时差或自由时差进行的再次分配。资源均衡是以比较稳定的资源使用率能够导致比较低的资源成本这一假设为前提的。对于劳动力来说，资源的成本将随着雇佣人数和培训人员的需要而增加；对于材料来说，使用量的波动意味着短缺需求的增加，并且要更加重视材料计划的制订与控制工作。

1. 一般步骤

下面结合例3-1，说明一般操作步骤：

（1）计算各阶段平均的工日数。从表3-3可知该项目的工时总共需要196个工日，从图3-3可知，该项目的工期是22周，所以，每周需要196/22 = 8.9个工日，为方便起见，以每周需9个工日计。

（2）以最早开始进度计划和非关键工作为依据，从那些具有最大自由时差的工作开始，逐渐推迟某个工作的开始时间。在每一次变更以后，检查重新形成的资源需求图，使变更后的资源需求逐步接近计算的平均值。挑选资源变动最小的计划作为资源均衡的结果。

2. 资源进度计划的实施

例3-2 假设时间受限，即项目必须在22周内完成。对例3-1的项目做资源进度计划。

解： 从图3-3看出，②、④、⑤是非关键工作。②的自由时差为2；④的自由时差为1；⑤的自由时差为6。⑤具有最大自由时差，故先调整⑤的开始时间。

（1）工作⑤的最早开始时间向后推迟3周。将工作⑤的最早开始时间向后推迟3周，使其在工作②结束之后再开始。这样第1周~第3周的资源需求减少了5个单位。图3-8表示这样调整后的进度计划的甘特图，图3-9表示与之相应的资源需求图。各工作在不同的时间阶段对资源的需求如表3-6所示。

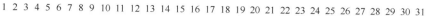

图 3-8 第 1 次调整了进度计划的甘特图

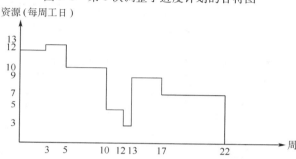

图 3-9 第 1 次调整了进度计划的资源需求图

表 3-6 第 1 次调整了进度计划的资源需求量表

周	1	2	3	4	5	6	7	8	9	10	11
需求量/工日	12	12	12	13	13	10	10	10	10	10	5
周	12	13	14	15	16	17	18	19	20	21	22
需求量/工日	5	3	9	9	9	9	7	7	7	7	7

从表 3-6 中可以看出，资源需求的最大值是每周 13 个工日，最小值为每周 3 个工日。该进度计划中，资源需求的变化范围为 13 - 3 = 10 个工日。

（2）将工作⑤安排在工作①完成之后再开始。由于需求的最大值出现在该项目的第 4 周和第 5 周，并且工作⑤具有更进一步向后推迟的可能性，所以，可以考虑将工作⑤安排在工作①完成之后再开始（再推后 2 周），以减少资源需求的波动范围。图 3-10 表示这样调整后的进度计划的甘特图，图 3-11 表示与之相应的资源需求图。这时，资源需求量表如表 3-7 所示。

图 3-10 第 2 次调整了进度计划的甘特图

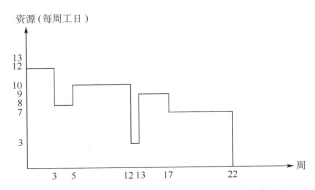

图 3-11　第 2 次调整了进度计划的资源需求图

表 3-7　第 2 次调整了进度计划的资源需求量表

周	1	2	3	4	5	6	7	8	9	10	11
需求量/工日	12	12	12	8	8	10	10	10	10	10	10
周	12	13	14	15	16	17	18	19	20	21	22
需求量/工日	10	3	9	9	9	9	7	7	7	7	7

从表 3-7 中可以得出，资源的最大需求量是 12 个工日（每周）发生在第 1 周~第 3 周；最小的资源需求量仍然是每周 3 个工日。该进度计划中，资源需求的变化范围减少至 12 – 3 = 9 个工日。

（3）将工作④向后推迟 1 周。虽然工作②有 2 周的自由时差，如果将工作②作为第二个调整对象，将它向后推迟 2 周，其结果只能使第 4 周和第 5 周的资源需求量从每周 8 个工日，增加到每周 12 个工日，并没有使该项目的资源需求的波动范围减小。所以，不能将工作②作为第二个调整对象。再看工作④，它有 1 周的自由时差。按计划工作④将在第 6 周开始，可以将工作④的开始时间向后推迟 1 周，图 3-12 表示这样调整后的进度计划的甘特图，图 3-13 表示与之相应的资源需求图。那么，可以得到新的资源需求量表，如表 3-8 所示。

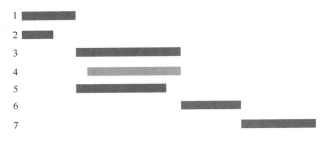

图 3-12　实行资源均衡后的甘特图

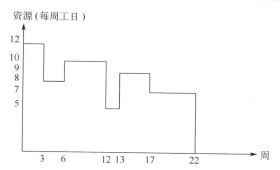

图 3-13　实行资源平衡后的资源需求图

表 3-8　实行资源平衡后的资源需求量表

周	1	2	3	4	5	6	7	8	9	10	11
需求量/工日	12	12	12	8	8	8	10	10	10	10	10
周	12	13	14	15	16	17	18	19	20	21	22
需求量/工日	10	5	9	9	9	9	7	7	7	7	7

从表 3-8 中可以看出，资源需求的最大值仍是每周 12 个工日，但是，最小的资源需求量变为每周 5 个工日，所以，该项目资源需求的变动范围减少至 12 - 5 = 7 个工日。这个变化范围，同其他的调整方案相比，包括最早开始和最迟开始方案，是比较小的。从这个角度来说，该项目在不延长整个项目工期的情况下，做到了使资源需求的变化最小化，最大限度地达到了资源的均衡使用。

对于规模较小的项目，上述的操作步骤是非常实用和有效的，但是，对于寻找最优方案来说，上述操作并不是十分可靠的方法。为了改善这种状况，可以采用一个类似的方法，从最迟开始进度计划着手，检查有时差的工作向项目开始移动的影响。在某些项目中，管理人员的任务也许是在一定的范围内，保持资源的最大使用，而不仅仅是保持资源均衡。如果通过重新调整项目中的关键工作，不能满足要求，那么，可以通过适当延长 1 个或几个工作的工期，来减少每日的资源需求。

如果几个项目共同使用多种不同类型的资源，并且工作的数目很大，资源的均衡问题就会更加复杂。针对这种情况，人们已经开发出多种成熟的应用软件，用来解决项目管理中的资源均衡问题。

3.3.5　资源受限型项目资源进度计划

1. 资源约束，工期不变

很多项目都受到来自资源约束的制约，特别是当某类资源有限，而又没有找到好的替代品时，这种现象更为普遍。其直接结果是可能导致工作的延期完成或者中断，从而使项目原有的计划无法按期实现。如果出现资金周转方面的困难，那么对各种资源的使用，包括可以继续使用的资源、可消耗的资源以及无约束的资源都会受到限制。

在资源使用的约束条件下，通常运用关键线路法（CPM）不能求得项目的完成日期。因为在项目的进行中，经常出现这样的情况：在项目的一个或者多个阶段上，发生资源的需求超过了可以实际利用的资源的现象，同时，该项目的非关键工作的时差又不足以解决上述问题。在资源约束的条件下，为避免产生延期，可以采取以下几种技术：

（1）以时间换资源

这种技术只是对那些工期可以延长，用较少的资源就能完成的工作有效。

例 3-3 假设在工期约束下已实现了资源均衡，实行资源均衡后的甘特图、资源需求图、资源需求量表分别如图 3-12、图 3-13、表 3-8 所示。假定对于工作①和工作②来讲，每周仅有 11 个工日可供利用。试进行资源的安排。

解：工作①是关键工作，按计划它要占用 8 个工日（每周），那么，工作②每周只有 3 个工日可供利用。由于工作②总共需要 3 周×4（工日/周）=12 个工日，所以，可以安排工作②每周 3 个工日，用 4 周的时间完成。

在实现资源平衡的基础上，若将工作②的 12 个工时调整为 4 周完成，每周 3 个工时，则如表 3-9 所示。

表 3-9 用较低的资源使用量完成工作的项目资源需求情况

工作	持续时间（周）	每周需要的劳动时数	需要的总劳动时数
①	5	8	40
②	4	3	12
③	8	3	24
④	7	2	14
⑤	7	5	35
⑥	4	9	36
⑦	5	7	35

则甘特图和资源需求图分别如图 3-14 和图 3-15 所示。资源需求量表如表 3-10 所示。

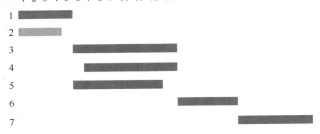

图 3-14 用较低的资源使用量完成工作的项目甘特图

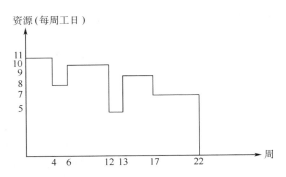

图 3-15 用较低的资源使用量完成工作的项目资源需求图

表3-10 用较低的资源使用量完成工作的项目资源需求量表

周	1	2	3	4	5	6	7	8	9	10	11
需求量/工日	11	11	11	11	8	8	10	10	10	10	10
周	12	13	14	15	16	17	18	19	20	21	22
需求量/工日	10	5	9	9	9	9	7	7	7	7	7

需要注意的是，这项技术对在工作实施过程中的每个阶段，都要有一个资源的最小量的情况是不适用的。这种要求也可能是出于技术上或者安全方面的考虑。

（2）分解工作

对于项目中，工作原有的逻辑关系变化影响不太大的情况，可以把某些工作分解成一些子工作。这项技术对于那些可以进行工作分解，并且分解后的各子工作之间的时间间隔相对较短的项目来说，是非常富有吸引力的。运用这项技术，可以保证某个工作，在它的第一个子工作顺利完成之后，仍按原有的计划来进行。也就是说，第二个子工作不对原有的逻辑关系产生影响。

例3-4 如果每周仅有 11 个工日可供利用。对于例 3-2 实行均衡得到的结果，试用分解工作的方法进行资源的安排。

解：将工作①分解成两个子工作 a_1 和 b_1，其中子工作 a_1 在第 1 周～第 3 周实施，每周工日为 6；子工作 b_1 被安排在 3 周之后（a_1 完成后）再开始实施，时间为 2 周，每周工日为 11。这样该项目就能够在 22 周内完成，而每周仅需要 11 个工日，此时，资源需求表如表 3-11 所示。

表3-11 分解工作后项目的资源需求情况

工作	持续时间（周）	每周需要的劳动时数	需要的总劳动时数
① a_1	3	6	40
① b_1	2	11	
②	3	4	12
③	8	3	24
④	7	2	14
⑤	7	5	35
⑥	4	9	36
⑦	5	7	35

甘特图和资源需求图分别如图 3-16、图 3-17 所示。资源需求量表如表 3-12 所示。

图3-16 分解工作后项目的甘特图

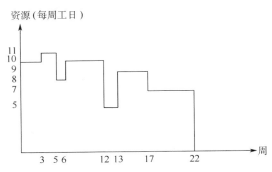

图3-17 分解工作后项目的资源需求图

表3-12 分解工作后项目的资源需求量表

周	1	2	3	4	5	6	7	8	9	10	11
需求量/工日	10	10	10	11	11	8	10	10	10	10	10
周	12	13	14	15	16	17	18	19	20	21	22
需求量/工日	10	5	9	9	9	9	7	7	7	7	7

（3）调整网络

当网络只是以结束到开始的逻辑关系为基础时，引入其他类型的逻辑关系，将有助于对有约束的资源进行管理。例如，如果我们用开始到开始的逻辑关系代替结束到开始的逻辑关系，就有可能消除由于资源的缺乏而造成的延误。项目管理人员通过认真分析工作之间的真正的逻辑约束并且运用各种类型的逻辑关系来模拟这些约束，就可以解决项目中存在的一些矛盾。

（4）使用替代资源

这种方法适用于有替代资源的情况，例如，分包商和劳动力机构都是额外的劳动力来源。当然，这样做的成本可能相应高一些，所以，最合适的方法就是把费用超支与进度拖延相比较，加以协调考虑。

2. 资源约束，工期延长最短

在资源有限的情况下安排项目的工作，会导致工作的后移，这将最终导致整个项目的延期完成。但是，我们的目的是寻求使得工期延长时间最短的方案。该方案的算法如下：

1）计算每单位时间的资源需求量。

2）若存在资源需求量超出资源限量的时段，比较不同工作安排顺序方案后进行调整。

3）若资源需求量超出资源限量的时段涉及两项工作 i，j，则按 $\min(\Delta D_{i-j}, \Delta D_{j-i}) = \min(EF_i - LS_j, EF_j - LS_i)$ 最小者对应的顺序安排工作；若涉及多项工作，同理可得。

为了能确切地说明这一点，以前面的例3-2为例，以实行资源均衡后的甘特图（见图3-12）为基础来进行分析。

（1）资源约束为每周11个工日

例3-5 以例3-2中实行资源均衡后的甘特图为基础，假设该项目的资源约束为每周11个工日，试进行资源的安排。

解：假设该项目的资源约束为每周11个工日。由于工作①和②在1至3周的资源需求量（每周12个工日）超出了资源限量（每周11个工日），工作①和②必须错开安排。计算 ΔD_{1-2} 和 ΔD_{2-1}，如下所示：

工作	EF	LS	ΔD_{1-2}	ΔD_{2-1}
①	5	0	3	
②	3	2		3

由于 $\Delta D_{1-2} = \Delta D_{2-1}$，而工作①是关键工作，故工作安排顺序为工作①—②。因为工作②的紧后工作是工作③、工作④，这种逻辑关系导致了工作③、工作④、工作⑥以及工作⑦的延期完成。调整后的甘特图和资源需求图如图 3-18、图 3-19 所示。资源需求量表如表 3-13 所示。

图 3-18　每周资源最多为 11 个工日的甘特图

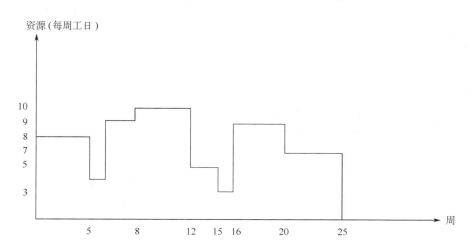

图 3-19　每周资源最多为 11 个工日的资源需求图

表 3-13　每周资源最多为 11 个工日的资源需求量表

周	1	2	3	4	5	6	7	8	9	10	11	12
需求量/工日	8	8	8	8	8	9	9	9	10	10	10	10
周	13	14	15	16	17	18	19	20	21	22	23	24	25
需求量/工日	5	5	5	3	9	9	9	9	7	7	7	7	7

由于在图 3-19 中最高的资源需求量是每周 10 个工日，因此，在该项目中，使用的资源从每周 11 个工日减少为每周 10 个工日，而资源使用量的减少，并没有改变资源约束为每周 11 个工日的计划。

（2）资源约束为每周 9 个工日

例 3-6　在例 3-5 结果的基础上，假设该项目的资源约束为每周 9 个工日，试进行资源的安排。

解：如果进一步地将该项目的资源约束减少为每周 9 个工日，那么将导致项目完工日期再次向后拖延，因为在图 3-18 中，工作③、工作④和工作⑤是同时进行的，在第 9～第 12 周的资源需求量（每周 10 个工日）超出了资源限量（每周 9 个工日），因此，工作③、工作④和工作⑤必须错开安排。计算结果如下所示：

工作	EF	LS	工作③不变		工作④不变		工作⑤不变	
			ΔD_{4-5}	ΔD_{5-4}	ΔD_{3-5}	ΔD_{5-3}	ΔD_{3-4}	ΔD_{4-3}
③	13	5			7		7	
④	12	6	6					7
⑤	7	6		1		2		

由于在工作③不变的前提下，$\Delta D_{5-4} = 1$，为最小，故工作安排顺序为工作③—⑤—④。由于工作③、④、⑤的紧后工作为⑥和⑦，这就导致了工作⑥和⑦的进一步延后。这种情况下的甘特图、资源需求图如图 3-20、图 3-21 所示。资源需求量表如表 3-14 所示。

图 3-20　每周资源最多为 9 个工日的甘特图

表 3-14　每周资源最多为 9 个工日的资源需求量表

周	1	2	3	4	5	6	7	8	9	10	11	12	13	14	15
需求量/工日	8	8	8	8	8	9	9	9	8	8	8	8	5	5	5
周	16	17	18	19	20	21	22	23	24	25	26	27	28		
需求量/工日	5	3	3	3	9	9	9	9	7	7	7	7	7		

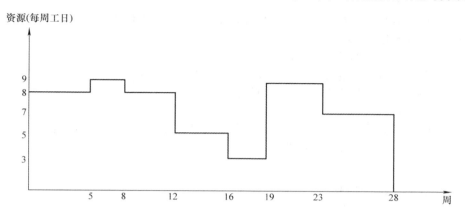

图 3-21　每周资源最多为 9 个工日的资源需求图

由于工作⑥对资源的需求量是每周 9 个工日，所以，在该项目中，不可能将所使用的资源量再减少到每周 9 个工日以下。

表 3-15 说明了项目的资源使用量与项目工期的关系。

表 3-15　资源使用量与工期的关系

资源使用量（工日/周）	项目工期（周）	资源使用率（%）
12	22	74
11	25	71
10	25	78
9	28	78

其中，资源使用率是指资源的使用时间的比率。例如，某项目的工期为 22 周，每周可以使用 12 个工日，则总共有 264 个工日（12×22＝264）。由于在 22 周的时间内，用于完成该项目所有工作的资源只有 196 个工日，因此，这种资源的使用率为 196/264 ＝ 74%。资源使用率是一个重要的测量指标，特别是在综合性项目中。对于所有的项目和资源来说，运用资源均衡和资源分配技术，可以获得较高的资源使用率。

3.4　资源分配

在项目中，进行资源分配的一般途径是先假设没有资源使用方面的限制，并从一条简单的关键线路着手进行分析；然后，检查分配结果是否是不可行的。在资源分配的过程中，经常会出现资源的需求量超过可供利用的资源量的情况。资源分配的优先原则适用于项目的各个工作共同竞争某种稀缺资源的情况。根据优先原则，在项目中具有最低优先权的工作将被向后延期，一直到有了充足的可供使用的资源。这种逻辑关系常被用来解决项目中存在的一些不可行问题。

下面是根据优先原则确定的常见的优先工作次序：

（1）具有最小时差的工作。

（2）最迟完成时间最小的工作。

（3）需要资源量最多或最少的工作。

（4）工期较短或工期较长的工作。

假设项目中的工作需要使用几种不同类型的资源，而资源是有限的，如何进行资源的分配，有以下几种方法：

（1）各种可能方案的排列组合。

（2）设计一种最佳的方法。

（3）基于合理的规则设计一种最快的方法。

（4）使用软件。

本书将介绍上述的第 3 种方法。虽然这种方法不是对任何一个案例都能给出最优解，然而它代表了一种折衷的思想。

3.4.1　资源分配的假设

资源分配有如下假设：

（1）每项工作时间是固定的。

（2）每项工作所需资源是固定的。

（3）一旦开始对某项工作分配资源，将不间断地分配完成。

（4）资源没有空闲。

3.4.2　资源分配的规则

资源分配的规则如下：

（1）合格工作的定义。当所有的紧前工作都被分配资源后，当前的这项工作就变成合格的工作。

（2）优先权的设置。关键工作优先；当有多个合格工作时，最迟开始时间最小的优先。

（3）比较选择。当有两个以上的工作具有相同优先权时，使用最小编号的规则。

3.4.3　资源分配的程序

资源分配的程序如下：

（1）识别合格的工作，如果没有，转到步骤（5）。

（2）从当前的合格工作中确定优先工作。

（3）如果在整个工作持续时间内，所有的资源都可得到，则安排这项工作（否则，尝试下一个工作）。

（4）如果一项工作安排了资源，转到步骤（1）。

（5）将没有安排的工作移到下一单位时间，更新它们的 ES 值。

（6）从下一单位时间起重新开始。

例 3-7　对于图 3-22 所示的网络图、表 3-16 所示的资源分配表，其中表 3-16 中左表除"ScSt""ScFi"两列外，其他列中的数据均为已知数据。由图 3-22 可知，如果有足够的资源，该项目可以在 16 周完成，需要人力资源 206 人，每周大约需要 13 人。假设每项工作所需的人力资源数及每周可用的最大的人力资源数如表 3-16 所示，用上述的资源分配程序进行资源分配。

解：（1）识别合格的工作。由于 A 和 B 是最初的两项工作，故均为合格工作。在表 3-16 中的第 1 列对应于 A、B 的行中打"✓"，表明 A、B 已被识别过；在右表的"合格"列下第 1 行填入"A B"，表明 A、B 是合格工作。

（2）从当前的合格工作中确定优先工作。由于 B 的 LS（为 1）小于 A 的 LS（为 3），故 B 为优先工作。在表 3-15 的"优先"列中的第一行填入"B̲ A"，这表明 B 优先

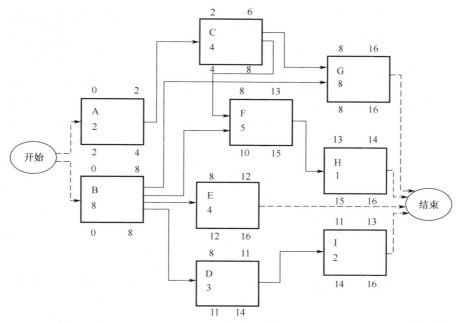

图 3-22　例 3-7 的网络图

于 A。B 中的下划线表示当前考虑 B。

（3）工作 B 持续时间为 8 周，所需资源为 10。由于在这 8 周中可用资源大于等于 10，可以得到，故安排这项工作。于是，在表 3-15 最右列（R max）的前 8 周位置上填上 10，并用矩形框起来。

B 工作资源安排后，转步骤（1），考虑下一项合格工作 A。

（4）由于 A 在前 4 周已无法安排（资源已用完），故推迟至第 5 周开始，将 A 的 ES 分别更新至第 2、3、4、5 周。A 持续时间为 2 周，每周需要 3 个资源，第 5、6 周共有 13 个资源，B 用了 10 个资源，剩余 3 个资源正好用于 A。于是，在表 3-16 最右列（R max）的第 5、6 周的位置上填上 3，并用矩形框起来。

（5）A、B 分配完资源后，C 成了合格的工作。在表 3-16 中的第 1 列对应于 C 的行中打"✓"；在右表的"合格"列下第 7 行填入"C"。

（6）当前的合格工作只有 C，故优先工作也是 C。C 持续时间为 4 周，每周需要 7 个资源，而由于此时第 7、8 周只剩 5 个资源，故不能进行分配，于是，C 就推迟到第 9 周，将 C 的 ES 更新至第 7、8、9 周。

（7）考虑第 9 周。此时，D 和 E 也成为合格工作，在表 3-16 中的第 1 列对应于 D、E 的行中打"✓"。比较 C、D、E 可知，C 的 LS 最小，其次是 D，最大为 E，故优先次序为 C、D、E。先考虑 C，其持续时间为 4 周，每周需要 7 个资源，故在表 3-16 最右列（R max）的第 9 ～ 第 12 周位置上填上 7，并用矩形框起来。接下来考虑工作 D。D 持续 3 周，每周需要 8 个资源，正好从第 9 ～ 第 11 周每周有 8 个资源剩余，可分配给 D。再考虑 E，由于从第 9 ～ 第 11 周已没有剩余资源，故 E 至少从第 12 周开始分配资源，将 E 的 ES 更新至 10、11、12。

（8）考虑第 12 周。此时，I 成为合格工作，在表 3-16 中的第 1 列对应于 I 的行中打"✓"。由于 I 的 LS 大于 E 的 LS，故优先次序为 E、I。E 的持续时间 4 周，每周需要 3 个资源，I 的持续时间 2 周，每周需要 3 个资源。由于资源足够，都能满足 E、I 的要求。

（9）由于 C 在第 12 周可结束，C 的紧后工作是 F、G，故在第 13 周，F、G 成为合格的工作，在表 3-16 中的第 1 列对应于 F、G 的行中打"✓"。由于 F 的 LS 大于 G 的 LS，故优先次序为 G、F。G 持续时间为 8 周，每周需要 3 个资源，F 的持续时间为 5 周，每周需要 4 个资源。由于资源足够，都能满足 G、F 的要求。

（10）由于 F 的紧后工作是 H，故第 18 周 H 成为合格的工作，将 H 的 ES 分别更新至 15、16、17、18。在表 3-16 中的第 1 列对应于 H 的行中打"✓"。H 持续时间为 1 周，每周需要资源为 6 个，能满足要求。

资源分配的结果如表 3-16 所示。

注意：由于图 3-22 中的时间参数从 0 算起，表 3-16 中"时间"列中参数从 1 算起，故表 3-16 中"时间"列参数为图 3-22 的时间参数加 1。

表 3-16 例 3-7 的资源分配表

√	紧后工作	任务	持续时间	资源需要量	ES	LS	ScSt	ScFi	时间	合格	优先工作	（R max）
√	C	A	2	3	1,2,…5	3	5	6	1	A B	B A	10 [10]
√	D E F G	B	8	10	1	1	1	8	2		A	10 [10]
√	F G	C	4	7	3, 7, 8, 9	5	9	12	3		A	10 [10]
√	I	D	3	8	9	12	9	11	4		A	10 [10]
√	—	E	4	3	9,10,11,12	13	12	15	5		A	13 10 [3]
√	H	F	5	4	9	11	13	17	6			13 10 [3]
√	—	G	8	3	9	9	13	20	7	C	C	15 10
√	—	H	1	6	14,15,…,18	16	18	18	8	C	C	15 10
√	—	I	2	3	12	15	12	13	9	D E	C D E	15 7 [8]
									10		E	15 7 [8]
									11		E	15 7 [8]
									12	I	E I	15 7 [3] [3]
									13	F G	G F	15 3 3 [3] 3 4
									14			15 3 3 [4]
									15			13 3 3 [4]
									16			13 3 [4]
									17			10 3 [4]
									18	H	H	10 3 [6]
									19			10 3
									20			10 3
									21			10

例3-8 对于图3-23所示的网络图，进行资源平衡和资源分配。

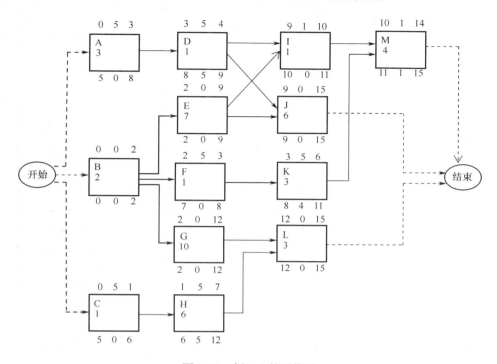

图3-23 例3-8的网络图

解：（1）作最早开始进度计划的甘特图及资源需求图，如图3-24、图3-25所示。

周	1	2	3	4	5	6	7	8	9	10	11	12	13	14	15
A	▩	▩	▩	6(0)											
B	▩	▩	5(0)												
C	▩	5(0)													
D				▩	6(5)										
E			▩	▩	▩	▩	▩	▩	▩	3(0)					
F			▩	2(0)											
G			▩	▩	▩	▩	▩	▩	▩	▩	▩	2(0)			
H		▩	▩	▩	▩	▩	▩	8(5)							
I										▩	2(0)				
J									5(0)						
K				▩	▩	▩	4(4)								
L												6(0)	▩	▩	▩
M										▩	▩	▩	▩	3(1)	
	16	19	21	23	17	17	13	5	5	9	10	10	14	14	11

图3-24 最早开始进度计划的甘特图

133

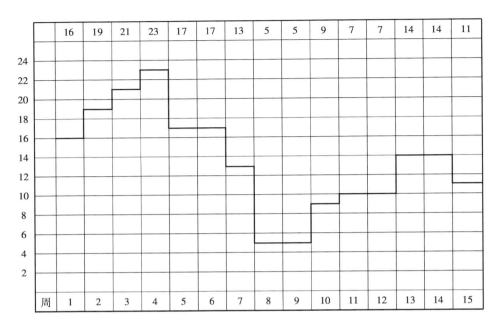

图 3-25　最早开始进度计划的资源需求图

（2）作最迟开始进度计划的甘特图及资源需求图，如图3-26、图3-27所示。

周	1	2	3	4	5	6	7	8	9	10	11	12	13	14	15
A						▓▓▓▓	▓▓▓▓	▓▓▓▓	6						
B	▓▓▓▓	▓▓▓▓	5												
C						▓▓▓▓	5								
D									▓▓▓▓	6					
E			▓▓▓▓	▓▓▓▓	▓▓▓▓	▓▓▓▓	▓▓▓▓	▓▓▓▓	3						
F								▓▓▓▓	2						
G			▓▓▓▓	▓▓▓▓	▓▓▓▓	▓▓▓▓	▓▓▓▓	▓▓▓▓	▓▓▓▓	▓▓▓▓	▓▓▓▓	2			
H						▓▓▓▓	▓▓▓▓	▓▓▓▓	▓▓▓▓	▓▓▓▓	▓▓▓▓	8			
I											▓▓▓▓	2			
J									▓▓▓▓	▓▓▓▓	▓▓▓▓	▓▓▓▓	▓▓▓▓	▓▓▓▓	5
K							▓▓▓▓	▓▓▓▓	▓▓▓▓	▓▓▓▓	4				
L												▓▓▓▓	▓▓▓▓	▓▓▓▓	6
M												▓▓▓▓	▓▓▓▓	▓▓▓▓	3
	5	5	5	5	5	16	19	21	23	19	21	18	14	14	14

图 3-26　最迟开始进度计划的甘特图

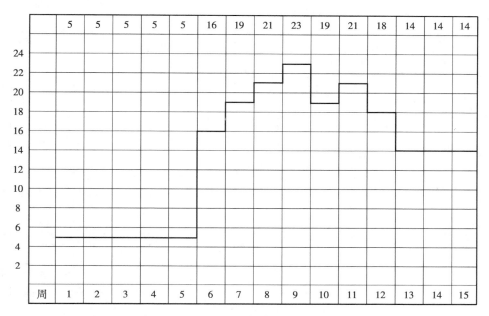

图 3-27 最迟开始进度计划的资源需求图

（3）资源平衡。由最早开始进度计划的资源需求图可知，资源需求最高峰为第 4 周，所需资源为 23 个，D 和 H 具有最大自由时差为 5，故将 D 和 H 推迟 5 周。

1）D 推迟 5 周后的甘特图如图 3-28 所示。

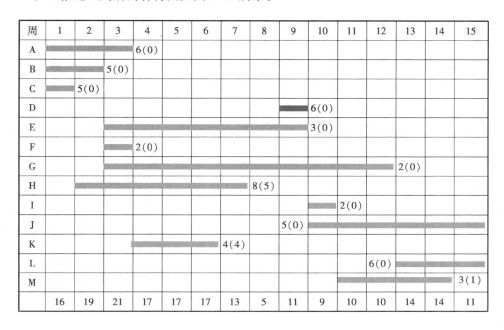

图 3-28 D 推迟 5 周后的甘特图

2）H 推迟 5 周后的甘特图如图 3-29 所示。

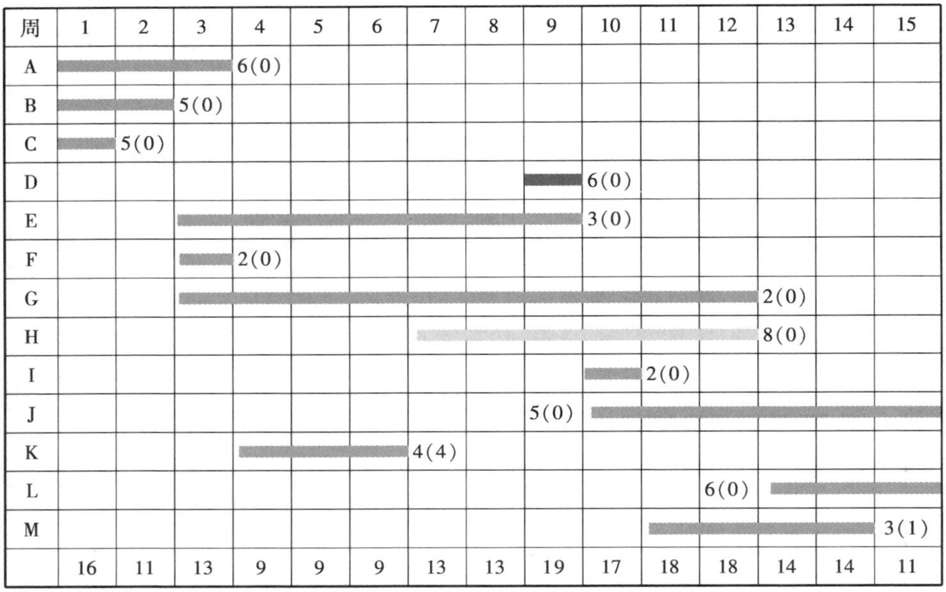

周	1	2	3	4	5	6	7	8	9	10	11	12	13	14	15
A				6(0)											
B			5(0)												
C		5(0)													
D									6(0)						
E										3(0)					
F				2(0)											
G												2(0)			
H												8(0)			
I											2(0)				
J									5(0)						
K							4(4)								
L												6(0)			
M															3(1)
	16	11	13	9	9	9	13	13	19	17	18	18	14	14	11

图 3-29　H 推迟 5 周后的甘特图

由图 3-29 可知，此时，资源需求最高峰为第 9 周，所需资源为 19 个。由于 D、H 为非关键工作，故 D 前移 3 周，从第 6 周开始。D 前移 3 周后的甘特图如图 3-30 所示。

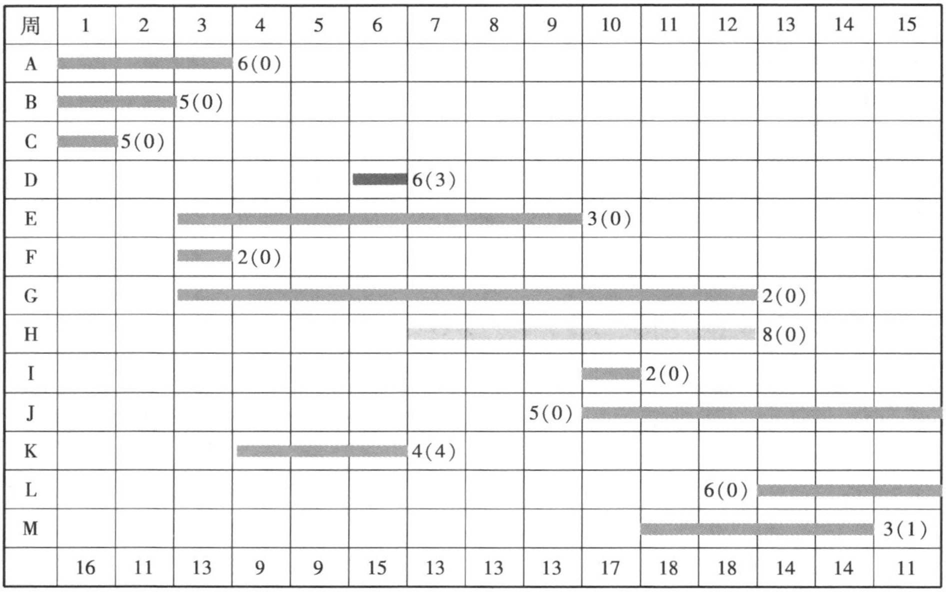

周	1	2	3	4	5	6	7	8	9	10	11	12	13	14	15
A				6(0)											
B			5(0)												
C		5(0)													
D							6(3)								
E										3(0)					
F				2(0)											
G												2(0)			
H												8(0)			
I											2(0)				
J									5(0)						
K							4(4)								
L												6(0)			
M															3(1)
	16	11	13	9	9	15	13	13	13	17	18	18	14	14	11

图 3-30　D 前移 3 周后的甘特图

（4）资源分配。假设工作 B、C、H 需要起重机，而起重机在 8 月和 9 月不能得到。于是，在起重机不能得到的月份，需要起重机的工作可以拆分考虑。

假设各项工作所需的资源数据如表 3-17 所示。按照资源分配的程序，得到资源分配的结果，如表 3-18 所示。

表 3-17　例 3-8 的资源分配数据

✓	紧后工作	任务	持续时间	资源需要量	ES	LS	ScSt	ScFi	时间	合格	优先工作	R1		CR
	D	A	3	6	1	6			1			12		
	E　F　G	B	2	5	1	1			2			12		
	H	C	1	5	1	6			3			12		
	I　J	D	1	6	4	9			4			15		
	I　J	E	7	3	3	3			5			15		
	K	F	1	2	3	8			6			15		
	L	G	10	2	3	3			7			15		
	L	H	6	8	2	7			8			15		
	M	I	1	2	10	11			9			15		
	—	J	6	5	10	10			10			15		
	M	K	3	4	4	9			11			15		
	—	L	3	6	13	13			12			15		
	—	M	4	3	11	12			13			15		
									14			15		
									15			15		
									16			12		
									17			12		
									18			12		
									19			12		
									20			12		
									21			12		
									22			12		

表 3-18　例 3-8 的资源分配结果

√	紧后工作	任务	持续时间	资源需要量	ES	LS	ScSt	ScFi
√	D	A	3	6	1	6	1	3
√	E F G	B	2	5	1	1	1	2
√	H	C	1	5	1,2,3,4	6	4	4
√	I J	D	1	6	4,5,…,8	9	8	8
√	I J	E	7	3	3	3	3	9
√	K	F	1	2	3,4	8	4	4
√	L	G	10	2	3	3	3	12
√	L	H	6	8	2,5	7	5	12
√	M	I	1	2	10,11,12,13	11	13	13
√	—	J	6	5	10,11	10	11	16
√	M	K	3	4	4,5,…,8	9	8	10
√	—	L	3	6	13	13	13	15
√	—	M	4	3	11,14	12	14	17

时间	合格	优先工作	R1	CR
1	A B C	**B** A C	12 5 6	B
2		C	12 5 6	B
3	E F G	**G** E C F	12 2 6 3	
4	D	**C** F D	15 2 5 3 2	C
5	H K	**H** K D	15 2 8 3	H
6		K D	15 2 8 3	H
7		K D	15 2 8 3	H
8		D K	15 2 6 3 4	
9			15 2 3 4	
10	I J	J I	15 2 8 4	H
11		**J** I	15 2 8 5	H
12		I	15 2 8 5	H
13	L	**I** L	15 2 6 5	
14	M	**M**	15 3 6 5	
15			15 3 6 5	
16			12 3 5	
17			12 3	
18			12	
19			12	
20			12	
21			12	
22			12	

复习思考题

1. 资源计划依赖于哪些数据？

2. 资源计划有哪些方法？

3. 下表给出了六项工作在 10 周的进度安排情况。根据下表的甘特图，画出人力资源负荷图，甘特图上的数字代表每周所需的人数。

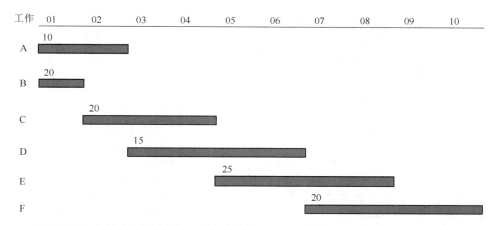

4. 下面两张表给出了关键线路分析的结果和项目中每项工作需要的工人数。

关键线路分析

工作	持续时间	最早		最迟		总时差	自由时差
		开始	结束	开始	结束		
(0, 1)	2	0	2	2	4	2	0
(0, 2)	3	0	3	0	3	0	0
(1, 3)	2	2	4	4	6	2	2
(2, 3)	3	3	6	3	6	0	0
(2, 4)	2	3	5	4	6	1	1
(3, 4)	0	6	6	6	6	0	0
(3, 5)	3	6	9	10	13	4	4
(3, 6)	2	6	8	17	19	11	11
(4, 5)	7	6	13	6	13	0	0
(4, 6)	5	6	11	14	19	8	8
(5, 6)	6	13	19	13	19	0	0

各个工作需要的资源

工作	工人数	工作	工人数	工作	工人数
(0, 1)	0	(2, 4)	3	(4, 6)	5
(0, 2)	5	(3, 5)	2	(5, 6)	6
(1, 3)	0	(3, 6)	1		
(2, 3)	7	(4, 5)	2		

要求：

（1）画出项目的网络图。

（2）分别按最早开始时间和最迟开始时间画出甘特图进度计划。求最多需要多少工人？

（3）分别按最早开始时间和最迟开始时间画出资源需求曲线。

（4）试进行最大限度的均衡资源（需要的工人）。注意工作（0，1）和（1，3）不需要手工工人，所以这两个工作的进度可以独立于资源均衡程序。

（5）假设工作（0，1）和（1，3）分别需要 8 个和 2 个工人，试进行资源均衡并画出相应的甘特图和资源需求图。

5. 对下面的项目进行资源分配。

√	紧后工作	任务	持续时间	资源需要量	ES	LS	Sch. Start	Sch. Fin	时间	合格	优先工作	RMax = 9
	E, F	A	2	3					1			
	E, F	B	5	2					2			
	G	C	3	0					3			
	G, L	D	5	4					4			
	J	E	3	3					5			
	H, I	F	2	2					6			
	I	G	4	3					7			
	J	H	5	3					8			
	K	I	3	1					9			
	—	J	3	4					10			
	—	K	4	2					11			
	—	L	12	3					12			
									13			
									14			
									15			
									16			
									17			

案例分析讨论

××××4号楼工程项目资源优化[一]

1. 项目概况

××××4号楼工程位于浙江省杭州市余杭区良渚镇，东侧为勾仁大道和行宫塘村，北侧为规划河道路，西侧临老勾陈线，南侧紧邻博园路。本工程建筑面积为17 000m²，地上28层，建筑高度为83m，主要用途为商住两用。

本工程功能齐全，安装工程包括主体框架工程建设、建筑设备安装、装修工程、配套绿化4个分部工程。

该项目工程总投资1.6亿元，该工程在施工时，设计已完成。施工工期要求44周内完成竣工移交。

该项目的项目描述表如表1所示。

2. 工作分解

该项目的WBS表、项目工作关系表如表2所示。

_____

○ 案例提供与整理：浙江大学工程硕士学生胡青、黄坚琦、施峥、阮林希、黄巧慧。

表1 ××××4 号楼工程项目项目描述表

项目名称	××××4 号楼工程
项目目标	44 周内完成竣工验收，总投资 1.6 亿元
交付物	通过甲方竣工验收的××××4 号楼
交付物完成准则	按甲方设计要求，符合国家建筑标准
工作描述	主体框架工程建设、建筑设备安装、装修工程、配套绿化
工作规范	依据国家建设工程规范
所需资源估计	人力、材料、设备的需求预计
重大里程碑	2 周内完成施工准备，正式开工； 5 周内完成桩基、土方工程； 12 周内完成地下室施工； 25 周内完成主体结构施工； 34 周内完成砌体、地坪、粉刷内装修； 36 周内完成室内安装、公共部位装修； 41 周内完成市政配套、绿化； 44 周内完成竣工验收
项目负责人审核意见	同意 签名： 日期：

表2 ××××4 号楼工程项目 WBS 表、项目工作关系表

WBS 编号	WBS 编码	任务名称	紧后工作	搭接关系	工作时间（周）	总时间
120	121	场地平整	122、123、111、112		1	3
	122	临时设施	131		1	
	123	机具准备	131		1	
110	111	材料采购	131	SS7	30	60
	112	设备采购	131	SS8	30	
130	131	土方施工	132、133		2	4
	132	基础围护工程	141		1	
	133	桩基施工	141		1	
140	141	承台施工	142		3	7
	142	混凝土施工	151		4	
150	151	钢筋绑扎	152		4	13
	152	模板绑扎	153		4	
	153	混凝土浇筑	154		3	
	154	拆模	161		2	
160	161	砌体工程	162		4	9
	162	地坪工程	163		3	
	163	墙体粉刷	171，172		2	
170	171	室内安装	181		2	4
	172	公共部位工程	182		2	
180	181	市政工程	182	FS2	3	5
	182	绿化工程	191、192		2	
190	191	实物验收	193		2	4
	192	资料验收	193		1	
	193	工程交付	—		1	

3. 进度计划

该项目的单代号网络图如图 1 所示，标注粗线部分为关键路径。

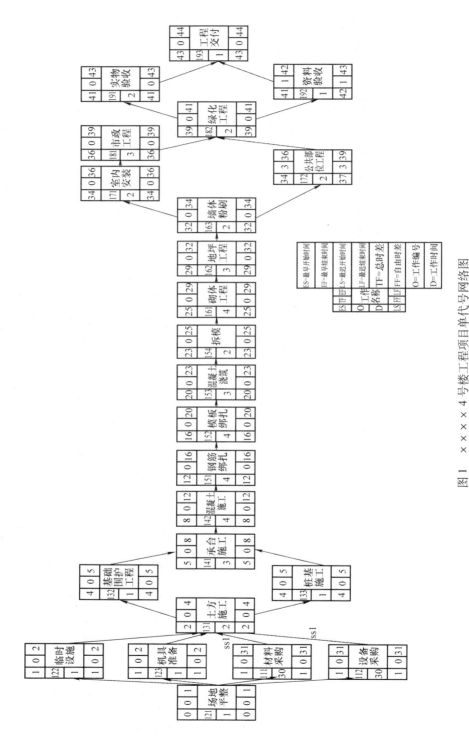

图 1　××××4 号楼工程项目单代号网络图

4. 资源计划（人力资源使用计划）

该项目的人力资源使用计划如表 3 所示。

表 3 ××××4 号楼工程项目人力资源使用计划表

WBS 编码	任务名称	工作时间（周）	总时间	资源名称	数量
121	场地平整	1		工人	30
122	临时设施	1	3	工人	30
123	机具准备	1		工人	40
111	材料采购	30		采购员	10
112	设备采购	30	60	采购员	10
131	土方施工	2		工人	80
132	基础围护工程	1	4	工人	40
133	桩基施工	1		工人	60
141	承台施工	3		工人	40
142	混凝土施工	4	7	工人	60
151	钢筋绑扎	4		工人	60
152	模板绑扎	4		工人	50
153	混凝土浇筑	3	13	工人	50
154	拆模	2		工人	40
161	砌体工程	4		工人	30
162	地坪工程	3	9	工人	40
163	墙体粉刷	2		工人	30
171	室内安装	2		工人	15
172	公共部位工程	2	4	工人	20
181	市政工程	3		工人	20
182	绿化工程	2	5	工人	30
191	实物验收	2		工程师	10
192	资料验收	1	4	工程师	10
193	工程交付	1		工程师	5

（1）最早时间的资源甘特图，如图 2 所示。

WBS 编码	任务名称	1	2	3	4	5	6	7	8	9	10	11	12	13	14	15	16	17	18	19	20	21	22	23	24	25	26	27	28	29	30	31	32	33	34	35	36	37	38	39	40	41	42	43	44
121	场地平整	30																																											
122	临时设施		30																																										
123	机具准备		40																																										
111	材料采购		10																																										

（续）

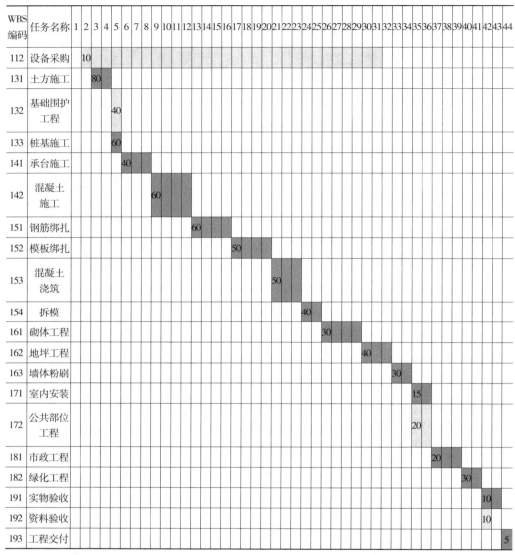

图 2　××××4 号楼工程项目最早时间的资源甘特图

（2）最早时间的资源需求表，如表 4 所示。

表 4　××××4 号楼工程项目最早时间资源需求表

周	1	2	3	4	5	6	7	8	9	10
资源需求量（人）	30	90	100	100	120	60	60	60	80	80
周	11	12	13	14	15	16	17	18	19	20
资源需求量（人）	80	80	80	80	80	80	70	70	70	70

（续）

周	21	22	23	24	25	26	27	28	29	30
资源需求量（人）	70	70	70	60	60	50	50	50	50	60
周	31	32	33	34	35	36	37	38	39	40
资源需求量（人）	60	40	30	30	35	35	20	20	20	30
周	41	42	43	44						
资源需求量（人）	30	20	10	5						

（3）最早时间的资源需求图，如图 3 所示。

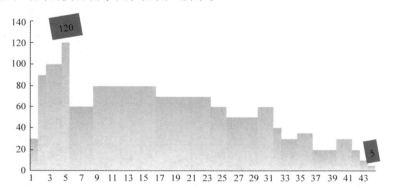

图 3　××××4 号楼工程项目最早时间资源需求图

5. 资源优化

如果 111、112 的工作时间从 30 周拉长至 40 周，则总工时为 80，资源的数量相应减少到 8 人，如表 5 所示。则优化后的资源甘特图如图 4 所示：

表 5　××××4 号楼工程项目 111、112 工作时间延长后的人力资源使用计划表

项目分解编码	任务名称	工作时间（周）	总时间	资源名称	数量
121	场地平整	1		工人	30
122	临时设施	1	3	工人	30
123	机具准备	1		工人	40
111	材料采购	40	80	采购员	8
112	设备采购	40		采购员	8
131	土方施工	2		工人	80
132	基础围护工程	1	4	工人	40
133	桩基施工	1		工人	60
141	承台施工	3	7	工人	40
142	混凝土施工	4		工人	60
151	钢筋绑扎	4		工人	60
152	模板绑扎	4		工人	50
153	混凝土浇筑	3	13	工人	50
154	拆模	2		工人	40

（续）

项目分解编码	任务名称	工作时间（周）	总时间	资源名称	数量
161	砌体工程	4		工人	30
162	地坪工程	3	9	工人	40
163	墙体粉刷	2		工人	30
171	室内安装	2	4	工人	15
172	公共部位工程	2		工人	20
181	市政工程	3	5	工人	20
182	绿化工程	2		工人	30
191	实物验收	2		工程师	10
192	资料验收	1	4	工程师	10
193	工程交付	1		工程师	5

WBS编码	任务名称	1	2	3	4	5	6	7	8	9	10	11	12	13	14	15	16	17	18	19	20	21	22	23	24	25	26	27	28	29	30	31	32	33	34	35	36	37	38	39	40	41	42	43	44
121	场地平整	30																																											
122	临时设施		30																																										
123	机具准备		40																																										
111	材料采购		8																																										
112	设备采购		8																																										
131	土方施工			80																																									
132	基础围护工程				40																																								
133	桩基施工				60																																								
141	承台施工					40																																							
142	混凝土施工							60																																					
151	钢筋绑扎									60																																			
152	模板绑扎											50																																	
153	混凝土浇筑														50																														
154	拆模																40																												
161	砌体工程																		30																										
162	地坪工程																						40																						
163	墙体粉刷																								30																				
171	室内安装																										15																		
172	公共部位工程																										20																		
181	市政工程																												20																

（续）

WBS编码	任务名称	1	2	3	4	5	6	7	8	9	10	11	12	13	14	15	16	17	18	19	20	21	22	23	24	25	26	27	28	29	30	31	32	33	34	35	36	37	38	39	40	41	42	43	44
182	绿化工程																																							30					
191	实物验收																																										10		
192	资料验收																																										10		
193	工程交付																																												5

图4　××××4号楼工程项目优化后的资源甘特图

优化后的资源需求表，如表6所示。

表6　××××4号楼工程项目优化后的资源需求表

周	1	2	3	4	5	6	7	8	9	10
资源需求量（人）	30	86	96	96	116	56	56	56	76	76
周	11	12	13	14	15	16	17	18	19	20
资源需求量（人）	76	76	76	76	76	76	66	66	66	66
周	21	22	23	24	25	26	27	28	29	30
资源需求量（人）	66	66	66	56	56	46	46	46	46	56
周	31	32	33	34	35	36	37	38	39	40
资源需求量（人）	56	56	46	46	51	51	36	36	36	46
周	41	42	43	44						
资源需求量（人）	46	20	10	5						

优化后的资源需求图，如图5所示。

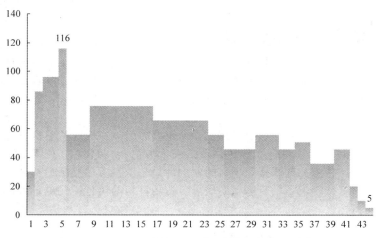

图5　××××4号楼工程项目优化后的资源需求图

6. 问题讨论

（1）图2的资源甘特图是如何得到的？

（2）如何将资源甘特图转换成资源需求图（表）？

（3）在进行资源优化时为什么选择111、112这两项工作进行优化？

主要内容

➢ 项目的费用计划与控制概述
➢ 项目费用估算
➢ 项目预算
➢ 项目费用控制
➢ 项目进度与费用的协调控制

第4章

项目的费用计划与控制

本章目标

- 掌握项目费用估算的主要内容、方法、技术和估算的结果
- 掌握项目费用预算的主要内容、方法、技术和预算的结果
- 掌握项目费用控制的方法、技术和控制的结果
- 掌握挣得值分析法

本章介绍

本章在对项目费用计划与控制概述的前提下，对项目费用估算、费用预算的主要内容、方法、技术和结果进行了详细的阐述，对项目的费用控制作了深入介绍，特别对挣得值分析法的概念、原理、步骤进行了重点介绍与分析。

项目的费用计划与控制是项目管理的一个重要方面。在传统的项目管理中，费用管理是和进度（时间）管理、质量管理并重的三大方面；在现代的项目管理中，它仍然是项目管理中的一个主要的要素。项目的费用计划是项目费用控制的基础，因此项目费用计划的质量，直接影响了项目进行的质量，费用计划的执行情况也是考察项目经理绩效的一个主要指标。

4.1 项目的费用计划与控制概述

在管理的计划、组织、领导和控制这四大职能中，计划与控制是管理的两大职能，也是管理中的两个重要环节。项目的费用计划与控制是项目费用管理的主要内容。

由项目的定义可知，项目是在资源和时间约束下，为完成某一独特的产品或服务所做的一次性努力。项目的资源约束，决定了要完成项目的可交付成果，在项目执行过程中就必须对资源消耗，即费用进行严格管理。项目费用计划是在项目计划阶段要做的工

作，项目费用控制则是在项目执行过程中要做的工作。

项目费用计划的内容包括确保在限定的预算内完成项目的资源计划过程、费用估计过程、费用预算过程；项目费用控制的内容包括费用变更控制、绩效测量、挣得值分析、补充计划编制、修正费用估算、更新预算、采取纠偏措施和完工估算等。

根据 PMBOK 手册，项目费用管理的主要内容可概括为：

1）资源计划过程——决定完成项目各项活动需要哪些资源（人、设备、材料）以及每种资源的需要量。

2）费用估算过程——估计完成项目各活动所需每种资源费用的近似值。

3）费用预算过程——把估计总费用分配到各具体工作。

4）费用控制过程——控制项目预算的改变。

其中的资源计划过程在本书的第 3 章介绍过，本章只介绍项目的费用估算、预算及控制过程。

4.2 项目费用估算

4.2.1 项目费用估算概述

费用估算就是估计为了完成项目的各个活动所需的资源费用的近似值。这里所说的资源包括要获得项目目标所需要的各种资源或需要支出的各种费用，诸如人力资源（劳动力或程序员等）、原材料、管理费、差旅费等。

在进行费用估算时，要考虑经济环境（如通货膨胀、税率、利息率和汇率等）的影响，并以此为基准对估算结果进行适当的修正。当费用估算涉及重大的不确定因素时，应设法减小风险，并对余留的风险考虑适当的应急备用金。

费用估算有时还要对各个备选方案的费用进行估算和比较，并将结果作为方案选择的依据。

在这里，要区分费用估算与项目报价两个概念之间的区别。当一个项目按合同进行时，费用估算涉及的是对可能定量结果的估计，即为了提供产品或服务，项目实施组织要付出多少费用。而项目报价是一种商业决策，即为完成项目产品或服务，项目实施组织要索取多少费用。有时项目估算和报价相吻合，有时它们之间却存在一定的偏差，甚至报价会低于项目估算，这往往都是出自项目实施组织的一种商业策略。但有一点是确定的——项目的费用估算是进行选择项目报价的主要基准。

费用估算框架如图 4-1 所示。

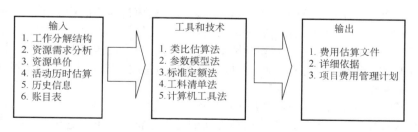

图 4-1　费用估算框架

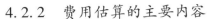

4.2.2 费用估算的主要内容

项目的费用估算是从项目建议书开始的，在承包商或项目团队制订项目建议书时就要估计项目费用。项目的费用估算首先需要分解项目的各种费用项目，这些费用项目主要包括以下内容：

（1）劳动力。这部分给出的估算费用包括项目中涉及的各类人员，如设计人员、管理人员或程序员等。

（2）原材料。这部分是承包商或项目团队为完成项目需要采购的各种原材料的费用，如水泥等建筑材料、木料、食品、计算机或者软件包等。

（3）分包商和顾问公司。当承包商或项目团队缺少某项专门技术或没有完成某个项目任务的资源时，他们可以雇用分包商和顾问公司执行这些任务。比如编制培训手册、编制软件等。

（4）租用的机器设备和工具。有时承包商可能需要项目专用的一些仪器、工具或设备。如果这些设备只能在一个或几个项目中使用，则购买就显然不划算。因此，若项目一旦需要这些工具，就可以采用租借或租赁的方式。

（5）差旅费。如果在项目期间需要出差，就需要有差旅费预算，包括机票、车票以及必要的食宿费用。

（6）其他费用。除上述费用外发生的其他费用。

除此之外，还应准备一定量的意外开支准备金，以防备项目期间有不可预见的事件发生。如在费用估算中有遗漏的项目、在项目期间发生的原材料和人工的价格上涨、利率变动引起的财务费用的变化等。

在确定了项目费用估算的内容后，就需要利用相关技术工具，如工作分解结构、资源分解结构（RBS）、进度计划等来初步确定项目所需要的资源的数量，如劳动力、原材料等，作为项目估算的输入变量，以得到项目费用的估算。

4.2.3 费用估算的输入

1. 工作分解结构

WBS 是项目管理的一项基础性工作。应用 WBS 技术控制项目费用可按以下三个阶段进行：

1）在确定责任范围和预算的同时建立编码。

2）报告投资和进度。

3）调整时间和预算。

（1）编码、责任和预算的建立。WBS 一般可以从项目网络图中导出。实际上，网络图和 WBS 是同时建立的。最初制定项目轮廓和有关概念的人员，应把自己的工作做到直接制定 WBS 的阶段为止。在正常情况下，各道工序将按逻辑归类。例如，某些工序全部由工程部门完成，而另一些工序则由设备部门完成。用编码系统为逻辑分类中的各个元素配置数字。

关于 WBS，在 2.4.1 小节中已作了详细的介绍。

（2）投资和进度报告。WBS 在业务方面的运用是报告投资和进度，这一点也是项目控制的一个重要手段。WBS 可以与项目的财务系统和控制系统相结合，对项目的投资和进度进行追踪和报告，收集项目实施过程中各种精确的信息，获得当前进度的实际费用，及时对预算进行修正。

（3）调整时间和预算。在项目管理系统中常常存在的问题是编码的不一致，这就造成了解释预算与实际支出的差异时的困难，因为形成这种差异的原因是非常微妙和复杂的。如果项目中使用统一的编码，则有助于解决这种问题。

2. 资源需求分析

资源需求是项目估算的基础，项目估算的结果取决于项目的资源需求量和资源单价两个因素。资源需求的种类和数量及其单价，决定了项目的费用估算值。

资源需求是项目资源计划过程的输出成果。资源需求包括项目所需的资源种类（人力、设备、材料和资金等）和数量。例如：

● 建筑工程队需熟悉当地建筑方面的法规，若利用当地劳力，这些法规往往可以通过利用当地劳力获得而不需增加其他费用。若当地劳动中缺乏专门建筑技术人才时，则获得当地建筑法规的最有效方法是雇用一名咨询人员，但这需要增加费用。

● 汽车设计小组应熟悉最新的汽车装配技术，这也许得通过雇用一位咨询人员，或派出一位设计人员去参加关于机器人的研讨会，或吸纳某位制造专家作为小组成员才能获得。

资源需求的生成也是基于项目的 WBS，在项目的基础工作单元资源需求估计的基础上逐层汇总得到的。在估算各基本工作单元的资源需求时，要充分利用项目团队及其所在企业已完成项目的历史统计数据来估计单位工作的资源消耗。在做资源需求量估算时，要考虑到备选或替代方案的资源需求。目的是通过比较找出项目利益相关者最满意的项目实施方案。

实际资源占用的多少与资源利用效率有很大的关系。显然，资源在整个项目进程中配置越均匀（一致），资源的利用效率就越高。相应地，由于资源闲置率较低，资源实际需求量就会降低，实际费用就会下降，如图 4-2 所示。图 4-2a 和图 4-2b 是为了完成同样的项目任务而消耗的资源分布图。由于项目进度安排不同，所以资源消耗分布不同。在两个图中，资源实际消耗（实线下面积）相同，但是由于资源使用分布均匀程度不同，所以资源的实际占用有很大差异。在图 4-2a 中，由于资源使用分布较为均匀，所以资源实际占用较低，相应的费用就较低；而在图 4-2b 中，由于资源使用分布不均匀，所以资源实际占用较高，相应的费用就较高。

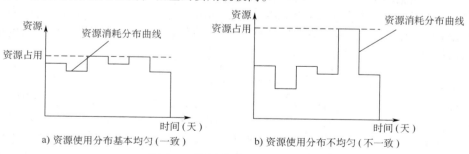

a) 资源使用分布基本均匀（一致）　　b) 资源使用分布不均匀（不一致）

图 4-2　资源使用随时间的分布

3. 资源单价

资源需求分析给出了项目的资源需求种类和数量，各类资源消耗量乘以相应的价格就可以得到相应的费用。

对于资源单价的获得，可以通过市场调查，了解各类资源的单价（如人工工资率，各类设备的购买价格、折旧费率或租赁、使用费率，各种所需材料的价格，以及资金的利息率等）。在这里，可能会因为地域不同，资源单价在区域之间就可能存在差异，因此，对于一些跨区域的项目，在资源单价的选用上就可能存在不一致，不利于项目绩效的评比。解决方法可以考虑采用一种平均价格或是加权平均价格，来作为整个项目资源的单价的基准。

另外，在估算资源单价时，还要通过经验分析，判断资源价格的市场变化特性，如在项目执行期间是上扬还是下降等，一个好的资源价格判断，可以有效地降低项目的市场价格风险。

4. 活动历时估算

活动历时时间是指完成该项活动所需要的持续时间。人工、设备和资金的使用费用都与时间有关。在估算项目各工作单元消耗的资源的费用时，要先估算与这些资源的使用或占用有关的活动持续时间。

项目的人工费用等于人工的日（或小时）工资率乘以人工需求量。人工需求量通常用工日（或时）数来表示。项目某工作单元（活动）的人工需求量等于该工作单元每天的需求人数乘以该工作单元的持续时间。

项目的设备使用费用通常等于设备的使用时间乘以相应的设备使用费率。若是自有设备，设备使用费率的主要构成是设备的折旧和运行费用；若是租赁的设备，设备使用费率的主要构成是设备租赁费和运行费用。设备的使用时间取决于需要设备的工作单元的持续时间。

资金的使用费用是利息，决定利息有两个要素：本金和时间。显然，在项目执行过程中，资金占用的时间越长，则支付的利息就越多，相应的费用也就越高。

由此看来，项目的活动历时时间是项目费用估算的要素之一。

一般地，活动历时时间的估算方法有：

（1）经验类比法。根据已完成的类似活动需要的持续时间来估算本项活动的持续时间。

（2）专家建议法。借助专家的经验和建议，结合三个时间估计法估计活动的持续时间。请有经验的专家分析项目的各项活动，给出各项活动持续时间的乐观时间的估计 O、悲观时间的估计 P 和最可能时间的估计 M。然后通过以下公式得到各项活动持续时间的估计值 T。

$$T = \frac{O + 4M + P}{6}$$

（3）德尔菲（Delphi）法。德尔菲法是一种利用和开发群体专家知识的技术。德尔菲法估算项目工作单元持续时间的过程是：首先向专家介绍项目和需要估算的工作单元，而后请专家群体中的每个人都给出他所能得到的最好估计，其结果（第一轮）以列表和直方图形式反馈给该群体。在此基础上，给出的估计与平均值相差大的人各自讲述自己的理由，然后每个人进行下一次预测，得到新的结果（第二轮）。再次，让人们讨论后进行新的估计（第三轮）。依次类推，直到专家群体的推测结果集中程度满意时为止。此时，专家群体估算结果的均值就是我们要的结果。一般情况下，专家意见越集中，估算结果就越准确。

（4）工时定额法。工时定额是指规定的完成单位工作量所需的时间，或在单位时间内完成的工作量。对于常规项目，可基于历史数据编制各类工作的工时定额。利用工时定额和项目各项工作单元的工作量，就可估算出工作持续时间。

5. 历史信息

项目团队和其所在企业或其他组织已完成的类似项目的历史记录，以及资源市场价格的历史数据，都可以作为费用估算的参考信息。

已完成类似项目的历史数据，为当前项目的工作分解结构、各工作单元的资源消耗估计、各工作单元的持续时间估计提供了参考依据。

资源市场价格的历史数据，为分析判断当前项目所需资源的市场价格及其走势提供了参考依据。一般地，可以利用移动平均或加权移动平均的时间序列方法预测项目执行期内的资源价格。为简化估算，也可根据近年来的价格变化情况估计各类资源的年均变化幅度 f。$f = 0$，表示价格不变；$f > 0$，表示价格均匀上升；$f < 0$，表示价格均匀下降。

设某建设项目的建设期为 n 年，预计明年开工，该项目所需第 i 种资源的当年价格为 P_{i0}，建设期内第 t 年需该类资源数量为 Q_{it}。根据历史信息分析，得知该类资源的年均变化幅度为 f。则该建设项目需该类资源的估算费用 C_i 为：

$$C_i = \sum_{t=1}^{n} Q_{it} \cdot P_{i0} (1 + f)^t 。$$

6. 账目表

账目表表明了项目的费用构成框架，也是项目执行过程中进行费用记录和控制的框架。

4.2.4 费用估算的方法和技术

费用估算仅仅是一种近似值的估计，更多的是基于一种历史信息对项目当前或将来的费用支出的预计。常用的方法有类比估算法、参数模型法、标准定额法和工料清单法。

1. 类比估算法

类比估算法（也称自上而下估算法）就是指利用以前已完成的类似项目的实际费用估算当前项目费用的方法。这种方法简便易行，是经常使用的进行粗略估算的方法之一，但不足之处是精度取决于被估算的项目与以前项目的相似程度、相距时间和地点的远近，需要有较为详细的同类项目历史信息。在估算时要求有经验的专家针对类似项目和当前项目交付成果的差异、相距的时间和距离对估算费用加以修正和调整。

对于建设项目，项目交付成果的差异可能是建筑结构上的差异、建筑装饰材料的差异和建筑规模的差异等。这类差异对估算费用的影响可通过估算差异部分的费用来修正。

类似项目和当前项目的时间、地点不同都会导致所需相同资源的价格由于时间、地点的不同而有所不同。这种价格不同对估算费用的影响可利用价格调整系数来修正。

例 4-1 某公司拟在其分公司甲地建办公楼一座。该公司 3 年前曾在公司总部乙地建成相似办公楼一座。乙地办公楼实际造价为 4 800 万元。两座办公楼除室内地面装饰地砖不同外，建筑结构、面积和建筑材料均相同。甲地拟建办公楼的建筑面积为 8 000m²，地面全部铺 500 ×500 豪华型防滑瓷砖，每平方米 260 元。乙地办公楼室内地面铺的是印度红大理石地面砖，每平方米 380 元。另外，3 年来人工平均工资率上涨 10%，其他资源的价格和费率均未变。在乙地办公楼的全部实际造价中，人工费占 20%。根据上述资料，用类比估算法估算甲地拟建办公楼的费用。

解：甲地拟建办公楼的费用为：

C = 类似项目实际成本 + 价格调整修正值 + 交付成果差异修正值

$= 48\,000\,000 + 48\,000\,000 \times 20\% \times (1 + 10\%) + 8\,000 \times (260 - 380)$

$= 57\,600\,000(元) = 5\,760(万元)$

2. 参数模型法

参数模型法是指根据项目可交付成果的特征计量参数（如电力建设项目成果的"千伏安"，公路建设项目成果的"公里"，民用建筑项目成果的"平方米"等），通过估算模型来估算费用的方法。参数模型可能是简单模型，如每千伏安费用、每公里费用、每平方米费用等，也可能是相对复杂的理论或经验模型。

参数模型法估算费用的精度取决于参数的计量精度、历史数据的准确程度以及估算模型的科学程度。

例 4-2 某化工企业二期扩建项目，根据经验得知，该类项目的费用估算参数模型为：

$$C = E(1 + f_1 a_1 + f_2 a_2) + I$$

式中　C——项目估算费用；

　　　E——设备采购费用；

　　　a_1——项目建筑施工费用占设备费的比例；

　　　a_2——项目设备安装费用占设备费的比例；

　　　I——项目其他费用估算值（包括管理费、不可预见费等）；

　　　f_1——项目建筑施工费的综合调整系数；

　　　f_2——项目设备安装费的综合调整系数；

现经市场调研，已知该项目的设备采购费用为 2 000 万元，建筑施工费用占设备费的 20%，设备安装费用占设备费的 15%，建筑施工与设备安装费的综合调整系数均为 1.1，该项目的其他费用估计为 100 万元。利用上述参数模型估计该扩建项目的估算费用。

解：该扩建项目的估算费用为：

$$C = 2\,000(1 + 1.1 \times 20\% + 1.1 \times 15\%) + 100 = 2\,870(万元)$$

3. 标准定额法

标准定额法是以事先制定的产品定额费用为标准，在生产费用发生时，就及时提供实际发生的费用脱离定额耗费的差异额，让管理者及时采取措施，控制生产费用的发生额，并且根据定额和差异额计算产品实际费用的一种费用计算和控制的方法。

（1）标准定额法主要有以下几个特点：

● 费用计算对象是企业的完工产品或半成品。根据企业管理的要求，只计算完工产品费用或者同时计算半成品费用与完工产品费用。

● 费用计算期间是每月的会计报告期。标准定额法一般用于大批量生产企业，只能按月进行费用计算。

- 产品实际费用是以定额费用为基础，由定额费用、定额差异和定额变动三部分相加而组成。

- 每月的生产费用应分别从定额费用、定额差异和定额变动三方面分配于完工产品和在产品。

（2）标准定额法的适用范围。标准定额法适用于已制定一整套完整的定额管理制度，产品定型，各项生产费用消耗定额稳定、准确，财会人员基本知识、基本技能较强的企业，主要是大批量生产企业。

由于定额法的费用计算对象既可以是最终完工产品，也可以是半成品，所以其既可以在整个企业运用，又可以只运用于企业中的某些车间。

（3）标准定额法的优缺点。其优点表现在以下几方面：

- 由于采用定额法可以计算出定额与实际费用之间的差异额，并采取措施加以改进，所以，采用这种方法有利于加强费用的日常控制。

- 由于采用定额法可计算出定额费用、定额差异、定额变动差异等几项指标，有利于进行产品费用的定期分析。

- 通过对定额差异的分析，可以对定额进行修改，从而提高定额的管理和计划管理水平。

- 由于有了现成的定额费用资料，可采用定额资料对定额差异和定额变动差异在完工产品和在产品之间进行分配。

其缺点表现在以下几方面：

- 因为该方法要分别核算定额费用、定额差异和定额变动差异，工作量较大，推行起来比较困难。

- 不便于对各个责任部门的工作情况进行考核和分析。

- 定额资料若不准确，则会影响费用计算的准确性。

4. 工料清单法

工料清单法（也称自下而上估算法）首先要给出项目顺序号用的人工物料清单，然后再对各项物料和工作的费用进行估算，最后向上滚动加总得到项目总费用。

这种方法就是指根据项目的 WBS，先估算 WBS 底层各基本工作单元的费用，然后逐层汇总，最后得到项目总费用估算值的方法。在估算各工作单元的费用时，要先估算各工作单元的资源消耗量，再用各种资源的消耗量乘以相应的资源单位费用（或价格）得到各种资源消耗费用，然后再汇总得到工作单元的总费用，最后再按 WBS 将各工作单元的费用逐层汇总得到项目层的总费用估算值。

自下而上的费用估算方法精度相对较高，但是当项目构成复杂、WBS 的基本工作单元划分较小时，估算过程的工作量会较大，相应的估算工作费用也较高。自下而上的费用估算法要求估算人员掌握较为详细的项目所消耗资源的单位费用（或价格）的信息。

图 4-3 和图 4-4 给出了一个建筑项目的自下而上的费用估算过程。

现用某系统开发项目费用估算过程进一步说明自下而上的费用估算方法。图 4-5 是 WBS 上两层。表 4-1 是该项目 WBS 上两层的表格表示形式。表 4-2 是该项目按 WBS 展开的各项工作的资源消耗数量及费用估算表。由表 4-2 可以看出自下而上的项目费用估算过程。

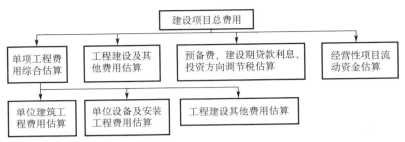

图 4-3　建设项目设计阶段费用估算的三级估算示意图

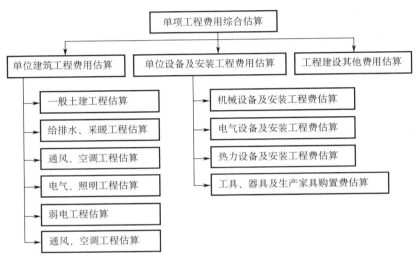

图 4-4　单项工程费用综合估算

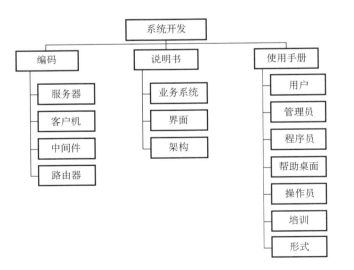

图 4-5　某系统开发项目的 WBS 上两层

表 4-1 某系统开发项目的 WBS 上两层

000 系统			
100 系统编码			
	110 服务器编码		
		111 服务器源编码	
		112 服务器目标编码	
	120 客户机编码		
		121 客户源编码	
		122 客户目标编码	
	130 中间件编码		
		131 中间件源编码	
		132 中间件目标编码	
	140 路由器表		
		141 内部路由器表	
		142 外部路由器表	
200 系统说明书			
	210 业务系统和技术设计		
		211 系统需求	
		212 系统边界	
		213 版本定义	
	220 界面设计定义		
		221 数据交换需求	
		222 界面协议	
	230 实施层架构		
		231 服务器架构	

表 4-2 某系统开发项目按 WBS 汇总的费用估算

	单位	人数	持续时间（天数）	总计（工时数）	单位费用（美元/工时）	总计费用（美元）
000 系统						2 414 360
100 系统编码						969 400
110 服务器编码						373 160
111 服务器源编码						345 600
R121 数据库管理员	工时	1	100	800	75	60 000
R122 高级数据设计专家	工时	1	125	1 000	65	65 000
R123 数据设计专家	工时	3	125	3 000	60	180 000

（续）

		单位	人数	持续时间（天数）	总计（工时数）	单位费用（美元/工时）	总计费用（美元）
	R241 测试经理	工时	1	10	80	70	5 600
	R242 高级测试工程师	工时	1	25	200	65	13 000
	R243 测试工程师	工时	1	50	400	55	22 000
	112 服务器目标编码						27 560
	R121 数据库管理员	工时	1	6	48	75	3 600
	R122 高级数据设计专家	工时	1	12	96	65	6 240
	R123 数据设计专家	工时	1	24	192	60	11 520
	R231 高级配置管理专家	工时	1	5	40	65	2 600
	R232 配置管理专家	工时	1	10	80	45	3 600
	120 客户机编码						139 200
	121 客户源编码						124 600
	R131 高级 PC 系统分析员	工时	1	75	600	65	39 000
	R132 PC 系统分析员	工时	2	75	1 200	55	66 000
	R241 测试经理	工时	1	5	40	70	2 800
	R242 高级测试工程师	工时	1	12	96	65	6 240
	R243 测试工程师	工时	1	24	192	55	10 560
	122 客户目标编码						14 600
	R131 高级 PC 系统分析员	工时	1	6	48	65	3 120
	R132 PC 系统分析员	工时	1	12	96	55	5 280
	R231 高级配置管理专家	工时	1	5	40	65	2 600
	R232 配置管理专家	工时	1	10	80	45	3 600
	130 中间件编码						294 040
	……	…	…	…	…	…	…
	140 路由器表						
	……	…	…	…	…	…	…
200 系统说明书							
	……	…	…	…	…	…	…

5. 计算机工具法

计算机工具法是指利用项目费用估算软件估算费用的方法。现在的许多项目管理软件和企业资源计划系统（ERP）软件都有相应的费用估算功能，也有许多建筑施工项目的费用估算软件。

总之，不论采用哪种方法估算项目费用，都是在项目前期对项目费用的预计。由于在项目前期对项目细节信息掌握不完整，项目本身的复杂性、生产执行过程的一次性，以及相关市场的多变性等原因，导致项目的可交付成果、项目所包含的工作内容、项目的资源需求和市场价格等都存在许多不确定因素，因此项目费用估算不可能非常准确。所以，在项目费用估算中要充分考虑到这些风险，采取相应的措施。例如，在建设项目中，通常通过在费用估算中加入项目预备费来降低这种风险。

4.2.5 费用估算的结果

项目费用估算的结果除了获得项目费用的估算值之外，还要有一系列的辅助文档，来补充说明项目费用估算的详细依据或采用的方法和模型，甚至结果的精度等。

1. 费用估算文件

费用估算过程的最主要成果就是项目的费用估算值。费用估算值一般用货币单位来表示，如人民币、美元、日元等。但有时为了便于比较，也用实物量单位来分别表示各类资源的估计消耗量，如人工消耗的工日数，设备消耗的台班数（一台设备一个班次为一个台班）或材料消耗的吨、米数等。

2. 详细依据

在此要说明项目费用估算的依据，以便于与项目的利益相关者沟通。费用估算的详细依据通常包括：

- 估算工作范围的描述，它常由 WBS 的参考资料中获得。
- 估算依据和方法的说明，即估算是如何编制的。
- 估算过程中所作假定的说明。
- 估算结果的精度范围。

3. 项目费用管理计划

项目估算最后形成项目的费用管理计划，作为项目费用预算和费用控制的基本依据之一。

4.3 项目预算

项目预算也称项目费用计划，其目的就是在费用估算的基础上，将估算的项目费用基于 WBS 分配到每一项具体的工作上，并确定整个项目总预算，作为衡量项目执行情况和控制费用的基准之一。

项目预算的框架如图 4-6 所示。

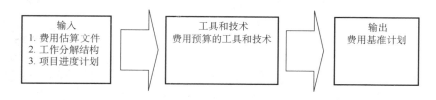

图 4-6 费用预算框架

项目预算过程实际上包括两个步骤：第一步，根据项目的费用估算将其分摊到项目工作分解结构中的各个工作包；第二步，在整个工作包期间进行每个工作包的预算分配，这样就可以在任何地点和时间准确地确定预算支出是多少。

4.3.1 费用预算要素

1. 费用估算文件

项目费用估算是进一步展开费用预算的前提工作，是作为项目各基本工作包费用分配的基础。

2. 工作分解结构

工作分解结构确定了费用分配的项目组成部分。

3. 项目进度计划

第2章介绍了项目进度计划的编制方法。利用网络图计算得出的项目进度计划给出了项目各工作单元的起止时刻，从而确定了各工作单元需要各类资源的时间，进而可以得出项目费用在项目工期内发生的时间和费用的分布。

4. 项目风险管理计划

项目风险管理水平会影响项目预算的结果。

4.3.2 费用预算的方法和技术

项目费用估算的工具和技术也可用于项目的费用预算。常用的项目预算方法有以下三类：

（1）项目估算中所用的方法。各种项目估算中所用的方法，如工料清单法等。

（2）常规的预算确定方法。在日常运营中使用的预算方法，如财务预算方法等。

（3）独特的项目预算方法。项目费用预算专用方法，如甘特图法、风险分析法等。

一般情况下，项目费用预算是将估算费用按项目的工作分解结构和项目团队的组织分解结构（OBS）分解，形成便于在项目执行过程中进行费用控制的费用分解结构（CBS）。

CBS给出了项目的各工作单元的预算费用，项目的进度计划给出了项目各项工作的预算费用发生的时间。基于CBS和项目进度计划，就可以得到项目的费用基准计划。

4.3.3 分摊总预算费用

根据项目预算过程的输入信息，将项目总费用分摊到每个费用要素中去，如人工、原材料和分包商，再到WBS中的适当的工作包，并为每一个工作包建立一个总预算费用（Total Budget Cost，TBC）。为每一个工作包建立TBC的方法有两种，一种是自上而下法，即在总项目费用（包括人工、原材料等）之内按照每一工作包的相关工作范围来考察，以总项目费用的一定比例分摊到各个工作包中；另一种方法是自下而上法，它是依据与每一工作包有关的具体活动而进行费用估算的方法。由于在项目估算过程中，没有对项目的具体活动进行详细的说明，在项目开始后，就需要补充对每一项活动的详细说明并制订网络计划。一旦对项目的每一项活动进行了详细具体的说明，就可以对每一项活动进行时间、资源和费用的估计了。每一个工作包的TBC就是组成各工作包的所有费用的加总。

图4-7说明了把600 000美元的项目费用分摊到WBS中的各个工作包的情况。

分摊到各个工作包的数字表示为完成与各工作有关的所有活动的TBC。无论是自上而下还是自下而上，都是用来建立工作包的总预算费用，所以所有工作包的预算加总时，它们不能超过项目总预算费用。

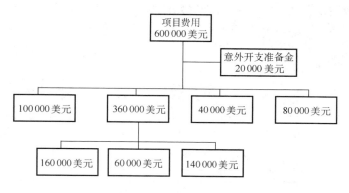

图 4-7 分摊预算费用的工作分解结构

4.3.4 累计预算费用

一旦为每一项工作包建立了总预算费用，项目预算过程的第二步就是分配每一个TBC 到各个工作包的整个工期中去。每个工期的费用估计是根据该工作包的各个活动所完成的进度确定的。当每一项工作包的 TBC 分摊到工期的各个区间后，就能确定在任何时候用去了多少预算。这个数字可以通过截止到某一期的每期的预算费用加总而得到。这一合计数，就称为累计预算费用（Cumulative Budgeted Cost，CBC），是直接到某期为止的工程预算值。

一般项目控制中都是采用 CBC 作为分析项目费用绩效的基准。这个项目的 CBC 或每一个工作包的 CBC 在项目的任何时候都可以与实际费用和工作绩效进行比较。对于项目或工作包来说，仅仅将消耗的实际费用与 TBC 进行比较容易引起误解。因为只要是低于 TBC，就可以认为绩效是好的，但是如果某一期实际总费用已经达到了 TBC，而项目还没有完成，这将可能造成项目控制失效。但是，如果采用 CBC 的话，就可以有效地解决这一问题，一旦实际费用超过了 CBC，采取补救措施还算为时不晚。

4.3.5 费用预算的输出

费用预算的输出是费用基准计划。费用基准计划按时间分段的预算，它是按项目进度计划将各工作单元的预算费用累加而得到的。费用基准计划一般以 S 型曲线表示。

在项目的生命周期内，项目的各项工作根据项目进度计划开始、执行和完成，所发生的累计预算费用形成了一条 S 型曲线，如图 4-8 所示，图中的实线就是累计预算费用曲线。因为该曲线是在项目执行过程中基于预算来考核项目执行进度偏差和实际费用偏差的依据，所以也称为项目的费用基准计划或预算基线。

由于在项目的费用预算阶段存在许多不确定性因素，项目的实际发生费用与估算费用必定会存在一定的偏差，如图 4-8 中的虚线和点划线。显然，在项目预算基线之下的实际累计费用是希望的项目费用执行情况，而在项目预算基线之上的实际累计费用是不希望的项目费用执行情况。

根据项目进度计划，如果所有的工作单元都按最早开始时间执行，或都按最晚开始时间执行，可得到两条在两端重合的 S 型曲线，称为香蕉图，如图 4-9 所示。香蕉图是项目进度控制的依据，它给出了项目进度允许偏差（调整）的范围。显然，按照计划进度，累计预算费用的发生应在两条S型曲线围成的香蕉图中。

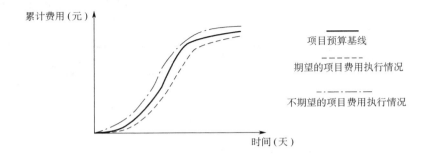

图4-8　项目费用预算基线和项目费用执行情况

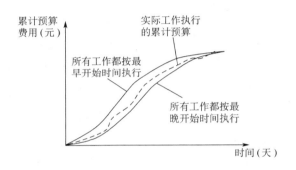

图4-9　香蕉图

例4-3　某项目的进度计划和各工作单元的预算费用如表4-3所示。基于该项目的工作单元费用预算和进度计划，可得该项目的预算基线，如图4-10所示。

表4-3　按工作单元和进度的项目预算表

工作单元	开始	结束	预算费用（万元）	月度预算（万元）										
				1	2	3	4	5	6	7	8	9	10	11
A	1	3	400	100	200	100								
B	2	5	400		50	100	150	100						
C	2	5	550		50	100	250	150						
D	3	6	450			100	100	150	100					
E	5	9	1 100					100	300	300	200	200		
F	8	11	600								100	100	200	200
合计	—	—	3 500	100	300	400	500	500	400	300	300	300	200	200
累计	—	—	—	100	400	800	1 300	1 800	2 200	2 500	2 800	3 100	3 300	3 500

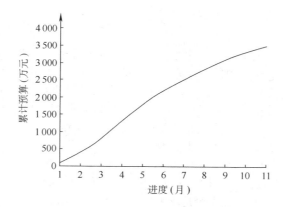

图 4-10 某项目的预算基线

4.4 项目费用控制

4.4.1 项目费用控制概述

项目费用控制的内容包括以下三个方面:

(1) 对造成费用基准变化的因素施加影响,以保证这种变化向有利的方向发展。

(2) 确定实际发生的费用是否已经出现偏差。

(3) 在出现费用偏差时,分析偏差对项目未来进度的影响,并采取适当的管理措施。

项目费用控制的框架如图 4-11 所示。

图 4-11 项目费用控制框架

在项目费用控制的输入中,费用基准计划是费用控制的基准;项目执行过程中的各种绩效考核报告是反映项目实际费用的依据。有效的项目变更请求将会引起项目的实际费用偏离原计划的预算费用。费用管理计划规定了对不同的费用偏差的管理策略。

4.4.2 项目费用控制的输入

1) 费用基准计划:即最初做出的费用计划。

2) 实施执行报告(各种绩效考核报告):费用实施情况的报告。

3) 变更请求:若发生了费用变更,则需要有变更请求。

4) 费用管理计划:实施费用管理的方案。

163

4.4.3　项目费用控制的方法与工具

1. 挣得值分析

挣得值方法（Earned Value，又称挣值法）是对项目进度和费用进行综合控制的一种有效方法。挣得值法通过测量和计算已完成的工作的预算费用与已完成工作的实际费用和计划工作的预算费用得到有关计划实施的进度和费用偏差，从而达到判断项目执行的状况。它的独特之处在于以预算和费用来衡量项目的进度。由于挣值法中用到了一个关键数值——挣得值（即已完成工作的预算费用）故得名。

（1）挣得值分析方法的三个基本参数

1）计划工作量的预算费用（Budgeted Cost for Work Scheduled，BCWS）。BCWS 是指项目实施过程中某阶段计划要求完成的工作量所需的预算费用。计算公式为：BCWS = 计划工作量×预算定额。BCWS 主要是反映进度计划应当完成的工作量（以费用表示）。

2）已完成工作量的实际费用（Actual Cost for Work Performed，ACWP）。ACWP 是指项目实施过程中某阶段实际完成的工作量所消耗的费用。ACWP 主要是反映项目执行的实际消耗指标。

3）已完工作量的预算费用（Budgeted Cost for Work Performed，BCWP）。BCWP 是指项目实施过程中某阶段按实际完成工作量及按预算定额计算出来的费用。BCWP 的计算公式为：

$$BCWP = 已完工作量×预算定额$$

BCWP 即为挣得值，也称挣值。

（2）挣得值分析方法的四个评价指标

1）费用偏差（Cost Variance，CV）。CV 是指检查期间 BCWP 与 ACWP 之间的差异，计算公式为 CV = BCWP − ACWP。当 CV 为负值时表示执行效果不佳，表示实际费用超过预算值，即超支。反之当 CV 为正值时表示实际费用低于预算值，即有节余或效率高。

2）进度偏差（Schedule Variance，SV）。SV 是指检查日期 BCWP 与 BCWS 之间的差异。其计算公式为 SV = BCWP − BCWS。当 SV 为正值时表示进度提前，SV 为负值表示进度延误。

3）费用执行指标（Cost Performed Index，CPI）。CPI 是指挣得值与实际费用值之比，其公式为：

$$CPI = \frac{BCWP}{ACWP}$$

当 CPI > 1 时，表示实际费用低于预算；

当 CPI < 1 时，表示实际费用超出预算；

当 CPI = 1 时，表示实际费用与预算费用吻合。

4）进度执行指标（Schedule Performed Index，SPI）。SPI 是指项目挣得值与计划值之比，其公式为：

$$SPI = \frac{BCWP}{BCWS}$$

当 SPI > 1 时，表示进度提前；

当 SPI < 1 时，表示进度延误；

当 SPI = 1 时，表示实际进度等于计划进度。

（3）预测项目完成时的费用

项目完成费用估计（Estimate At Completion，EAC）是指在检查时刻估算的项目范围规定的工作全部完成时的项目总费用。

EAC 的计算是以项目的实际执行情况为基础，再加上项目全部未完成工作的费用预测。在不同的情况下，对未完成工作的费用预测也不同，因此 EAC 的计算方法也不同。最常见的 EAC 计算有以下几种：

1）如果认为项目当前已完工作的费用偏差幅度就是项目全部费用的偏差幅度，则可按照完成情况估计在目前实施情况下完成项目所需的总费用 EAC，即 EAC = 实际支出 + 按照实施情况对剩余预算做出的修改。这种方法通常用于当前的变化可以反映未来的变化时。其公式为：

$$EAC = 实际费用 + （总预算费用 － BCWP）\times（ACWP/BCWP）$$

或 $$EAC = 实际费用 + （总预算费用 － BCWP）/CPI$$

或 $$EAC = 总预算费用\times（ACWP/BCWP）$$

或 $$EAC = 总预算费用/CPI$$

2）当过去的执行情况表明先前的费用假设有根本缺陷或由于条件改变而不再适用于新的情况时，需要对所有未完成工作重新估算费用。在这种情况下，EAC 的公式为：

$$EAC = ACWP + 对剩余工作的新估计值$$

3）当现有的偏差被认为是不正常的（由偶然因素引起），或者项目管理小组认为类似偏差不会再发生时，EAC 的计算方法为：

$$EAC = ACWP + 剩余工作的原预算$$

例 4-4　表上计算。表 4-4、表 4-5 和表 4-6 分别给出了包装机项目的每期预算费用、每期累计完成比率及每期实际费用，根据上述表格计算该项目的每期累计挣得值。假设检查点为第 8 周末，试根据检查结果预测该项目完成的总费用及进度。

表 4-4　包装机项目的每期预算费用

	TBC	周											
		1	2	3	4	5	6	7	8	9	10	11	12
设计	24	4	4	8	8								
建造	60					8	8	12	12	10	10		
安装与调试	16											8	8
合计	100	4	4	8	8	8	8	12	12	10	10	8	8
累计		4	8	16	24	32	40	52	64	74	84	92	100

表 4-5　包装机项目的每期累计完成比率（%）

周	1	2	3	4	5	6	7	8
设计	10	25	80	90	100	100	100	100
建造	0	0	0	5	15	25	40	50
安装与调试	0	0	0	0	0	0	0	0

表 4-6　包装机项目的每期实际费用　　　　　　　　　　（单位：千美元）

	周								总费用
	1	2	3	4	5	6	7	8	
设计	2	5	9	5	1				22
建造				2	8	10	14	12	46
安装与调试									0
合计	2	5	9	7	9	10	14	12	68
累计	2	7	16	23	32	42	56	68	68

解：包装机项目的每期累计挣得值计算结果如表 4-7 所示。

表 4-7　包装机项目的每期累计挣得值

		周							
		1	2	3	4	5	6	7	8
设计	24	2.4	6	19.2	21.6	24	24	24	24
建造	30				3	9	15	24	30
安装与调试									
累计	54	2.4	6	19.2	24.6	33	39	48	54

设检查点为第 8 周，则

费用偏差：$CV = BCWP - ACWP = 54 - 68 = -14$

进度偏差：$SV = BCWP - BCWS = 54 - 64 = -10$

费用执行指标：$CPI = BCWP/ACWP = 54/68 = 0.79$

进度执行指标：$SPI = BCWP/BCWS = 54/64 = 0.84$

费用预测：$EAC = 总预算费用/CPI = 100/0.79 = 126.58$

进度预测：预计完成时间 = 计划完成时间/$SPI = 12/0.84 = 14.29$

例 4-5　利用甘特图计算。设一项目有 4 项任务，图 4-12 给出了这个项目进度安排的甘特图形式，如深色甘特图所示，该项目各项任务的预算如图中第 1 列数字所示。第 6 周周末检查时各项任务的完成情况如浅色甘特图所示，各项任务的实际费用如图中第 2 列数字所示。根据这些信息试计算图 4-12 中的 BCWS、BCWP、CV、SV，将计算结果填入图 4-13 中，并预测项目完成时的费用和进度。

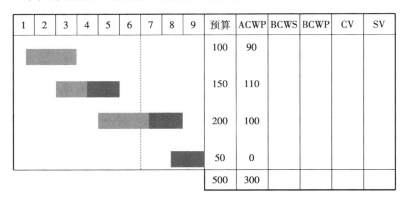

图 4-12　某项目进度安排及检查结果

解：计算结果如图 4-13 所示。

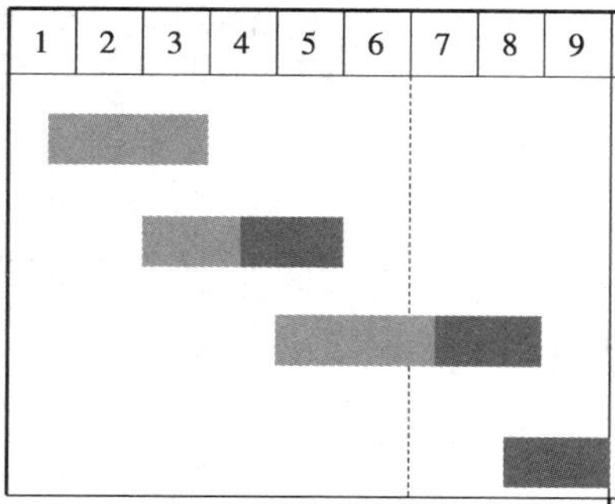

1	2	3	4	5	6	7	8	9	预算	ACWP	BCWS	BCWP	CV	SV
									100	90	100	100	10	0
									150	110	150	75	−35	−75
									200	100	100	110	10	10
									50	0	0	0	0	0
									500	300	350	285	−15	−65

图 4-13　挣值法计算结果

根据图 4-13 计算结果，得：

费用执行指标：$CPI = BCWP/ACWP = 285/300 = 0.95$

进度执行指标：$SPI = BCWP/BCWS = 285/350 = 0.81$

费用预测：$EAC = ACWP + (总预算费用 − BCWP)/CPI = 300 + (500 − 285)/0.95 = 526$

或　　　　$EAC = 总预算费用/CPI = 500/0.95 = 526$

进度预测：预计完成时间 = 计划完成时间/$SPI = 9/0.81 = 11$

例 4-6　用图分析。将图 4-13 的计算结果分摊到时间坐标（周），在同一坐标中画出预算费用曲线、实际费用曲线和挣值线。

解：将预算 ACWP、BCWP 按比例分摊到时间坐标，得到图 4-14。下面详细说明分摊过程。

第一步，费用分摊。例如，对于预算，分配给第 1 项任务的费用为 100，第 1 项任务按计划 2.5 周完成，则每周的费用为 40；分配给第 2 项任务的费用为 150，第 2 项任务按计划 3 周完成，则每周的费用为 50。依次类推，可以得到每项任务的每周费用。如第 3 项任务每周预算费用为 50，第 4 项任务每周预算费用为 33.3（为方便起见，取整）。

第二步，费用按时间坐标（周）合计。如对于预算，第 1 周（半周）只有第 1 项任务，故合计预算费用为 20，第 2 周也只有第 1 项任务，故合计预算费用为 40，第 3 周第 1、2 项任务都有，故合计预算费用为 90（40 + 50），以此类推，可以得到每周的预算合计费用，如图 4-14 左下方第一大行"预算"行的上行数字所示，下行数字为每周预算费用的累计数。

同理，可将实际费用（ACWP）及挣得值（BCWP）分摊到时间坐标。分摊结果如图 4-14 所示。

根据图 4-14 中左下方的预算费用、实际费用、挣得值分摊后的累计数，即可得到预算费用累积曲线、实际费用累积曲线和挣得值累积曲线，如图 4-15 所示。

前面已经介绍，所谓挣得值就是已完成工作的累计预算费用。在检查时刻，挣得值与已完成工作的累计实际费用的差就是费用偏差。计算费用偏差的挣得值法与计算进度

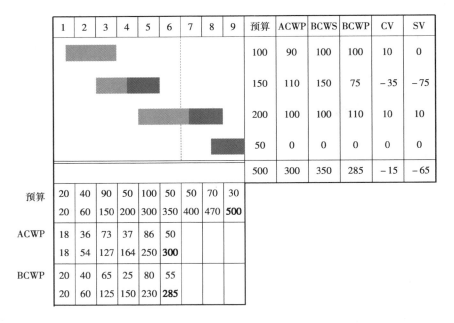

	1	2	3	4	5	6	7	8	9	预算	ACWP	BCWS	BCWP	CV	SV
										100	90	100	100	10	0
										150	110	150	75	−35	−75
										200	100	100	110	10	10
										50	0	0	0	0	0
										500	300	350	285	−15	−65

预算	20	40	90	50	100	50	50	70	30
	20	60	150	200	300	350	400	470	**500**
ACWP	18	36	73	37	86	50			
	18	54	127	164	250	**300**			
BCWP	20	40	65	25	80	55			
	20	60	125	150	230	**285**			

图 4-14　将费用分摊到时间坐标的结果图

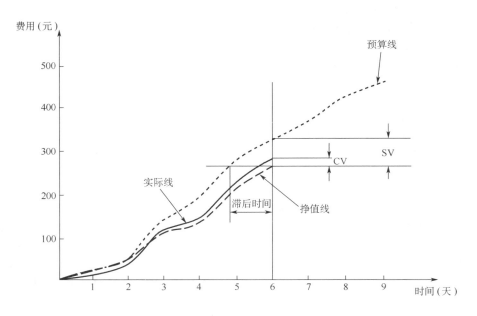

图 4-15　预算费用累积曲线、实际费用累积曲线和挣得值累积曲线

偏差的 S 型曲线法有相似之处，即都用到了挣得值曲线。但是偏差比较方法有本质的不同。

例 4-7 费用偏差计算的挣得值法。某项目的计划进度与实际进度甘特图及各项工作的预算费用和实际费用如表 4-8 所示。表中实线为计划进度，虚线为实际进度。设各项工作的进度都是均匀的，也即预算费用和实际费用的发生也是均匀的。

解： 由实际进度甘特图及预算费用和实际费用，可计算得到挣得值曲线和累计已完成工作实际费用曲线，见表 4-8 倒数第 1 行和第 3 行数字与图 4-16 中的挣得值曲线和累计已完成工作实际费用曲线。

如在第 7 周检查费用偏差，比较表 4-8 中第 7 周的挣得值和累计已完成工作实际费用，可得：

$$成本偏差 = 72 - 59 = 13（万元）$$

即在此发现费用超预算 13 万元，如图 4-16 所示。

如在第 11 周检查费用偏差，比较表 4-8 中第 11 周的挣得值和累计已完成工作实际费用，可得：

$$成本偏差 = 114 - 117 = -3（万元）$$

即在此发现费用节约 3 万元，如图 4-16 所示。

显然，当已完成工作的实际累计费用大于挣得值时，即挣得值曲线在已完成工作实际累计费用曲线下面时，费用超支，如图 4-16 中第 7 周的情况；如已完成工作的实际累计费用小于挣得值时，即挣得值曲线在已完成工作实际累计费用曲线上面时，费用节约，如图 4-16 中第 11 周的情况。

表 4-8 某项目计划进度与实际进度甘特图

工作单元	费用(万元)		平均每周完成费用(万元)		计划进度/实际进度(周)											
	预算	实际	计划	实际	1	2	3	4	5	6	7	8	9	10	11	12
A	15	18	5	6												
B	20	30	4	6												
C	36	40	9	10												
D	30	20	6	4												
E	24	9	8	3												
每周已完成工作实际费用(万用)					6	6	12	6	6	16	20	14	14	7	7	3
累计已完成工作实际费用(万用)					6	12	24	30	36	52	72	86	100	107	114	117
每周实际完成预算费用(万用)					5	5	9	4	4	13	19	15	15	14	14	8
挣得值(万用)					5	10	19	23	27	40	59	74	89	103	117	125

（4）挣得值分析法在工程项目中的应用

挣值法应用在工程项目中时，各参数的含义如下：

1）BCWS：计划工程预算费用或计划工程投资额；

2）BCWP：完成工程预算费用或实现工程投资额；

3）ACWP：完成工作实际费用或消耗工程投资额；

4）BCWP – ACWP = 费用偏差 CV；

5）BCWP – BCWS = 进度偏差 SV；

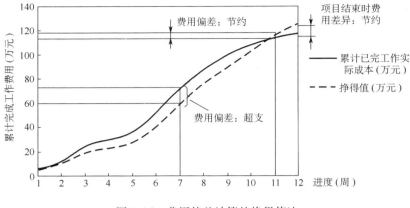

图 4-16   费用偏差计算的挣得值法

6）BCWP/ACWP = CPI 费用执行指标；

7）BCWP/BCWS = SPI 进度执行指标。

图 4-17 给出了工程项目预算费用、实际费用、挣得值三条曲线的比较。

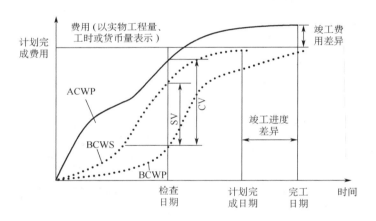

图 4-17   工程项目预算费用、实际费用、挣得值曲线

2. 偏差控制法

有效费用控制的关键是要经常及时地发现费用执行偏差，获取费用偏差后，要集中全力在那些有负费用偏差的任务上，以减少费用或提高工程进行的效率。根据 CV 的值来确定集中全力采取纠正措施的优先权，也就是说，CV 的负值最大的任务应该给予最高的优先权。

根据项目费用负偏差减少项目费用应集中在两类活动上：

（1）近期就要进行的活动。打算在以后的进度中减少各活动费用是不现实的。如果拖到项目后期，项目的负费用差异会更大，并且随着项目的进行，留给采取纠正措施的时间会越来越少。

（2）具有较大的估计费用的活动。采取措施减少一个 30 000 元的工程的 5% 的费用比减掉一个总值 500 元的活动的影响要大得多。通常，一项工程的估计费用越大，取得费用大幅减少的机会也就越多。

降低项目费用的方法有三种：一种是采用符合规范而费用较低的原材料，有时能找到另一个供应商供应同一种材料且费用较低；另一种方法是安排一个经验丰富的专家到活动中当顾问，以促进工作效率；还有一种降低费用的方法是减少任务或特殊活动的作业范围或要求。在很多时候，需要交替使用减少费用偏差的方法，即有时减少项目范围，有时推迟项目的进度。如果负的费用很大，可能要求项目的范围或质量大幅减少才能使项目回到预算以内。但整个项目的范围、预算、进度或质量会处于矛盾之中，这样会引起项目团队与客户之间的争议。

4.4.4　费用控制的输出

1）修正的费用估算：根据费用控制的结果对费用重新进行估计。

2）更新的预算：根据费用控制的结果对预算进行更新。

3）纠偏措施：可能的情况下采取措施进行费用的纠偏。

4）完工估算：对完工费用重新进行估计。

5）教训：分析费用失控的原因，总结教训。

4.5　项目进度与费用的协调控制

在项目执行过程中，费用和进度是相关的：如果减少费用，资源投入就会减少，相应的进度也会受影响；如果赶进度，费用就有可能提高；但是，如果工期过长，又会由于资源占时间长而使费用上升。费用和进度的关系如图 4-18 所示。因此，在进行项目的进度控制和费用控制时，还要考虑到进度与费用的协调控制，设法使这两个控制指标都达到最优，如图 4-18 中的 C_E 和 T_E 的交点。具体的协调控制涉及复杂的技术和方法，在此只介绍一些原理和思想。

就我们目前的项目管理水平来说，具体项目中项目的进度和费用控制是比较困难的步骤，但又是较为重要的一环。关于项目的进度与费用控制的研究，许多项目管理专家目前正在为找到二者之间的均衡点而努力。每个项目中，工程的进度和费用的保证对项目的实施具有极其重要的意义。

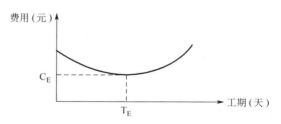

图 4-18　费用与工期关系示意图

4.5.1　关键比值法

在大项目的控制中，常常通过计算一组关键比值加强控制分析。关键比值计算公式如下：

$$关键比值 = \frac{实际进度}{计划进度} \times \frac{预算费用}{实际费用}$$

在此将"实际进度/计划进度"称为进度比值，将"预算费用/实际费用"称为费用比值。关键比值是由进度比值和费用比值组成，是这两个独立比值的乘积。

单独分析进度比值和费用比值，当它们大于 1 时，说明项目的进程状态或实施绩效是好的。但是在综合分析时，如一个大于 1，一个小于 1，那么项目的进程状态是如何呢？关键比值可以帮助我们发现一些有关项目进程状态的深层的有价值的信息。我们以表 4-9 测量到的绩效资料为例，进行解析。

表 4-9　关键比值计算

工作单元	实际进度 (1)	计划进度 (2)	进度比值 (3) = (1)/(2)	预算费用 (4)	实际费用 (5)	费用比值 (6) = (4)/(5)	关键比值 (7) = (3)×(6)
A	2	3	2/3 < 1	6	4	6/4 > 1	1
B	2	3	2/3 < 1	6	6	6/6 = 1	2/3 < 1
C	3	3	3/3 = 1	4	6	4/6 < 1	2/3 < 1
D	3	2	3/2 > 1	6	6	6/6 = 1	3/2 > 1
E	3	3	3/3 = 1	6	4	6/4 > 1	3/2 > 1

由表 4-9 可得如下分析结果：

（1）任务 A。无论进度还是费用，都是实际值低于计划值。如果进度推迟，没有大的问题。

（2）任务 B。费用等于预算费用，但实际进度滞后。因为费用消耗已达到预算水平，而进度却落后，则有可能存在费用的超支。

（3）任务 C。进度等于计划进度，但费用超支。

（4）任务 D。费用等于预算费用，进度超前，意味着节省了一笔费用。

（5）任务 E。进度等于计划进度，而实际费用低于预算，等于节约了一笔费用。

通常来讲，关键比值应控制在 1 附近。对于不同的项目、不同的工作单元，要求关键比值的控制范围不同。越是重要的、投资大的项目或工作单元，允许关键比值偏离 1 的距离越小。

4.5.2　三种挣得值参数的综合分析

在进度费用控制（CSC）中，要决定是否存在偏差，我们还需要比较 3 个基本指标。三种挣得值参数包括：ACWP（已完工作的实际费用）、BCWP（已完工作的预算费用或挣得值）和 BCWS（计划完成工作预算费用）。其中的 BCWS 就是预算基准计划。

我们用表 4-10 说明三种挣得值参数综合分析的方法。表中的 SV 和 CV 分别表示进度偏差和费用偏差。

表 4-10　挣得值参数综合分析与对应措施

序号	三种参数关系		分析	措施
	图形关系	参数关系		
1		ACWP > BCWS > BCWP SV < 0　CV < 0	效率低 进度较慢 投入超前	用工作效率高的人员更换一些效率低的人员

（续）

序号	三种参数关系		分析	措施
	图形关系	参数关系		
2		BCWP > BCWS > ACWP SV > 0 CV > 0	效率高 进度较快 投入延后	若偏离不大，维持原状
3		BCWP > ACWP > BCWS SV > 0 CV > 0	效率较高 进度快 投入超前	抽出部分人员，放慢进度
4		ACWP > BCWP > BCWS SV > 0 CV < 0	效率较低 进度较快 投入超前	抽出部分人员，增加骨干人员
5		BCWS > ACWP > BCWP SV < 0 CV < 0	效率较低 进度慢 投入延后	增加高效人员的投入
6		BCWS > BCWP > ACWP SV < 0 CV > 0	效率较高 进度较慢 投入延后	迅速增加人员投入

　　图 4-19 为实际项目中的一项活动，计划 5 天完成，预算是 500 元，预算按比例分给 5 天，平均每天 100 元。图 4-19 中的左栏显示最初（基线）进度，活动在工作周的第一天开始，在最后一天完成。工作预算为 500 元，按照计划在一周内完成，这就是计划工作预算费用（BCWS）。图中间一栏显示实际的工作情况。注意到进度拖延了，直到第三个工作日才开始。用平均每天 100 元的预算来计算，在这个工作周，我们只能完成 300 元的进度工作，这就是完成工作的预算费用（BCWP）。最右边栏显示了与中间的一栏相同的实际进度，但这里完成了 3 个工作日的工作，实际花费了 400 元，这 400元是完成工作的实际费用（ACWP）。

　　通过三类挣得值参数可以跟踪两个偏差：进度偏差（SV）、费用偏差（CV）。在例

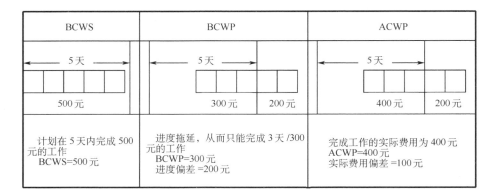

BCWS	BCWP	ACWP
5天	5天	5天
500元	300元　200元	400元　200元
计划在5天内完成500元的工作 BCWS=500元	进度拖延，从而只能完成3天/300元的工作 BCWP=300元 进度偏差=200元	完成工作的实际费用为400元 ACWP=400元 实际费用偏差=100元

图4-19　三种挣得值参数值

子中 SV = BCWP − BCWS = − 200 元，单位用费用或人工时/日来表示。CV = ACWP − BCWP = 100 元。根据表4-10可知项目中该活动预算超支，进度较慢。

4.5.3　基于网络计划的进度费用控制

由网络分析技术，我们知道在项目的所有工作单元中，只有关键线路会影响项目的进度。在一般情况下，项目中工作单元的进度和费用又呈反方向变化，即减少某些资源（如人力、设备）的投入可以降低费用，但是肯定会延长工期。上述原理给我们提供了一种进度和费用的协调控制思路。

即若要降低项目后续工作的费用而不影响工期，只能在非关键工作单元（工序）上想办法。非关键工序由于存在时差，可以通过资源调整，适当延长其持续时间，以不超过允许时差为约束，达到降低项目费用的目的。

若要赶进度，只有在项目的关键工作单元的工作时间缩短时，项目的进度才有可能提前。

在此用一例来说明用网络分析的方法协调费用和进度，达到最优控制的方法。

例4-8　根据项目工作单元之间的逻辑关系，某项目实施组织网络计划如图4-20所示。该项目有两套实施组织方案，相应的各工作单元所需的持续时间和预算费用如表4-11所示。在项目合同中约定：合同工期为270天，工期延误一天罚3万元，提前一天奖1万元。在进行进度和费用优化时，两套方案中各工作单元的实施方案可互换。

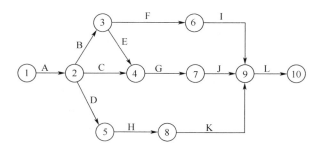

图4-20　某项目实施的网络计划

174

表 4-11 两套实施方案的工作单元时间和预算

工作单元	项目实施组织方案 Ⅰ		项目实施组织方案 Ⅱ	
	持续时间（天）	预算费用（万元）	持续时间（天）	预算费用（万元）
A *	30	13	28	15
B *	45	20	42	21
C	28	10	28	10
D	40	19	39	19.5
E *	50	23	48	23.5
F	38	13	38	13
G *	60	25	55	28
H	43	18	43	18
I	50	24	48	25
J *	39	12.8	39	12.8
K	35	15	33	16
L *	50	20	49	21
合计	—	212.8	—	222.8

解：经网络计算可知：

（1）方案Ⅰ的总工期为 274 天，比合同工期延期 4 天，关键工作单元和关键线路是 A—B—E—G—J—L。对项目承包人来说，总费用为方案Ⅰ的项目总预算 212.8 万元加 4 天延期的罚款 $4 \times 3 = 12$ 万元，共计 $212.8 + 12 = 224.8$ 万元。

（2）方案Ⅱ的总工期为 261 天，比合同工期提前 9 天，关键工作单元和关键线路也 是 A—B—E—G—J—L。对项目承包人来说，总费用为方案Ⅱ的项目总预算 222.8 万元 减 9 天提前的奖励 $9 \times 1 = 9$ 万元，共计 $222.8 - 9 = 213.8$ 万元。

现进一步分析，在总工期保证提前三天的前提下是否还有可能降低费用呢？答案是 肯定的。我们对方案Ⅱ做如下调整：关键工序不变，非关键工作单元 D、I、K 采用方 案Ⅰ的相对低预算、长工期的实施方法（注意，这三个工作单元的时间延长都没有超 过在方案Ⅱ中计算所得的时差）。于是，在总工期不变的情况下，总费用还可以再降低 $(19.5 - 19) + (25 - 24) + (16 - 15) = 2.5$ 万元。于是，优化后的总工期为 261 天，总费 用为 $213.8 - 2.5 = 211.3$ 万元。

复习思考题

1. 简述项目费用管理的主要内容。
2. 简述项目费用估算的主要内容。
3. 费用估算使用的主要方法有哪些？
4. 简述费用预算的过程。
5. 试简述项目费用估算和费用预算的差异。
6. 在项目实施过程中，为了更有效地控制费用，应该采用什么指标进行比较，为什么？

7. 简述 S 型曲线图和"香蕉图"的做法及其作用。

8. 假如你是一名项目经理，谈谈你在项目费用管理方面的想法。

9. 列出并描述完整项目所涉及的费用参数，这些参数如何做比较？

10. 参照下表回答问题：

（单位：元）

WBS 元素	BCWS	BCWP	ACWP
A	100	110	115
B	200	180	210
C	100	120	105
D	200	190	180

（1）根据上表数据请指出是否有 WBS 要素落后于工期但仍然在预算范围内的？

（2）根据上表数据请计算 WBS 元素 R 的费用执行指标（CPI）是多少？

（3）WBS 元素 Q 低于还是超过预算，相差多少？

（4）根据上表数据在坐标上画出预计的和实际的累计费用和劳动时间曲线。

11. 根据下图在下表的空格中填上数字，设检查点是第 7 周。

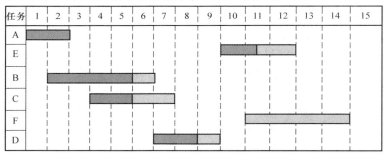

检查点

	预测值	预算	ACWP	BCWS	BCWP	CV	SV
A		200	300				
B		600	680				
C		440	300				
D		360	200				
E		400	100				
F		600	0				
Σ		2600	1580				

12. 为什么要做项目费用与进度的协调控制？在取得项目费用偏差（CV）时为什么还要综合考虑项目进度偏差（SV）？

13. 已完成工作的实际完成时间会影响未完成工作的最早开始时间和最早结束时间以及总时差吗？

案例分析讨论

某公司生产销售系统软件开发项目

1. 案例背景概述

目前随着 IT 技术的广泛应用，信息化已成为热门话题，随之而来的 IT 技术相关的项目管理日益受到重视。在这个案例中，我们主要侧重于评述软件开发这一特殊项目的进度和费用控制。

对本案例的考察有助于强化我们前面所学到的理论知识，将项目进度与费用控制理论应用于项目实施过程之中。

（1）公司及项目简介

某公司是一所国内知名的服装企业集团，公司下设五个分厂。公司现有职员万余人，年创汇上亿元。由于目前全国服装生产企业的数量非常多，因此集团认识到开拓和拥有本公司的销售市场对公司的长远发展是极其重要的。为此，公司的销售事业部在每个大中城市都设有办事处，每个销售代表隶属于一个办事处，最后由办事处分别派出其销售代表到以该办事处为中心的周边地区开展业务。为使集团能够管理、监控每个办事处与每个销售代表的销售数量、销售额，并了解市场需求，跟踪价格、库存和竞争对手的情况，公司决定建立一个跟踪系统。此外，因该公司下设五个分厂，为了使销售生产制造和销售情况挂钩，更好地掌握所需产品的品种以及数量的变化，最终适应这种变化的需要，随时能够调整生产品种与数量，该集团公司决定建立一个生产销售系统。该生产销售系统的主要内容包括：生产制造事业部的生产管理、库存控制系统以及为销售部建立的跟踪系统。该系统中最主要的模块要求涉及销售部门的销售情况，从而使销售与生产相联系，更好地安排生产计划，使一个组织形成完整的整体。

（2）项目目标

为实现集团公司的总目标，即"减少费用、提高效益，最有效地利用各种资源，实现最高生产率和利润，在各方面做到以优质服务占领市场，从而扩大企业知名度和创汇增值"的目标。生产销售系统软件要求具有实用性、可靠性、适应性和先进性；实现库存信息动态管理，降低库存量和在制品数量，减少资金占用；制订切实可行的生产计划，缩短计划编制时间，提高计划的精确度；跟踪、了解销售情况，做好对每一个销售人员以及办事处的评审，且提供数据支持；更好地了解产品的定价及竞争对手的情况；使供、产、销三者更好地结合，实现信息共享。

2. 项目进度计划安排

项目最重要的任务是制订、完善和执行计划。几乎所有的项目都要制订详细的计划与进度，这是由于它们要受到项目的三类约束——时间、范围、费用——的限制，并且要受到资源配置优先级别控制的缘故。对于任何一个项目，采取完善的计划措施是必需的而且也是必要的，对于开发软件项目也不例外。

关于项目计划安排的具体方法在以前的章节已经重点介绍过了，此处简单介绍一些该项目实施所牵涉的项目计划安排。

生产销售系统软件开发项目经理罗某与副项目经理李某首先做的事情是找出开发该项目全部需要完成的任务，根据项目的要求、项目的资源限制条件以及产品的性能要求等进行工作分解结构（WBS）、责任矩阵和制定较简单的时间进度表。

生产销售系统项目工作分解结构如下表所示。

生产销售系统项目工作分解结构（WBS）

任务序号				任务名称
1				系统调查
	1.1			确定需要
	1.2			收集数据
	1.3			可行性分析
	1.4			准备报告
2				系统分析
	2.1			系统功能需求分析
		2.1.1		与用户见面
		2.1.2		明确用户需求
	2.2			信息需求分析
		2.2.1		研究现有系统
	2.3			准备报告
3				系统设计
	3.1			设计原则
	3.2			系统构成（子模块）
		3.2.1		数据处理
			3.2.1.1	菜单
			3.2.1.2	录入
			3.2.1.3	定期汇报
		3.2.2		数据库（编制代码）
		3.2.3		评估
		3.2.4		准备报告
4				系统开发
	4.1			软件
	4.2			硬件
	4.3			网络服务
	4.4			准备报告
5				系统测试
	5.1			软件
	5.2			硬件
	5.3			网络服务

（续）

任务序号			任务名称
	5.4		准备报告
6			系统实施
	6.1		培训
	6.2		操作
	6.3		维护
	6.4		准备报告

　　利用网络计划与图解评审法（PERT）来对各个任务中所涉及的工序进行排列，根据项目各个工序之间的紧前、紧后关系和估计出的工期估计进行网络优化计算，制订具体的项目进度计划。下表列出了通过 PERT 计算制定出的生产销售系统项目活动进度。

生产销售系统项目活动进度

任务	活动	工期估计（周）	最早		最迟		总时差
			开始时间	结束时间	开始时间	结束时间	
1	收集数据	3	0	3	−8	−5	−8
2	可行性分析	4	0	4	−9	−5	−9
3	准备问题界定报告	1	4	5	−5	−4	−9
4	与用户见面	5	5	10	−4	1	−9
5	研究现有系统	8	5	13	−2	6	−7
6	明确用户需求	5	10	15	1	6	−9
7	准备系统分析报告	1	15	16	6	7	−9
8	数据输入、输出	8	16	24	9	17	−7
9	数据处理和建立数据库	10	16	26	1	17	−9
10	分析评估	2	26	28	17	19	−9
11	准备系统设计报告	2	28	30	19	21	−9
12	开发软件	15	30	45	21	36	−9
13	开发硬件	10	30	40	26	36	−4
14	开发网络	6	30	36	30	36	0
15	准备开发报告	2	45	47	36	38	−9
16	软件测试	6	47	53	38	44	−9
17	硬件测试	4	47	51	40	44	−7
18	网络测试	4	47	51	40	44	−7
19	准备测试报告	1	53	54	44	45	−9
20	培训	4	54	58	45	49	−9
21	安装	2	54	56	47	49	−7
22	准备实施报告	1	58	59	49	50	−9

计算出项目中每项活动的最早和最迟开始和结束时间后，项目经理罗某发现整个项目完工需要 59 周，比最初提出的 50 周多出了 9 周。然后他在计算出每项活动的总时差后，需要找出关键路径。对于生产销售系统软件开发项目，所有总时差为 − 9 的活动均在关键路径上，下图标出了这个开发项目的关键路径。

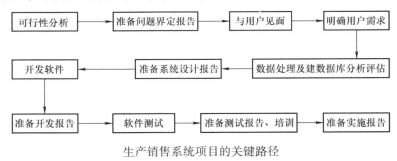

生产销售系统项目的关键路径

关键路径上总时差为 − 9，项目经理罗某及公司的高层领导进行了广泛的磋商与讨论，并强调第一次就开发出良好系统的重要性，没有必要为赶进度而设计出不利或不合适的软件，这样可能会导致集团更大的损失。经过项目团队的努力，项目经理罗某论证了只有将整个项目完成时间延长 9 周再增加一周时间才可以预防不测事件的发生。

3. 项目实施及项目进度和费用控制

项目的范围、规模已经确定，项目计划尤其是软件开发项目的进度及主要责任人的安排已确定，此时项目的组织结构已经确立和组成，各种资源（包括人、物和资金）也被分配到各有关项目小组，同时该开发的项目已经取得公司高层管理的批准，这一切准备工作都完成之后，现在我们来关注项目经理在项目的实施过程中必须做的工作。由于项目经理在项目实施阶段所涉及的内容较多，在本案例中我们重点介绍项目进度与费用控制，以加深读者对项目管理的实施阶段各有关理论的深刻了解和掌握。

监督和控制是项目实施阶段中主要的两大部分。监督是控制的必要手段及前提条件。项目的控制过程包括许多内容，这些我们在前面已经讲过。

一般来说，项目经理控制项目都会把现实的状态与项目计划书上的状态进行比较，如发现任何不同，项目经理会指示他的项目团队成员采取必要的行动，改善项目目前的状况，使他更接近当初的设计。要对项目进行控制和监督，项目经理必须充分收集有关项目进行情况的信息，这样才能采取适当、有效的控制项目的行动，所以项目信息资料的收集是控制的前提条件。收集资料的方法有很多，每个项目的项目经理要根据自己的优势和项目的特点来选择适合的项目资料收集方法，如组员开发、定期汇报、现场考察等。虽然方法可以不同，但所有收集的资料必须及时、准确，并要与项目相关，否则会事倍功半甚至是无效的。

项目经理监督项目进度有以下几种不同的方法：更新项目网络图、里程碑追踪和使用以获取价值曲线。在本案例中，我们只是用一种方法，即用更新网络图法来分析、监督项目进度。而进度控制包括四步：分析进度以确定哪些方面需采取措施；应采取哪些纠正措施；修改计划以便融入选择的纠正措施；重新计算进度计划以评价计划采取的纠正措施的效果。

经理罗某和他的项目团队在实施项目过程中，首先完成了第一阶段的以下6项活动：

活动1："收集数据"，在第四天完成；

活动2："可行性分析"，在第四天完成；

活动3："准备问题界定报告"，在第五天完成；

活动4："与用户见面"，在第十天完成；

活动5："研究现有系统"，在第十五天完成；

活动6："明确用户需求"，在第十八天完成。

在完成第一阶段任务后，他们发现，使用某种计算机应用的数据库软件可将活动9，"数据处理和建立数据库"的预计工期从10周减至8周。由于出现这种情形，导致罗某必须对接下来的项目实施阶段的进度计划进行修改。下表为将变更列入后更新的项目进度。值得注意的是，由于以上这些事情的发生，目前关键路径上的总时差为0。

更新后的生产销售系统开发项目的进度

任务	活动	工期估计（周）	最早		最迟		总时差	实际完成时间
			开始时间	结束时间	开始时间	结束时间		
1	收集数据							4
2	可行性分析							4
3	准备问题界定报告							5
4	与用户见面							10
5	研究现有系统							15
6	明确用户需求							18
7	准备系统分析报告	1	18	19	18	19	0	
8	数据输入、输出	8	19	27	19	27	0	
9	数据处理和建立数据库	10	19	27	19	27	0	
10	分析评估	2	27	29	27	29	0	
11	准备系统设计报告	2	29	31	29	31	0	
12	开发软件	15	31	46	31	46	0	
13	开发硬件	10	31	41	36	46	5	
14	开发网络	6	31	37	40	46	9	
15	准备开发报告	2	46	48	46	48	0	
16	软件测试	6	48	54	48	54	0	
17	硬件测试	4	48	52	50	54	2	
18	网络测试	4	48	52	50	54	2	
19	准备测试报告	7	54	55	54	55	0	
20	培训	4	55	59	55	59	0	
21	安装	2	55	57	57	59	2	
22	准备实施报告	1	59	60	59	60	0	

在这个项目中由于在第一阶段项目进度比计划要提前一周，一般碰到这种问题，我们唯一能想到的是：是否在计划时所考虑的环境与运行时不一致而形成的，在这种情况下只要不是因为费用增加导致的就是好事情。但大多数的项目在实施阶段都会产生负时差的现象，也就是说进度或多或少总会是超过预算，在这种情形下，我们一般采用分析有负时差的活动路径时，应将重点放在两种活动上：近期内的活动和工期估计较长的活动。然后采用从项目进度中除去负时差的纠正措施，这将缩短有负时差路径上活动的工期估计。同时，还有许多种减少活动工期的方法，包括使用多种资源加速活动进程、指派经验丰富的人去完成这项活动、缩小活动范围或降低活动要求和通过改进方法和技术提高生产率。项目控制过程贯穿于整个项目。一般来说，报告期越短，发现问题并采取措施的机会就越多。所以我们一般采用定期汇报的方式来发现问题并最终解决问题。

费用控制往往和进度控制联系在一起，如果没有费用的限制，任何项目都能保证进度，只是要花费极大的费用甚至费用可能会成为无底洞而已。所以，一般情况下，我们在对费用进行控制时，先分析其花费的费用与预先设计的差异，找出差异原因，同时，又要考虑进度，从而产生相对有效的费用控制措施。但现在我们仅单方面先考虑费用监督与控制的问题。在分析实际费用差异与预先设计的费用时，我们可以用表格或图表进行比较，一般情况下，我们采用前面讲到的挣得值法。挣得值方法将已完成工作的预算费用（BCWP）与已完成工作的真实费用（ACWP）进行比较，从而达到监控的目的。针对本案例，在项目执行 30 周后，在下表列出了费用的摘要情况。而已完成工作的真实费用的构成内容必须与计算 BCWP 时使用的一致，这样才能进行比较，对本项目来说，在 30 周时其一些已完成工作的真实费用与预算费用如下图所示。

项目第 30 周结束后的费用摘要　　　　（单元：元）

作业编号	内容	项目的预算费用	项目完成的百分比	已花费的费用
1	收集数据	0.5	100%	0.6
2	可行性分析	0.4	100%	0.4
3	准备问题界定报告	0.2	100%	0.25
4	与用户见面	0.2	100%	0.15
5	研究现有系统	0.5	100%	0.8
6	明确用户需求	0.3	100%	0.25
7	准备系统分析报告	0.3	100%	0.35
8	数据输入、输出	0.5	100%	0.6
9	数据处理和建立数据库	1.0	100%	0.95
10	分析评估	0.7	100%	1.05
11	准备系统设计报告	0.5	100%	0.6
12	开发软件	2.0	60%	2.5

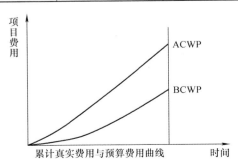

累计真实费用与预算费用曲线

CV 是指费用差异，是 BCWP 和 ACWP 的差值（CV = BCWP − ACWP），在整个项目中不断更新。在项目结束时，BCWP 的值是完工的预算费用，ACWP 的值则为实施项目的实际费用之和。因此，若完工时 CV 为正数，则说明 CV 为项目节省的费用；若为负数，则 CV 是超出预算的费用。

由于在 30 周时，通过监督费用，发现费用已超出当初预算时的费用，超支为 1.4 万元。通过这种方式，项目经理充分了解了目前该项目费用运行的情况，他必须做出决定应该如何采取有效的措施来控制接下来的费用。目前对于已经发生的费用超支，一般来说是无能为力的，所以我们一般对接下来的活动将慎重地加以分析考虑，我们可以分析先前费用超支的原因，从而避免在接下来活动中发生同样的错误，从而达到费用控制的目的。为了更进一步对费用与时间进行控制，目前许多项目管理专家都在致力于研究这个问题，以便能找到更好的控制方法，从而更好地保证项目的成功完成。

4. 问题讨论

（1）计算第 30 周的 CV、SV。

（2）预测该项目结束时的工期和费用。

主要内容
➤ 项目质量概述
➤ 项目质量管理体系
➤ 项目质量计划
➤ 项目质量控制
➤ 项目质量保证

第 5 章

项目的质量计划与控制

本章目标

- 了解项目质量的概念及质量管理体系
- 掌握项目质量计划的输入、工具、技术及输出
- 掌握项目质量控制的输入、工具、技术及输出
- 掌握项目质量保证的输入、工具、技术及输出

本章介绍

本章在介绍项目质量的概念及质量管理体系的前提下，对项目质量计划的输入、工具、技术及输出，项目质量控制的输入、工具、技术及输出，以及项目质量保证的输入、工具、技术及输出，进行了详细的介绍和阐述。

在项目管理中，由于项目实施的一次性、任务的复杂性和过程的不确定性等特点，使得项目的质量难以保证，因此，在项目的实施过程中更应加强质量控制。应坚持"质量第一，预防为主"的方针和"计划、执行、检查、处理"循环（PDCA 循环，Plan—Do—Check—Action）的工作方法，不断改进过程控制。

5.1 项目质量概述

5.1.1 质量的含义

1. 质量的概念

根据 ISO 9000：2000《质量管理体系——基础和术语》以及 GB/T 19000—2000 标准，所谓质量，是指产品的一组固有特性满足要求的程度。

关于质量概念中的一些术语解释如下：

（1）产品。产品是指过程的结果。公认的产品类别有四种：

- 硬件，如发动机机械零件。
- 软件，如计算机程序。
- 服务，如运输。
- 流程性材料，如润滑油。

通常，硬件和流程性材料是有形产品，而软件或服务是无形产品。多数产品含有不同的产品类型成分，这种产品是称为硬件、流程性材料、软件还是服务，取决于其主导成分。根据这个定义，项目的交付成果就是一个或一组产品。

（2）过程。过程是指一组将输入转化为输出的相互关联或相互作用的活动。一个过程可以划分为若干个子过程；一个过程的输入通常是其他过程的输出；一个组织为了使过程成为一个增值过程，通常对过程进行策划并使其在受控条件下完成。项目的执行过程就是一组将输入的各类资源经过增值转化为项目的交付成果的过程。

（3）组织。组织是指职责、权限和相互关系得到有序安排的一组人员及设施。如公司、集团、商行、企事业单位、研究机构、慈善机构、代理商、社团或上述组织的部分或组合。项目团队就是一个组织。

（4）特性。特性是指区分的特征，包括：
- 物质的，如机械的、电的、化学的或生物学的特性。
- 感官的，如嗅觉、触觉等。
- 行为的，如礼貌、诚实、正直。
- 时间的，如准时性、可靠性、可用性。
- 人体工效的，如语言的或生理的特性或有关人身安全的特性。
- 功能的，如飞机的航程等。

（5）固有的特性。质量定义中所谓"固有的特性"（其反义是"赋予的特性"）是指在某事或某物中本来就有的，尤其是那种永久的特性。项目交付成果的固有特性是如具有的技术、物理、化学特性等，项目交付成果的价格不是其固有特性，而是赋予的特性。

（6）要求。所谓要求是指明示的、通常隐含的或必须履行的需求或期望。隐含是指组织、顾客和其他相关方的惯例或一般做法。

（7）质量要求。质量要求是指对产品、过程或体系的固有特性的要求。如对项目交付成果、项目实施过程、项目团队组织结构的固有特性的要求。

2. 质量含义的延伸

在理解"质量"的概念时，需要特别注意以下几点：

（1）质量的广义性。在质量管理体系所涉及的范畴内，组织的相关方对组织的产品、过程或体系都可能提出要求，而产品、过程和体系又都具有各自的固有特性，因此，质量不仅指产品的质量，也可指过程和体系的质量。

（2）质量的时效性。由于组织的顾客和其他相关方对组织和产品、过程和体系的需求和期望是不断变化的，例如，原先被顾客认为质量好的产品会因为顾客要求的提高而不再受到顾客的欢迎。因此，组织应不断地调整对质量的要求。

（3）质量的相对性。组织的顾客和其他相关方可能对同一产品的功能提出不同的需求；也可能对同一产品的同一功能提出不同的需求；需求不同，质量要求也就不同，只要满足需求就应该认为质量好。

在理解质量概念时还必须强调，只有用户才是最终决定质量的主体。日本著名质量管理专家石川馨认为，"真正的质量特性"是满足消费者的要求，而不是国家标准或技术标准，后者只是质量的"代用特性"。美国著名质量管理专家费根堡姆（A. V. Feigenbaum）也指出，"质量的主导地位基于这样一个事实：是用户决定质量，而不是推销员、工程师、公司经理决定质量。要承认：对质量的评价如何取决于用户使用产品在客观或主观上的感觉。"

质量，是构成社会财富的物质内容，是社会科学技术和文化水平的综合反映，更是企业的生命。因此，必须正确地理解质量的内涵，增强质量意识，掌握质量概念的实质。这样，不仅对质量管理的深入发展，而且对于企业的经营决策、提高企业经济效益，都有着十分重要的意义。

3. 质量管理的概念

ISO 9000：2000 和 GB/T 19000—2000 对"质量管理"的标准定义是：指导和控制组织与质量有关的彼此协调的活动。

指导和控制与质量有关的活动，通常包括制定质量方针、确立质量目标、质量策划、质量控制、质量保证和质量改进。

质量管理概念中的一些术语解释如下：

（1）质量方针。质量方针是由最高管理者正式发布的与质量有关的组织总的意图和方向。质量方针应与组织的总方针相一致并提供制定质量目标的框架。制定质量方针的基础是质量管理的八项原则。

（2）质量目标。质量目标是与质量有关的，组织追求或作为目的的事物。质量目标应建立在组织的质量方针的基础之上。在组织内不同层次都应规定相应的质量目标。在组织的作业层，质量目标应是定量的。

（3）质量策划。质量策划是质量管理中致力于设定质量目标并规定必要的作业过程和相关资源，以实现其质量目标的工作。质量计划是质量策划的一部分。

（4）质量控制。质量控制是质量管理中致力于确保产品达到质量要求的工作。

（5）质量保证。质量保证是质量管理中致力于对确保产品达到质量要求而提供信任的工作。

（6）质量改进。质量改进是质量管理中致力于提高产品和组织的有效性和效率的工作。所谓持续质量改进就是质量改进过程是渐进的，并且组织始终积极寻求改进机会。

（7）有效性。有效性是指完成所策划的活动并达到所策划的结果的程度。

（8）效率。效率是指所达到的结果与所使用的资源之间的关系。

（9）全面质量管理（TQM）。全面质量管理是基于组织全员参与的一种质量管理形式。是现代质量管理的最重要的理念。

对质量管理定义可以从以下四个方面理解：

- 质量管理是各级管理者的职责，但必须由最高管理者领导。质量管理的实施涉及组织中的所有成员。
- 质量管理是组织全部管理职能的重要组成部分，是企业管理的中心。质量管理的职责是制定并实施质量方针、质量目标和质量职责，质量管理应该与经营相结合。
- 质量管理是有计划的系统活动，为了实施质量管理，需要建立质量体系。
- 质量管理是以质量体系为基础，通过质量策划、质量控制、质量保证和质量改进等活动发挥其职能。

5.1.2 项目质量管理

1. 项目质量管理的含义

项目质量管理的对象是项目交付物，项目的交付物可能是有形产品，也可能是无形产品，更多的则是两者的结合。根据项目的一次性特点，项目质量取决于由 WBS 所确定的项目范围内所有的阶段、子项目、各工作单元的质量，即项目的工作质量。

根据《项目管理知识体系指南》（PMBOK 指南），项目质量管理包括了保证项目满足其目标要求所需要的过程。它涵盖了"全面管理职能的所有活动，这些活动决定着质量的政策、目标、责任，并在质量体系中凭借质量计划编制、质量控制、质量保证和质量提高等措施决定着对质量政策的执行、对质量目标的完成以及对质量责任的履行。"

2. 项目质量管理的目的

项目质量管理的主要目的是确保项目满足它所应满足的需求。项目管理必须满足或超越项目利益相关者的需求和期望。项目团队必须与关键的利益相关者，特别是与项目的主要客户建立良好的关系，理解质量对于他们意味着什么。毕竟，客户是质量是否可接受的最终裁判者。因此，必须把质量看作与项目范围、时间和成本同等重要。如果一个项目的利益相关者对项目如何被管理或项目的产品质量不满意，项目团队需要对范围、时间和成本做出调整，以满足利益相关者的需要和期望。

3. 项目质量管理的过程

《项目管理知识体系指南》（PMBOK 指南）将项目质量管理概括为三个主要过程：质量计划编制、质量保证和质量控制。如图 5-1 所示。

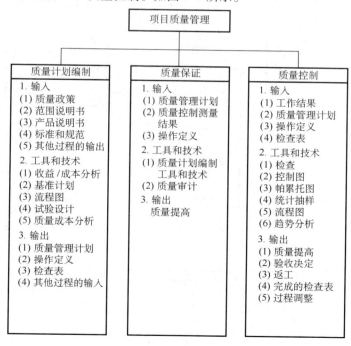

图 5-1 项目质量管理过程图

（1）质量计划编制包括确认与项目有关的质量标准以及实现方式。将质量标准纳入项目设计是质量计划编制的重要组成部分。例如，对于一个 IT 项目，质量标准可能包括允许系统升级、为系统计划一个合理的响应时间、确保产生一致的和准确的信息。

（2）质量保证包括对整体项目绩效进行预先的评估以确保项目能够满足相关的质量标准。质量保证过程不仅要对项目的最终结果负责，而且还要对整个项目过程承担质量责任。

（3）质量控制包括监控特定的项目结果，确保它们遵循相关的质量标准，并识别提高整体质量的途径。这个过程常与质量管理所采用的工具和技术密切相关。例如，帕累托图、统计抽样等。

最新的项目质量管理实践和研究的结果将项目质量管理与项目生命周期相结合，提出了一个新的五阶段项目质量模型，如图 5-2 所示。五阶段模型中的第一阶段与最后一阶段并不在现行的 PMBOK 指南中，但是对项目质量的成功是至关重要的，并且与 PM-BOK 指南中介绍的其他核心知识领域的知识相一致。

为了简化，图 5-2 在每个阶段的子过程中只给出了开始和结束的步骤。

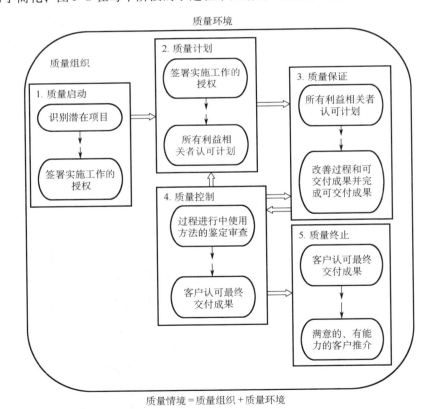

图 5-2　五阶段项目质量模型

这五阶段分别是：

第一阶段（项目质量启动阶段）起始于识别潜在的项目，终止于所有签署实施工作的授权。

第二阶段（项目质量计划阶段）起始于给予签署实施工作的授权，终止于所有利益相关者对项目计划的认可。

第三阶段（项目质量保证阶段）起始于所有利益相关者对项目计划的认可，终止于改善过程和可交付成果并完成可交付成果。

第四阶段（项目质量控制阶段）起始于过程进行中使用方法的鉴定审查，终止于客户认可最终交付成果。

第五阶段（项目质量终止阶段）起始于客户认可最终交付成果，终止于满意的、有能力的客户推介。

满足项目设计规范的技术质量绩效主要发生在第三阶段（项目质量保证阶段），而使项目客户满意的管理质量绩效主要发生在第四阶段（项目质量控制阶段）。第三阶段和第四阶段并不像第一、二、五阶段那样是顺序的，它们之间动态地相互作用、相互依赖。

4. 项目质量的形成过程

项目的实施过程就是项目质量的形成过程。现以建设项目为例，说明在项目实施过程中的项目质量的形成过程。一般建设项目的实施程序如图 5-3 所示。

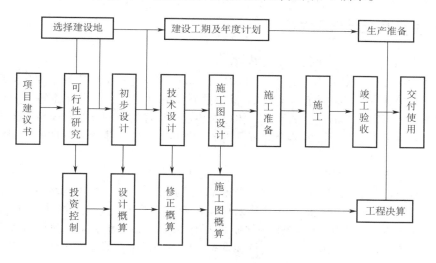

图 5-3 建设项目程序图

建设项目实施的不同阶段，对质量形成起着不同的作用和影响。

（1）项目可行性研究阶段。因为可行性研究是在大量调查研究的基础上，对项目在技术上、经济上和生产布局上的可行性进行论证，并做出方案比较，从而选择最佳方案作为决策、设计的依据。使项目的质量要求和标准符合业主的意图，并与投资目标协调，使项目与所在地区环境相协调，为项目在长期使用过程中，创造良好的运行条件和环境。由此可见，项目的可行性研究直接影响项目的决策质量和设计质量。

（2）项目决策阶段。这一阶段主要是确定工程项目应达到的质量目标和水平。对于工程项目建设，需要控制的目标是投资、质量和进度，这三者之间是互相制约的。不能脱离投资、进度的制约，孤立地提出满足的功能和使用价值越多越好，质量水平越高越好的目标。要做到投资、质量、进度三者的对立统一，以达到业主最满意的质量。项目决策阶段是影响工程项目质量的关键阶段，要能充分反映业主对质量的要求和意愿，否则决策失误，必然造成质量的低劣。

（3）项目设计阶段。这一阶段是根据项目决策阶段已确定的质量目标和水平，通过设计使其具体化，即解决"如何做"的问题。设计在技术上是否可行、工艺是否先进、经济是否合理、设备是否配套、结构是否安全等，都将决定着项目建成后的使用价值和功能。可见，设计阶段是影响工程项目质量的决定性环节，没有高质量的设计，就没有高质量的工程。

（4）项目实施阶段。这一阶段是根据设计图纸的要求，通过施工形成工程实体，即按照图纸的要求把实物形态的产品"做出来"。项目实施阶段的质量将直接影响着建设工程项目的质量。

（5）项目竣工验收阶段。这一阶段主要是对项目实施阶段的质量进行试车运转、检查评定，考核是否达到决策阶段的质量目标，是否符合设计阶段的质量要求。

综上所述，项目质量的形成是一个系统过程，在实施过程中，应创造必要的资源条件，使之与项目质量要求相适应，实现项目质量的最佳化。

5.2　项目质量管理体系

5.2.1　质量管理体系的产生与发展

美国质量管理学家朱兰博士（Dr. J. M. Juran）1994年在美国质量管理学会年会上曾经指出：20世纪是生产率的世纪，21世纪是质量的世纪。经济全球化的发展导致全球范围的竞争加剧。全球范围的经济一体化趋势也使得经济资源日趋在全球范围内无障碍流动，其结果必然是经济实体全球范围内的优胜劣汰，能够生存和发展的只能是具有核心竞争力的实体。

1. 质量管理体系的产生

第二次世界大战期间，世界军事工业得到了迅猛发展。一些国家的政府在采购军品时，不但提出了对产品特性的要求，还对供应厂商提出了质量保证的要求。20世纪50年代末，美国发布了 MIL – Q – 9858A《质量大纲要求》，成为世界上最早的有关质量保证方面的标准。而后，美国国防部制订和发布了一系列对生产武器和承包商评定的质量保证标准。

20世纪70年代初，借鉴军用质量保证标准的成功经验，美国标准化协会（ANSI）和美国机械工程师协会（ASME）分别发布了一系列有关原子能发电和压力容器生产方面的质量保证标准。

美国军用生产方面的质量保证活动的成功经验，在世界范围内产生了很大的影响。一些工业发达国家，如英国、美国、法国和加拿大等国在20世纪70年代末先后制定和发布了用于民品生产的质量管理和质量保证标准。随着世界各国经济的相互合作和交流，对供方质量体系的审核已逐渐成为国际贸易和国际合作的需求。世界各国先后发布了一些关于质量管理体系及审核的标准。但由于各国实施的标准不一致，给国际贸易带来了障碍，质量管理和质量保证的国际化成为当时世界各国的迫切需要。

随着地区化、集团化、全球化经济的发展，市场竞争日趋激烈，顾客对质量的期望越来越高。每个组织为了竞争和保持良好的经济效益，努力设法提高自身的竞争能力以适应市场竞争的需要。为了成功地领导和运作一个组织，需要采用一种系统的和透明的方式进行管理，针对所有顾客和相关方的需求，建立、实施并保持持续改进其业绩的管理体系，从而使组织获得成功。

顾客要求产品具有满足其需求和期望的特性，这些需求和期望在产品规范中表述。如果提供产品的组织的质量管理体系不完善，那么，规范本身就不能保证产品始终满足顾客的需要。因此，这方面的关注导致了质量管理体系标准的产生，并将其作为对技术规范中有关产品要求的补充。

国际标准化组织（ISO）于 1979 年成立了质量管理和质量保证技术委员会，负责制定质量管理和质量保证标准。1986 年，ISO 发布了 ISO 8402 - 86《质量——术语》标准，1987 年发布了 ISO 9000《质量管理和质量保证标准——选择和使用指南》、ISO 9001《质量体系——设计开发、生产、安装和服务的质量保证模式》、ISO 9002《质量体系——生产和安装的质量保证模式》、ISO 9003《质量体系——最终检验和试验的质量保证模式》、ISO 9004《质量管理和质量体系要素——指南》等六项标准，通称为 ISO 9000 系列标准。

ISO 9000 系列标准的颁布，使各国的质量管理和质量保证活动统一在 ISO 9000 族标准的基础之上。标准总结了工业发达国家先进企业的质量管理的实践经验，统一了质量管理和质量保证的术语和概念，并对推动组织的质量管理，实现组织的质量目标，消除贸易壁垒，提高产品质量和顾客的满意程度等产生了积极的影响，得到了世界各国的普遍关注和采用。迄今为止，它已被全世界一百五十多个国家和地区等采用为国家标准，并广泛用于工业、经济和政府的管理领域，有五十多个国家建立了质量管理体系认证制度。

2. 质量管理体系的发展

为了使 1987 年版的 ISO 9000 系列标准更加协调和完善，ISO/TC 176 质量管理和质量保证技术委员会于 1990 年决定对标准进行修订，提出了《90 年代国际质量标准的实施策略》（国际通称为《2000 年展望》），其目标是："要让全世界都接受和使用 ISO 9000 族标准；为了提高组织的运作能力，提供有效的方法；增进国际贸易、促进全球的繁荣和发展；使任何机构和个人可以有信心从世界各地得到任何期望的产品以及将自己的产品顺利销往世界各地。"

按照《2000 年展望》提出的目标，标准分两阶段修改。第一阶段修改称之为"有限修改"，即 1994 年版的 ISO 9000 族标准。第二阶段修改是在总体结构和技术内容上作较大的全新修改，即 2000 年版 ISO 9000 族标准。其主要任务是："识别并理解质量保证及质量管理领域中顾客的需求，制订有效反映顾客期望的标准；支持这些标准的实施，并促进对实施效果的评价。"

第一阶段的修改主要是对质量保证要求（ISO 9001、ISO 9002、ISO 9003）和质量管理指南（1SO 9004）的技术内容作局部修改，总体结构和思路不变。通过 ISO 9000 - 1 与 ISO 8402 这两项标准，引入了一些新的概念和定义，如：过程和过程网络、受益者、质量改进、产品（硬件、软件、流程性材料和服务）等，为第二阶段修

191

改提供过渡的理论基础。1994 年，ISO/TC 176 完成了对标准第一阶段的修订工作，发布了 1994 年版的 ISO 8402、ISO 9000-1、ISO 9001、ISO 9002、ISO 9003 和 ISO 9004-1 等 6 项国际标准，到 1999 年年底，已陆续发布了二十二项标准和两项技术报告。

为了提高标准使用者的竞争力，促进组织内部工作的持续改进，并使标准适合于各种规模（尤其是中小企业）和类型（包括服务业和软件）组织的需要，以适应科学技术和社会经济的发展，ISO/TC 176 对 ISO 9000 族标准的修订工作进行了策划，成立了战略规划咨询组（SPAG），负责收集和分析对标准修订的战略性观点，并对《2000 年展望》进行补充和完善，从而提出了《关于 ISO 9000 族标准的设想和战略规划》供 ISO/TC 176 决策。1996 年，在广泛征求世界各国标准使用者意见、了解顾客对标准修订的要求并比较修订方案后，ISO/TC176 相继提出了《2000 版 ISO 9001 标准结构和内容的设计规范》和《ISO 9001 修订草案》，作为对 1994 年版标准修订的依据。1997 年，ISO/TC 176 在总结质量管理实践经验的基础上，吸纳了国际上广受尊敬的一批质量管理专家的意见，整理并编撰了八项质量管理原则，为 2000 版 ISO 9000 族标准的修订奠定了理论基础。

2000 年 12 月 15 日，ISO/TC 176 正式发布了新版本的 ISO 9000 族标准，统称为 2000 版 ISO 9000 族标准。该标准的修订充分考虑了 1987 年版和 1994 年版标准以及现有其他管理体系标准的使用经验，因此，它将使质量管理体系更加适合组织的需要，可以更适合组织开展其商业活动的需要。2000 版标准更加强调了顾客满意及监视和测量的重要性，促进了质量管理原则在各类组织中的应用，满足了使用者对标准应更通俗易懂的要求，强调了质量管理体系要求标准和指南标准的一致性。2000 版标准反映了当今世界科学技术和经济贸易的发展状况，以及"变革"和"创新"这一 21 世纪企业经营的主题。

5.2.2 质量管理的基本原则

GB/T 19000—2000 的"质量管理原则"指出"为了成功地领导和运作一个组织，需要采用一种系统和透明的方式进行管理。针对所有相关方的需求，实施并保持持续改进其业绩的管理体系，可使组织获得成功。质量管理是组织各项管理的内容之一。最高管理者可在八项质量管理原则指导下，领导组织进行业绩改进。"这段前言说明了组织应采用的管理方式是系统、透明的；组织获得成功的途径是，针对所有相关方的需求，实施并保持持续改进的管理体系；八项质量管理原则的作用是为改进业绩提供指导思想；八项质量管理原则的目的是帮助组织获得持久成功。

八项质量管理原则是在总结质量管理实践经验的基础上用高度概括的语言所表达的最基本、最通用的一般规律，可以指导一个组织在长时期内通过关注顾客及其他相关方的需求和期望而达到改进总体业绩的目的。它可以成为组织文化的一个重要组成部分。

1. 以顾客为关注焦点

任何一个企业组织的生存都依赖于顾客的需求。因此，组织应理解顾客当前的和未来的需求，满足顾客需求并争取超越顾客的期望。顾客是每个组织存在的基础，组织应将顾客的需求放在第一位。所以，组织应明确自己的顾客是谁；应调查顾客的需求是什么；应研究怎样满足顾客的需求。

ISO 9000：2000 中明确了顾客的定义：顾客是"接受产品的组织或个人"。可见，顾客既指组织外部的消费者、购物者、最终使用者、销售商、受益者和采购方，也指组织内部的生产、服务和活动中接受前一个过程输出的部门、岗位或个人。同时，还应注意到潜在的顾客。随着经济的发展，供应链日趋复杂，除了组织直接面对的顾客外，还可能有顾客的顾客、顾客的顾客的顾客，直至最终使用者。顾客是动态的，顾客的需求和期望也是不断发展和变化的。因此，组织应及时调整自己的策略，采取必要的措施，以适应市场的变化，满足顾客不断发展的需求和期望，还应超越顾客的需求和期望，使自己的产品或服务始终处于领先的地位。

一个项目联结着项目的承担者和项目的交付成果的接受者。项目是输入资源转化为项目交付成果的过程，项目的交付成果是产品，项目团队是项目交付成果的生产者，项目交付成果的接受者是项目团队的顾客。项目的成果与失败，取决于项目交付成果是否让顾客满意，顾客的满意具体为双方拟订的项目目标和范围。

为实施本原则，应采取以下主要措施：

（1）组织应全面、不断地了解顾客的需求和期望。

（2）确保组织的各项目标，包括质量目标能直接体现顾客的需求和期望。

（3）顾客的需求和期望在整个组织中得到沟通，使各级领导和全体员工都能了解顾客需求的内容、细节和变化，并采取措施以满足顾客的要求。

（4）有计划、系统地测量顾客满意程度并针对测量结果采取改进措施。

（5）处理好与顾客的关系，力求顾客满意。

（6）在重点关注顾客的前提下，确保兼顾其他相关方的利益，使组织得到全面、持续的发展。

2. 领导作用

领导者建立了组织统一的宗旨及方向。他们应当创造并保持组织成员能充分参与实现组织目标的内部环境。

一个组织的领导者，即最高管理者是："在最高层指挥和控制组织的一个人或一组人"。最高管理者要想指挥和控制好一个组织，必须做好确定方向、策划未来、激励员工、协调活动和营造一个良好的内部环境等工作。GB/T 19004—2000 中指出："最高管理者的领导作用、承诺和积极参与，对建立一个有效的和高效率的质量管理体系，并使所有相关方获益是必不可少的"。在领导方式上，最高管理者还要做到透明、务实和以身作则。

在质量管理中实施本原则应采取的主要措施包括：

（1）全面考虑所有相关方的需求。

（2）做好发展规划，为组织设计一个清晰的远景。

（3）为整个组织及各级、各有关部门设定富有挑战性的目标。

（4）创造并坚持一种共同的价值观，树立职业道德榜样，形成组织的精神和文化。

（5）使所有员工在一个比较宽松、和谐的环境中工作，建立信任，消除忧虑。

（6）为员工提供所需的资源、培训及在职责范围内的自主权。

（7）激发、激励并承认员工的贡献。

（8）提倡公开和诚恳的交流和沟通。

（9）实施为达到目标所需的发展战略。

3. 全员参与

组织中的各级人员都是组织的要素。只有他们的充分参与，才能使他们的才干为组织带来收益。组织的质量管理不仅需要最高管理者的正确领导，还有赖于全员的参与。所以，应对成员进行质量意识、职业道德、以顾客为关注焦点的意识和敬业精神的教育；应激发他们的积极性和责任感。组织成员还应具备足够的知识、技能和经验，才能胜任工作，充分参与质量管理的过程。

实施本原则应采取的主要措施如下所述：

（1）对员工进行职业道德教育，使员工了解其贡献的重要性和在组织中的作用。

（2）能识别影响其工作的制约条件，使其能在一定的制约条件下取得最好的效果。

（3）使员工有一定的自主权，并承担解决问题的责任。

（4）组织的总目标分解到各有关部门和层级，使员工能看到更贴近自己的目标，激励员工为实现目标而努力，并评价员工的业绩。

（5）启发员工积极寻找机会来提高自己的能力、知识和经验。

（6）在组织内部，应提倡自由地分享知识和经验，使先进的知识和经验成为共同的财富。

4. 过程方法

将生产活动和相关的资源作为过程进行管理，可以更高效地得到期望的结果。

任何利用资源，并通过管理将输入转化为输出的活动，均可视为过程。项目也是一个过程。所谓过程方法是指系统地识别和管理组织活动的过程，特别是这些过程之间的相互作用。过程方法的目的是获得持续改进的动态循环，并使组织的总体业绩得到显著的提高。过程方法通过识别组织内的关键过程，随后加以实施和管理，并不断进行持续改进以达到顾客满意。

实施本原则的主要措施如下所述：

（1）识别质量管理体系所需要的过程，包括管理活动、资源管理、产品实现和测量有关的过程，确定过程的顺序和相互作用。

（2）确定每个过程为取得所期望的结果而必须开发的关键活动，并明确为了管理好关键过程的职责和义务。

（3）确定对过程的运行实施有效控制的准则和方法，并实施对过程的监视和测量，包括测量关键过程的能力。

（4）对过程的监视和测量的结果进行数据分析，发现改进的机会，并采取措施提高过程的有效性和效率。

（5）评价过程结果可能产生的风险、后果及对顾客、供方和其他相关方的影响。

5. 管理的系统方法

将相互关联的过程作为系统加以识别、理解和管理，有助于组织提高实现目标的有效性和效率。

系统是指由若干相互作用和相互依赖的要素所组成的具有特定功能的有机整体。系统的特点之一就是通过各子系统协同作用，互相促进，使总体的作用往往大于各子系统的作用之和。系统方法是在系统地分析有关数据、资料或客观事实的基础上，确定要达到的优化目标；通过系统工程，设计或策划为达到目标而应采取的各项措施和步骤以及应配置的资源，形成一个完整的方案；在方案的实施中，通过系统管理提高有效性和效率。

在质量管理过程中，将质量管理体系作为一个大系统，对组成质量管理体系的各个过程加以识别、理解和管理，从而实现组织的质量目标和质量方针。这就是系统方法在质量管理中的应用。

实施本原则应采取的主要措施如下所述：

（1）建立一个以过程方法为主体的质量管理体系。

（2）明确质量管理过程的顺序和相互作用，使这些过程相互协调。

（3）控制并协调质量管理体系各过程的运行。

（4）测量和评审质量管理体系，采取措施以持续改进体系，提高组织的业绩。

6. 持续改进

持续改进整体业绩是组织的一个永恒的目标。

GB/T 19000—2000 标准指出：持续改进是"增强满足要求能力的循环活动"。为了改进组织的整体业绩，组织应不断改进其产品的质量，提高质量管理体系及过程的有效性和效率，以满足顾客和其他相关方日益增长和不断变化的需求与期望。只有坚持持续改进，组织才能不断进步。持续改进是永无止境的，应成为每一个组织永恒的追求、永恒的目标、永恒的活动。

实施本原则应采取的主要措施如下所述：

（1）在组织内使持续改进成为一种制度。

（2）对员工进行持续改进的方法和工具的培训。

（3）使产品、过程和体系的持续改进成为组织内每个员工的目标。

（4）为跟踪持续改进规定指导和测量的目标。

（5）承认改进的结果，并对改进有功的员工进行表扬和奖励。

7. 基于事实的决策方法

有效决策应建立在数据和信息分析的基础上。

决策是针对预定目标，在一定的约束条件下，从各种可行方案中选择一种最佳方案。决策者应采用科学的态度，以事实或正确的信息为基础，通过合乎逻辑的分析，做出正确的决策。在质量管理过程中，决策应以事实为依据，以避免盲目决策。

实施本原则应采取的主要措施如下所述：

（1）明确规定收集信息的种类、渠道和职责，并有意识地收集与目标有关的各种数据和信息。

（2）鉴别数据和信息，确保其准确性和可靠性。

（3）采用统计技术等有效方法，分析所收集的数据和信息。

（4）确保数据和信息能为使用者得到和利用。

（5）根据对事实的分析、经验和直觉判断等做出决策并采取措施。

8. 与供方互利的关系

组织与供方是相互依存的，互利的关系可增强双方创造价值的能力。

供方向组织提供的产品将对组织向顾客提供的产品产生重要的影响。处理好与供方的关系，将对组织是否能持续稳定地向顾客提供满意的产品产生影响。在专业化和协作日益发展、供应链日趋复杂的今天，与供方的关系还将影响到组织对市场的快速反应能力。因此，对供方不仅要讲控制，还应讲互利合作，这对组织和供方都是有利的。

实施本原则应采取的主要措施如下所述：

（1）识别并选择重要供方。

（2）与供方建立关系时，既要考虑当前利益，也应考虑长远利益。

（3）与重要供方共享专门技术、信息和资源。

（4）创造一个畅通和公开的沟通渠道，及时解决有关问题。

（5）确定联合改进活动。

（6）激发、鼓励和承认供方的改进及其成果。

5.2.3 质量管理体系的基础

GB/T 19000—2000 标准的"质量管理体系基础"中列出了 12 条，包括两大部分内容：一部分是八项质量管理原则具体应用于质量管理体系的说明；另一部分是对其他问题的说明。

对其他问题的说明主要包括以下方面：

（1）质量管理体系要求与产品要求。质量管理体系要求与产品要求是不同的，两者具有不同的性质。GB/T 19001—2000 标准是对质量管理体系的要求。这种要求是通用的，适用于各种行业或经济部门，提供的各种类别的产品，包括硬件、软件、服务和流程性材料；适用于各种规模的组织。但是，每个组织为符合质量管理体系标准的要求而采取的措施却是不同的。因此，每个组织要根据自己的具体情况建立质量管理体系。

GB/T 19001—2000 标准并未对产品提出具体的要求。组织应按照标准的"与产品有关的要求的确定"的要求确定对产品的要求。一般来说，对产品的要求在技术规范、产品标准、过程标准或规范、合同协议以及法律法规中规定。

对每一个组织来说，产品要求与质量管理体系要求缺一不可，不能互相取代，只能相辅相成。

（2）质量管理体系方法。质量管理体系方法是管理的系统方法的原则在建立和实施质量管理体系中的具体应用，包括系统分析、系统工程和系统管理。GB/T 19000—2000 标准列举了建立和实施质量管理体系的八个步骤：

1）确定顾客和相关方的需求和期望。

2）建立组织的质量方针和质量目标。

3）确定实现质量目标必需的过程和职责。

4）确定和提供实现质量目标必需的资源。

5）规定测量每个过程的有效性和效率的方法。

6）应用规定的方法确定每个过程的有效性和效率。

7）确定防止不合格并消除产生原因的措施。

8）建立和应用持续改进质量管理体系的过程。

（3）质量方针和质量目标。质量方针是指"由组织的最高管理者正式发布的该组织总的质量宗旨和方向"。质量目标则是指"在质量方面所追求的目的"。

质量方针和质量目标指出了组织在质量方面的方向和追求的目标，使组织的各项质量活动都能围绕该方针和目标进行，使全体员工都关注它的实施和实现。质量方针指出了组织满足顾客要求的意图和策略。而质量目标则是实现这些意图和策略的具体要求。两者都确定了要达到的预期结果，使组织利用其资源实现这些结果。这两者应保持一致，不能互相脱节和偏离。

例如，某建筑工程公司确定的质量方针和质量目标分别是：

• 质量方针：遵纪守法，交优良工程；信守合同，让业主满意；坚持改进，达到行业先进。

• 质量目标：单位工程竣工一次验收合格率达 100%；单位工程优良品率达 90%；工期履约率 100%；顾客满意率 100%；每年开发 1～2 项新的施工方法。

该公司所确定的质量方针中包含了对遵守法规、对产品实物质量的承诺、对顾客服务及持续改进的承诺。质量目标与方针相对应，交优良工程的具体目标是一次验收合格率及工程优良品率的要求；顾客满意体现在工期履约率和顾客满意率；每年开发新的施工方法体现了持续改进。

（4）质量管理体系文件。文件是"信息及其承载媒体"。质量管理体系文件的用途是：满足顾客要求和质量改进；提供适宜的培训；重复性和可追溯性；提供客观证据；评价质量管理体系的有效性和持续改进适宜性。

质量管理体系中使用的文件类型主要有以下几种：

1）质量手册。质量手册是"规定组织质量管理体系的文件"，它向组织内部和外部提供关于质量管理体系的一致信息。

2）质量计划。质量计划是"对特定的项目、产品、过程或合同，规定由谁及何时应使用哪些程序和相关资源的文件"。

3）规范。规范是"阐明要求的文件"。

4）指南。指南是阐明推荐的方法或建议的文件。

5）程序、作业指导书和图样。这些是提供如何一致地完成活动和过程的信息的文件。

6）记录。记录是"阐明所取得的结果或提供所完成活动的证据的文件"。

在质量体系的建立过程中，文件的编制是非常重要的，但编制文件并不是建立质量管理体系的最终目的。质量体系标准所要求的是建立一个形成文件的质量管理体系，并不要求将质量管理体系中所有的过程和活动都形成文件。文件的数量及详略程度取决于活动的复杂性、过程接口的多少、人员的技能水平等因素。文件的目的是使质量管理体系的过程得到有效的运作和实施。

（5）质量管理体系评价。质量管理体系建立并实施后可能会发现不完善或不适应环境变化的情况。因此，需要对质量管理体系的适宜性、充分性和有效性进行系统的、定期的评价。

质量管理体系评价是通过质量管理体系过程的评价、质量管理体系审核、质量管理体系评审和自我评定等环节实现的。

（6）统计技术的作用。为了提高质量管理的科学性和有效性，应采用统计技术。统计技术可以对质量变异进行测量、描述、分析、解释并建立数学模型。借助于统计技术，可以更好地理解变异的性质、程度和产生变异的原因，有助于决策，以便采取措施，解决已出现的问题。

5.2.4 质量管理体系的建立与运行

一个组织在进行质量管理体系认证前，可能已存在一个质量管理体系，但这种质量管理体系不一定符合标准，也不一定具有足够的保证能力。所以，建立质量管理体系并不意味着将现有体系一概废止，而是改造、更新和完善现有体系，使之符合标准要求。

1. 质量管理体系的建立

建立质量管理体系主要包括以下环节：

（1）统一认识及决策。组织的领导层应认真学习有关标准和文件，统一认识，在此基础上进行决策，建立质量管理体系。

（2）组织落实。成立领导小组或工作委员会，领导质量管理体系的建立和认证工作；同时组织一个既懂技术又懂管理，有较强分析能力和文字表达能力的技术人员组成的工作组，具体执行质量管理体系的建立和运行任务。

（3）培训。在组织内部广泛宣传建立质量管理体系的意义，使全体员工能充分理解这项工作的重要性，并对这项工作予以支持与配合。分别对中层人员及工作组人员、质量控制人员、全体员工进行分层次培训，以提高其素质。

（4）制订工作计划。建立质量管理体系是一项系统工程，应分步推进。为使该工作能有条不紊地进行，应编制工作计划。该计划应明确规定各阶段或某项工作的时间进度和内容，并明确各有关部门和人员的协调和配合。

（5）制定质量方针和质量目标。组织应在第一责任人的主持下，由领导层负责制定质量方针和质量目标。

（6）明确过程。过程方法是质量管理原则之一。为贯彻这一原则，应识别质量管理体系所需要的过程，包括管理活动、资源管理、产品实现和测量等有关过程，并明确这些过程的顺序和相互作用。

（7）质量管理体系设计。在对本组织现有质量管理体系进行全面分析研究的基础上，根据 GB/T 19001—2000 标准，对将要建立的质量管理体系进行统筹规划、系统分析、总体设计。

（8）编制质量管理体系文件。针对质量管理体系的具体情况，确定应编制的文件种类，进行编制。

2. 质量管理体系的运行

建立质量管理体系的根本目的是使之有效运行，以达到保证质量和提高组织业绩的目的。

（1）运行准备。运行准备主要包括：正式颁布质量管理体系文件、进行各职能部门的职责分配、制定运行计划、进行全员培训、建立质量信息系统等。

（2）运行。各部门、全体员工完全按照质量管理体系的要求开展工作，并建立相应的控制机制。

5.2.5　项目质量管理体系要点

项目质量管理要遵循质量管理体系，管理层在项目开始之前要制订项目质量管理计划和标准，并且在项目执行过程中要保证利益相关者都要知道本项目的质量管理标准。以下项目质量管理的十要点则高度浓缩了项目质量管理体系的精髓观念：

1. 客户导向

客户导向就是以客户为中心，把客户的满意度作为质量标准的尺子。这是 ISO 10006 体系的首要原则：鉴于顾客是组织的存在之本，因此组织不但应该了解顾客当前的需求，而且要了解其未来潜在需求，不但要尽力满足顾客的需求，并且要争取超越顾客的期望。一些国际著名公司甚至提出，客户的满意度只能说明质量及格，只有超越客户的期望值，才能获得客户对品牌的忠诚。盖洛普曾经对客户的满意度作过一个调查，结果表明客户的满意度可以分为三个层次：

（1）提供的服务或产品可以达到安全、准时、便捷的效果。

（2）与客户建立伙伴关系，提供个性化的产品功能及服务。

（3）通过互动反馈参与客户的决策，为客户提供咨询帮助。

2. 过程管理

过程管理就是将质量管理的关注点从结果检验转变为过程监控。这种过程管理体现在以下两个方面：

（1）在时间坐标上，将整个项目实施视为一个工作任务衔接的流程，通过对工作流程的分析，识别和精简那些无效益的工作环节，理顺分工的接口，形成目标合力，减少扯皮内耗。在流程链条上建立相互监督机制，让每个工作环节的下游工序都变成上游工序的客户，依次对上游进行质量监督。

（2）在空间坐标上，将整个项目实施视为一个各类资源的集成活动，通过对相互依存的组合要素的分析，识别并优化各类要素功能指标，在其衔接的接口处严格把关，加强沟通，分享信息和技术资源，确保最终产品的质量标准。

3. 选对质量标准

企业在体制上需要采用休哈特、戴明、朱兰、石川、田口等人所创立的质量管理理论，在组织中建立有效的质量管理体系。但是在具体的项目过程中，则需要采用克劳斯比的理论，努力第一次就将事情做好。项目的质量管理与常规质量管理的区别在于：项目的质量管理是在验证了前一过程的质量以后，才会开始进行下一个过程。企业的项目实践也证明了上述观点，无论是软件项目还是工程建设项目的质量管理模式，其共同的特点是在质量计划中确定质量管理的组织机构、工作职责、工作程序、配置资源、确定各个项目阶段的验证标准。在实施中比照阶段的质量标准，验证项目阶段的质量状态和控制项目质量基准的变更。

4. 管理层重视

管理层重视体现了质量管理在整个项目管理中的战略地位，甚至可以说项目的质量在很大程度上取决于最高领导的重视程度。只有最高领导挂帅，才能决定项目的质量方针，才能制订质量计划并确保计划落实，才能动员全员参与，才能调动并配置资源，才能定期评审质量管理体系，才能驱动质量的持续改进。

5. 以事实为依据

任何有效决策都不能凭主观的概念和假设，而必须以事实为依据，必须建立在量化分析的基础上。明确规定收集绩效数据的渠道、种类、时间和职责，确保数据信息的精确可靠，用正确的方法进行统计分析，并及时送达信息需求者（如领导、客户、投资人等），作为决策的依据。

6. 全员参与

全员参与说明质量问题不仅是质量检查人员的职责，而是人人有责。团队的每个成员都要以主人翁的心态认识自己的工作使命，加强内部沟通，识别容易出现质量风险的职责边界，把质量责任落实到每一个具体的人，并且通过培训把不断提高工作质量变成一种自觉的行为。团队精神在项目质量管理上也要充分体现，成功的项目都比较强调团队精神、合作精神，应该说，项目管理流程从本质上就要求员工之间的互相协调和理解。

7. 与供方互利

与供方互利指与上游供应商建立长期互利的合作伙伴关系。放弃单纯以价格指标决定采购的政策和杀鸡取卵的短期行为，开放与供应商的沟通渠道，相互信任，共享技术成果及商业信息，联手进行质量改进活动，在合作双赢的基础之上谋求双方长远利益的最大化。

8. 持续改进

持续改进就是把追求质量精益求精作为组织永恒的目标，不断识别改进机会，不断提高质量目标，不断采取改进措施，从而实现质量的螺旋上升。

9. 使用恰当的工具

项目质量控制7工具是必须要熟悉的，包括在什么场景下应该使用何种工具。因果图（关照问题的根源）、控制图（关注偏差）、帕累托图（2/8原则关注关键问题）、散点图（进行相关性分析）、流程图、直方图和趋势图。

10. 连续循环培训制度

在很多公司，通常只有很少甚至没有培训，员工不知道何时才能正确地完成他们的工作。质量管理大师戴明强调，只要工作成果还无法受到统计控制，并且还能获得更大的好处的时候，培训就不应被中止。

5.3 项目质量计划

项目质量计划就是确定与项目相关的质量标准并决定达到标准的方法，它是项目计划中的重要组成部分之一。项目质量计划应与项目其他计划（如成本计划和进度计划）同时编制，因为质量计划中规定的质量标准的高低以及达到质量要求标准的方法必然会影响到项目实施成本和工期。

在本节，我们主要介绍PMBOK指南给出的项目质量计划框架，如图5-4所示，及相应内容。

图5-4　质量计划框架

5.3.1 质量计划的输入

1. 质量政策

质量政策是指，由组织的最高管理层正式发布的该组织关于质量的总宗旨和总方向。如果项目涉及多个组织，即项目团队由多个组织构成或多个组织共同承担完成某个大型项目，这时，项目团队的管理机构应为该项目制定相应的质量政策。

项目执行组织的质量政策制定项目质量计划的依据和约束，也是项目执行的总的质量标准。

无论项目的质量政策源于何处，项目团队的管理机构应了解所执行的质量政策，并有责任保证项目的利益相关者，特别是项目的客户，全面掌握有关本项目的质量政策，以避免项目执行过程中在对质量审查时出现对项目质量理解分歧的风险。

2. 范围说明书

项目范围是对项目所交付产品或服务的总和的界定或定义。范围说明书就是在项目的利益相关者之间确认或建立一个对有关项目范围的共识的文件。因为项目范围说明书说明了项目可交付成果和项目目标，定义了项目利益相关者的需求，所以，它是制订项目所有计划的基础和依据。

3. 产品说明书

产品说明书是对项目将要生产出的产品或服务的特征的说明。在大多数情况下，项目是一个组织（乙方）为另一个组织（甲方）的工作，这时，最初的产品说明书通常由甲方提供。项目的产品说明书应在范围说明书中有所体现，应与范围说明书一致。项目的产品说明书是范围说明书的细化，因此产品说明书会影响到各项计划，特别是质量计划的技术要点和细节。

4. 标准和规范

国际标准化组织对标准和规则的定义如下：

标准是一个"由公认的组织批准的文件，是为了能够普遍和重复地使用而为产品、过程或服务提供的准则、指导方针或特征，它们不是强制执行的。"在高度工业化的今天，标准几乎覆盖了所有的工业领域。按领域可分为产品标准、过程标准；按适用范围分为行业标准、国家标准和国际标准等。

规范是一种"规定产品、过程或服务特征的文件，包括适用的行政管理条例。规范是强制执行的"。

对许多项目，标准和规范都是项目的利益相关者所熟知的。因此，在各项目计划中都会反映出它们的影响。对许多项目，从建设项目到软件开发和实施项目，都有相应的标准和规范。在制订项目质量计划时，必须根据项目的范围说明和可交付成果的产品说明，以相应的产品和过程标准和规范为依据，并充分考虑到这些标准和规范对质量计划的影响，制订的项目质量计划也必须满足相应的标准和规范。

5. 其他过程的输出

在制订项目质量计划时，除了要考虑到上述 4 项内容以外，还要考虑项目管理其他过程的输出内容。例如，在制订项目质量计划时，还要考虑到项目采购计划的输出，从而对分包商或供应商提出相应的质量要求。

5.3.2 质量计划的工具和技术

1. 收益/成本分析

质量既可以为组织带来利益，同样也需要组织为此付出代价。项目团队在制订其质量计划时，必须要权衡项目质量的效益和成本，也就是要进行成本效益分析。

质量为组织带来的效益表现为：高质量产品和服务的高价格、高竞争力；有效的质量保证体系所带来的降低废品率和返修率；以及市场声誉和客户忠诚度的提高，等等。

现在综合分析质量收益与成本的关系以及如何确定质量水平。

前面已经分析过,项目的质量对项目的收益和成本都会产生影响。这就意味着质量的改进既会带来收益的增加,也会导致成本的增加。根据经济学的边际收益递减和边际成本递增的原理,我们可以得到如图5-5所示的成本曲线和收益曲线。

由图5-5可见,当质量等级改进为Δq时,质量收益会增加ΔI。相应的,质量成本也会增加ΔC,我们令$\beta = \dfrac{\Delta I}{\Delta C}$,显然,当

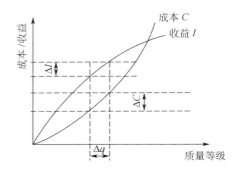

图5-5　质量等级提高的收益/成本分析

$\beta > 1$时,质量改进是可取的;当$\beta < 1$时,质量改进则是不可取的;当$\beta = 1$时,如果这种质量改进是对社会有益的,也是可取的,否则就是不必要的。

2. 质量基准计划

基准计划是针对本项目的过程和各种可交付成果的质量基准及达到这些基准的方法。质量基准计划是在项目实施过程中对项目的过程和各种可交付成果进行质量考核和绩效测量的依据。质量基准计划的制订首先要依据相应的国家和国际的质量标准和规范,同时还要考虑客户对项目交付成果的特殊和具体要求。在制订项目质量计划时,既要满足项目客户的要求,又要考虑执行过程的可行性。

3. 流程图

流程图是反映一个过程中各相关步骤或环节之间逻辑与顺序关系的图。常用在质量管理中的流程图包括:

1)因果分析图,也称逻辑图或鱼骨图,它反映了潜在问题或结果与各种因素之间的因果关联关系。图5-6是一个质量因果分析的例子。

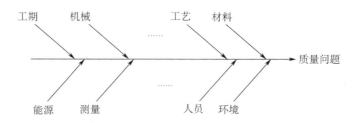

图5-6　质量因果分析图

2)流程图。流程图给出了执行项目中各项任务的步骤程序和处理质量问题的步骤,是项目质量保证的基础。质量保证过程的流程图既规定了各项工作的执行步骤,又是质量问题追溯的依据。它既可以通过程序化和过程标准化来改善项目执行效果,还可以在发现问题后帮助管理人员分析问题可能出现在哪个环节。图5-7是一个流程图的例子,图中虚线表示并行对应关系。

4. 试验设计

试验设计是一种分析技巧，它有助于鉴定哪些变量对整个项目的成果产生最大的影响。这种技巧最常应用于项目生产的产品（例如，汽车设计者可能希望决定哪种刹车与轮胎的组合能具有最令人满意的运行特性，而成本又比较合理）。

但是，它也可应用于项目管理成果，如成本和进度的平衡。例如，高级发动机比低级发动机成本高，但它能用较短的时间完成所分配的工作。一项设计适当的"试验"，在此例中，就是计算项目中各种高级、低级发动机组合装置的成本和使用寿命，常常可以使人从数量有限的几种相关的情况中得出解决问题的正确决策。

5. 质量成本分析

组织为了保证和改善其产品和服务的质量，也要付出成本代价。

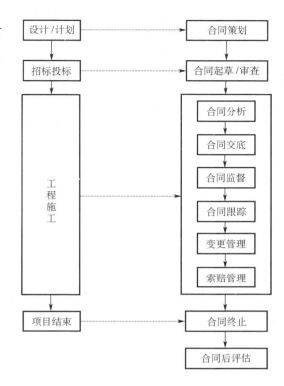

图 5-7 施工项目合同管理流程图

根据 ISO 8402：1994 对质量成本的定义，质量成本是"为了确保和保证满意的质量而发生的费用以及没有达到质量所造成的损失。"（注：①组织根据各自的准则对质量成本进行分类。②某些损失可能难以定量，但很重要，如丧失信誉等）。

根据上述定义，一般将质量成本分成两个部分：运行质量成本和外部质量保证成本。运行质量成本又包括：预防成本、鉴定成本、内部损失成本、外部损失成本四部分。其中，前两项之和统称为可控成本，后两项之和统称为损失成本或结果成本。

需要强调的是，质量成本不同于产品的制造成本，而只是和满意的质量有关的成本。

一般认为，质量成本的具体构成如表 5-1 所示。

质量与成本之间的关系可用图 5-8 说明。

实践表明，产品因质量而带来的内外部损失成本之和 C_1 是随产品质量水平的提高而单调下降；而为了提高质量水平而支出的预防和鉴定检查成本之和 C_2 随产品质量水平的提高而单调上升。C_1 与 C_2 的和 C 构成了产品的质量总成本。可以证明，一定存在一个最佳质量控制点。

表 5-1 质量成本的构成

质量成本	运行质量成本	预防成本（指用于预防产生不合格品或发生故障所需的各项费用）	质量工作费（企业质量体系中为预防、保证和控制产品质量、开展质量管理所需的费用）
			质量培训费
			质量奖励费
			质量改进措施费
			质量评审费
			工资及附加费
			质量情报信息费
		鉴定成本（指评定产品是否满足规定质量要求所需的费用）	进货检验费
			工序检验费
			成品检验费
			试验设备校准维护费
			试验材料及劳务费
			检测设备折旧费
			办公费（有关检验、试验而发生的）
			工资及附加费（指专职检验、计量人员）
		内部损失成本（指产品出厂前因不满足规定的质量要求而支付的有关费用）	废品损失费
			返工损失费
			因质量问题发生的停工损失
			质量事故处理费
			质量降等降级损失
		外部损失成本（指产品出厂后因不满足规定的质量要求而支付的有关费用）	索赔损失费
			退货损失费
			保修费用
			诉讼费用
			降价损失费
	外部质量保证成本（在合同环境下，根据用户提出的要求而提供客观证据所支付的费用）		为提供特殊的附加质量保证措施、程序、数据等所支付的费用
			产品验证试验和评定的费用，如经认可的独立试验机构对特殊的安全性进行检测试验所发生的费用
			为满足用户要求，进行质量体系认证所支付的费用

根据上述分析有：$C(q) = C_1(q) + C_2(q)$，其中 $\dfrac{\mathrm{d}}{\mathrm{d}q}C_1(q) < 0$，$\dfrac{\mathrm{d}}{\mathrm{d}q}C_2(q) > 0$。我们的目的是求出 $\min\limits_q C(q)$。由数学分析原理可知，$C(q)$ 的一阶导数等于零的点，就是 $C(q)$ 的极值点。令：

$$\frac{\mathrm{d}}{\mathrm{d}q}C(q) = \frac{\mathrm{d}}{\mathrm{d}q}C_1(q) + \frac{\mathrm{d}}{\mathrm{d}q}C_2(q) = 0$$

可求出 q^*，即在点 q^* 有

$$-\frac{\mathrm{d}}{\mathrm{d}q}C_1(q^*) = \frac{\mathrm{d}}{\mathrm{d}q}C_2(q^*)$$

又由定性分析可知，预防与鉴定（检验）成本将随质量水平的提高而上升越来越快；内外部质量损失成本将随质量水平的提高而下降越来越慢，也就是说二者相对质量水平的二阶导数都大于零，即：

$$\frac{\mathrm{d}^2}{\mathrm{d}q^2}C_1(q) > 0，\frac{\mathrm{d}^2}{\mathrm{d}q^2}C_2(q) > 0$$

于是，总质量成本的二阶导数也大于零：

$$\frac{\mathrm{d}^2}{\mathrm{d}q^2}C(q) = \frac{\mathrm{d}^2}{\mathrm{d}q^2}C_1(q) + \frac{\mathrm{d}^2}{\mathrm{d}q^2}C_2(q) > 0，$$

因此，根据数学分析原理可知，质量总成本在极值点 q^* 处得到最小值。进一步还可以证明，总质量成本 C 的最低点一定是 C_1 与 C_2 的相交点。

根据上述分析，我们可以将质量等级水平以图 5-8 中的 A 点为中心划分为三个区域，如图 5-9 所示，分别为质量改进区、控制区（或适宜区）和至善论区域。

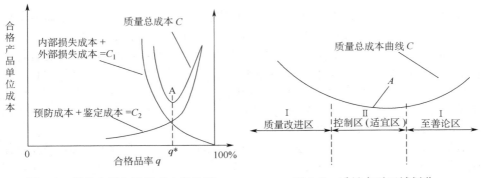

图 5-8　质量水平和质量成本的关系　　　　图 5-9　质量水平区域划分

以上分析了质量与成本的关系，以及控制最佳质量水平的原理。

5.3.3　质量计划的输出

1. 质量管理计划

质量管理计划要明确项目管理机构如何具体执行它的质量策略。项目质量管理计划针对特定的项目，规定由谁、在何时、利用哪些资源、依据什么程序、根据什么标准来实施项目以及如何考核项目成果。项目质量管理计划通常包括如下内容：

（1）要达到的项目质量目标，包括总目标和分解目标。

（2）质量管理工作流程，可以用流程图等形式展示过程的各项活动。

（3）在项目的各个不同阶段，职责、权限和资源的具体分配。

（4）项目实施中需采用的具体的书面程序和指导书。

（5）各个阶段适用的试验、检查、检验和评审大纲。

（6）达到质量目标的测量方法。

（7）随项目的进展而修改和完善质量计划的程序。

（8）为达到项目质量目标必须采取的其他措施，如更新检验技术、研究新的工艺方法和设备、用户的监督、验证等。

2. 操作定义

操作定义是用专业化术语来描述各项操作规程的含义，以及如何通过质量控制程序对它们进行检测。

3. 检查表

检查表是一种项目质量管理工具，用来核查需要执行的一系列步骤是否已经实施以及实施结果的状况。检查表可以很简单，也可以很复杂。常用的表格中包括时间、检查内容、检查责任人、检查结果等。检查表为项目实施过程中按质量管理计划实施项目的质量控制提供了检查的计划依据和检查表格。

4. 其他过程的输入

项目质量管理计划为项目的其他过程和工作提供了依据。如项目采购管理、项目的进度控制等过程都要考虑到项目的质量计划。

5.4 项目质量控制

ISO 9000：2000 和 GB/T 19000—2000 质量管理体系——基础和术语中对质量控制的定义是："质量控制是质量管理中致力于确保产品达到质量要求的工作。"

PMBOK 指南将项目质量控制定义为："监控具体的项目结果，确定其是否符合相关标准，并识别消除引起不满意绩效的原因的方法。"项目质量控制是确保项目结果符合质量标准，并且在出现偏差时采取纠正措施的活动。只有当质量处于控制之下时才能保证长期的过程改善。项目结果既包括项目的可交付成果，也包括项目的管理成果（如成本执行结果、进度执行结果等）。

质量控制是质量管理的一部分，致力于满足质量要求。质量控制的目标就是确保项目质量能满足有关方面所提出的质量要求（如适用性、可靠性、安全性等）。质量控制的范围涉及项目质量形成全过程的各个环节。项目质量受到质量环节各阶段质量活动的直接影响，任一环节的工作没有做好，都会使项目质量受到损害而不能满足质量要求。质量环节的各阶段是由项目的特性所决定的，根据项目形成的工作流程，由掌握了必需的技术和技能的人员进行一系列有计划、有组织的活动，使质量要求转化为满足质量要求的项目或产品，并完好地交付给用户，还应根据项目的具体情况进行用后服务，这是一个完整的质量循环。为了保证项目质量，这些技术计划必须在受控状态下进行。

质量控制的工作内容包括了作业技术和活动，即包括专业技术和管理技术两方面。质量控制应贯彻预防为主与检验把关相结合的原则，在项目形成的每一个阶段和环节，即质量环节的每一阶段，都应对影响其工作质量的人（员）、机（器设备）、（物）料、

（方）法、环（境）因素进行控制，并对质量活动的成果进行阶段验证，以便及时发现问题，查明原因，采取措施，防止类似问题重复发生，并使问题在早期得到解决，减少经济损失。为使每项质量活动都能有效，质量计划对于做什么、为何做、如何做、由谁做、何时做、何地做等问题应做出规定，并对实际质量活动进行监控。项目的进行是一个动态过程，所以，围绕项目的质量控制也具有动态性。为了掌握项目随着时间的变化而变化的状态，应采用动态控制的方法和技术进行质量控制工作。

在项目质量管理中贯彻 6σ 思想。6σ 质量管理要求产品合格率达到 99.99966% 的水平，其核心思想就是追求质量无极限。在贯彻 6σ 思想中应采用 DMAIC（Define—Measure—Analyze—Improve—Control，确定—测量—分析—改进—控制）绩效改进模型。

（1）确定：确定改进活动的目标。高层次的目标可以是组织的战略目标，如高的投资回报率或市场份额。在作业层目标可以是增加某个制造部门的产出。在项目这一级，目标可以是降低缺陷率和增加产出。

（2）测量：即测量现有体系。制定合理的、可靠的衡量标准，以监督过程的进展。首先要确定目前的水准线。

（3）分析：即分析体系以确定应用哪些方法来消除当前业绩与目标业绩之间的差距。可以应用统计工具来指导分析。

（4）改进：即改进体系。寻找新方法要具有创造性，要把事情做得更好、更快、更节约成本。应用项目管理或其他策划和管理工具来应用这些新方法，并通过统计方法来确认这些改进。

（5）控制：即控制新体系。通过修订激励机制、方针、目标等使改进后的体系制度化。可以应用 ISO 9000 之类的体系来保证文件化体系的正确性。

项目不同于一般产品，对于项目的质量控制也不同于一般产品的质量控制，其主要特点是：

（1）影响质量的因素多。项目的进行是动态的，影响项目质量的因素也是动态的。项目的不同阶段、不同环节、不同过程，影响因素也不尽相同；这些因素有些是可知的，有些是不可预见的；有些因素对项目质量的影响程度较小，有些对项目质量的影响程度则较大，有些对项目质量的影响则可能是致命的。所有这些，都给项目的质量控制造成了难度。所以，加强对影响质量的因素的管理和控制是项目质量控制的一项重要内容。

（2）质量控制的阶段性。项目需经历不同的阶段，各阶段的工作内容、工作结果都不相同，所以每阶段的质量控制内容和控制重点也不相同。

（3）易产生质量变异。质量变异就是项目质量数据的不一致性。产生这种变异的原因有两种，即偶然因素和系统因素。偶然因素是随机发生的、客观存在的，是正常的；系统因素是人为的，异常的。偶然因素造成的变异称为偶然变异，这种变异对项目质量的影响较小，是经常发生的，难以避免、难以识别、难以消除的；系统因素所造成的变异称为系统变异，这类变异对项目质量的影响较大，易识别，通过采取措施可以避免，也可以消除。由于项目的特殊性，在项目进行过程中，易产生这两类变异。所以在项目的质量控制中，应采取相应的方法和手段对质量变异加以识别和控制。

（4）易产生判断错误。在项目质量控制中，经常需要根据质量数据对项目实施的过程或结果进行判断。由于项目的复杂性、不确定性，造成质量数据的采集、处理和判断的复杂性，往往会对项目的质量状况做出错误判断。如将合格判为不合格，或将不合格判为合格；将稳定判为不稳定，或将不稳定判为稳定；将正常判为不正常，或将不正常判为正常。这就需要在项目的质量控制中，采用更加科学、更加可靠的方法，尽量减少判断错误。

（5）项目一般不能解体、拆卸。已加工完成的产品可以解体、拆卸，对某些零、部件进行检查。但项目一般做不到这一点，例如，对于已建成的楼房，就难以检查其地基的质量；对于已浇筑完成的混凝土构筑物，就难以检查其中的钢筋质量。所以，项目的质量控制应更加注重项目进展过程，注重对阶段结果的检验和记录。

（6）项目质量受费用与工期的制约。项目的质量不是独立存在的，它受费用和工期的制约。在对项目进行质量控制的同时，必须考虑其对费用和工期的影响，同样应考虑费用和工期对质量的制约，使项目的质量、费用、工期都能实现预期目标。

PMBOK 指南给出了项目质量控制的框架，如图 5-10 所示。

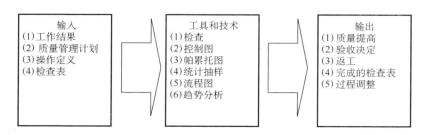

图 5-10　项目质量控制框架

5.4.1　项目质量控制概述

1. 项目要求的确定和任务下达

（1）项目要求的确定。在合同签订前或投标前或向顾客承诺前，应根据顾客的、法律法规、组织附加的要求确定项目的要求，并经过评审，以确保项目要求的完整和充分。产品要求的评审还应包括承担项目所担负的责任和风险分析。项目要求的完整和充分确定是十分重要的，即体现承诺的"以顾客为关注焦点"，也是实现质量方针"超越顾客期望"的一个重要的前提条件。

（2）生产任务的下达。经营计划部在合同签订（或向顾客承诺）后，应确定项目的级别和项目管理模式，并经过与项目经理协商，将项目有关要求以"生产计划书"的形式下达至项目部和有关专业生产单位。项目经理应将项目要求完整无缺地以"设计任务书"的形式下达至有关专业生产单位，确保各专业生产单位得到完整的项目要求。

2. 设计策划

由项目经理组织进行设计策划。

"梯形组织"管理的项目设计策划应形成"工作大纲"，工作大纲由项目经理组织会议审查，项目经理批准。

"矩阵式"管理的项目设计策划形成"工作大纲"或"项目计划书（表）"，设计策划结果由项目经理组织审查或审批，项目经理批准。

项目设计策划形成后，各相关专业负责人根据项目设计策划要求，必要时形成"专业项目计划书（表）"。

根据"项目管理办法"的要求，项目经理应组织编制项目的年度计划和季度计划，并按计划组织实施，以确保项目进度满足规定要求。

在进行设计策划时，项目经理应根据项目要求，与分管勘察、测量的副总工程师（或与勘测子公司负责人）协商勘测任务内容和要求，由经营计划部下达生产计划书，由项目部下达生产任务要求。

3. 设计输入

由项目经理组织进行项目设计输入。

根据"项目管理办法"，一、二级项目由项目经理负责组织编制项目设计大纲，各专业负责人负责组织编制专业设计大纲；三级项目由项目经理负责下达设计任务单。

设计输入应进行评审，以确保输入的完整性、适宜性和充分性。

一、二级项目设计大纲由项目总工程师组织校核，由项目经理组织评审，评审专家应包括项目部以外的专家。项目总工程师应根据评审意见组织修改完善设计大纲，报项目经理批准。

三级项目设计任务单由项目总工程师审查，项目经理批准。

各专业设计大纲由专业负责人审查，报项目部（项目总工程师）批准。

4. 设计输出

（1）设计评审

1）设计方案成果、重大单项设计、关键专业技术等设计重要成果确定前应进行设计评审，以确定设计成果满足要求的能力，并识别质量问题，采取措施。

2）设计评审一般采用会议评审方式。一、二级项目院级评审由院长或总工程师主持，也可委托院专家委员会主持。三级项目由其上一级分管负责人主持。各专业成果由项目经理或项目总工程师确定评审方式并主持评审。

3）设计评审完成后，由项目经理、专业负责人组织整理评审记录，并按质量管理程序文件要求形成评审会议纪要。对设计评审意见的执行情况由项目经理或专业负责人组织验证，并作为校核、审查的依据。

（2）设计验证

1）所有设计输出文件均应按质量管理程序文件要求进行设计验证，并形成记录。

2）设计成果校审应严格执行《设计成果校审制度》并填写"设计成果校审表"。在"梯形组织"构架下的项目，各专业单位负责组织对专业成果审查验证；在"矩阵式"组织构架下的项目，由专业负责人负责专业成果审查验证。各专业室与校核人共同承担本专业成果的校核责任。

3）应保留必要的校审记录。

4）采用其他方法（如变换方法计算、工程类比、模型试验等）进行设计验证，应在设计策划阶段予以明确，由项目经理按工作大纲或项目计划书（表）要求组织实施。

（3）设计确认

设计确认通常为外部审查。由项目经理负责落实外部审查的时间、地点和审查内容。

各专业负责人负责提供本专业的设计成果，交经营计划部或项目经理汇总。

项目经理负责组织保存审查意见或会议纪要，并根据审查意见中提出的修改意见进行必要的设计文件修改。修改后的设计文件应按规定的校审制度进行校审。

5. 设计成果的交付与归档

所有成果交付均由经营计划部管理。根据项目的具体特点并经经营计划部同意后，有关项目的设计成果可由项目部直接向有关部门交付。

5.4.2　项目质量控制的输入

1. 工作结果

工作结果是项目执行过程中各项活动或任务的结果，包括产品结果和过程结果，是项目绩效考核的对象，也是项目质量控制和检测的对象。

2. 质量管理计划

质量管理计划是项目质量控制的参照依据。

3. 操作定义

操作定义在此规定了质量控制的测量方法。

4. 检查表

检查表是项目质量控制过程给出质量检查的内容、时间和步骤的文件。

5.4.3　质量控制的工具和技术

1. 检查

检查包括为确定结果是否符合要求所采取的诸如测量、检验和测试等活动。检查的目的是确定项目成果是否与计划要求一致。检查可以在任何管理层次中开展，例如，一个低层单项活动的结果和整个项目的最后成果都可以检查。

2. 控制图

控制图是项目过程的结果随时间推移而变化的一种曲线图形。控制图上首先要根据项目的质量管理计划标出控制对象的质量计划基准和计划允许误差的控制上限和控制下限，然后记录各个时间点或样本的项目质量测量结果的实际值，如图5-11所示。

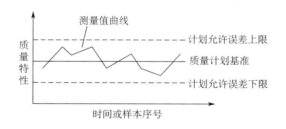

图5-11　质量控制图（测量统计均值）

显然，当实际质量检测值落在控制上下限之内，是合格的，否则就是不合格的。

当采用分组样本的检测统计量对质量控制对象总体加以分析控制时，可先分析样本分组的质量检测参数的均值和标准差。采样可按班组、时间等特征分组，然后依据各组的质量检测参数均值和标准差绘制控制图。图5-12是描述质量测量样本统计极差或标准差的控制图。

控制图是描述测量统计结果的图。按照计量统计对象的不同，可以将控制图分类如

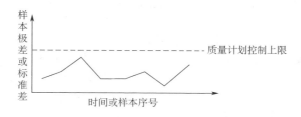

图 5-12　质量控制图（测量统计极差或标准差）

表 5-2 所示。

表 5-2　控制图分类

控制图分类	单统计量控制图	多统计量控制图
计量值控制图	1. 平均值控制图	1. 平均值与极差控制图
	2. 中位数控制图	2. 平均值与标准差控制图
	3. 单值控制图	3. 中位数与极差控制图
	4. 移动均值控制图	4. 单值与移动极差控制图
	5. 标准差控制图	5. 移动均值与移动标准差控制图
	6. 移动标准差控制图	
	7. 极差控制图	
	8. 移动极差控制图	
计数值控制图	1. 不合格品数控制图	
	2. 不合格品率控制图	
	3. 缺陷数控制图	
	4. 缺陷率控制图	

3. 帕累托图

帕累托图也称排列图，是一种按事件发生频率从大到小排列，然后再按累计频率绘制而成的曲线图，该曲线称为帕累托曲线。帕累托图的横轴表示引发质量问题的原因，纵轴表示相应原因导致质量问题出现的次数或百分比（频率）。

帕累托分析的思想应用于很多领域，包括库存管理中的 ABC 分析等。其核心就是要找出"少量的重点"，然后对重点对象实施重点管理。

由帕累托图可以清楚地发现哪些是影响质量的主要原因，为解决质量缺陷提出了方向。控制图帮助我们发现质量问题，帕累托图则帮助我们发现引发问题的主要原因。据此可以制定相应的项目质量优化控制方案，即针对引发质量问题频率最高的原因，采取最有效的措施，以获得最大的质量改善效果。

绘制帕累托的步骤为：

（1）找出所有检测出的质量缺陷并将质量缺陷分类。

（2）针对某一类质量缺陷找出所有原因，可采用因果分析图（鱼骨图）方法。

（3）统计各种原因所引发的质量缺陷的数量和频率（百分比）。

（4）将各类原因按引发质量缺陷的次数和/或频率（百分比）从大到小排序，绘制相应的直方图。

（5）在（4）的基础上绘制累计次数或频率曲线，这就是帕累托曲线。

图5-13是某类质量缺陷的帕累托图。显然，帕累托图是针对一类质量问题的分析工具。

4. 统计抽样

统计抽样是在一个质量控制对象总体中，随机抽取若干个体进行质量检测的方法。根据统计学原理，我们知道，当样本空间（即样本的数量）大到一定的程度（如30N50）时，样本的统计特性（如均值、方差等）就代表了总体的统计特性。当某质量检测对象的总量很大时，一个好的统计抽样方法，既可以发现质量问题，又可以降低检验成本，提高检验效率。

如要检验某一批灯泡，这批灯泡的总量有1万只。如果每只都检验，当然可以发现这批灯泡是否符合质量要求，但是时间、成本开销都很大。这时，可以采用统计抽样的方法，随机抽取30只做质量检验。这30只灯泡的平均寿命和寿命方差就可以认为是这批灯泡的平均寿命和方差。

项目质量控制中使用的具体抽样方法应在项目质量计划中加以规定。

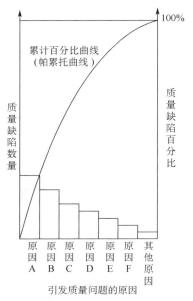

图5-13　某类质量缺陷的帕累托图

5. 流程图

质量控制中的流程图用于规定项目质量控制的程序和步骤。

6. 趋势分析

趋势分析指运用统计学方法，依据过去已发生的实际情况预测未来发展趋势的方法。在项目质量控制中，常用项目已完成成果的质量检测结果来预测未来成果的质量。趋势分析是一种经验分析方法。

5.4.4　质量控制的输出

1. 质量提高

一个好的、有效的质量控制系统，可以有效地提高项目的过程和可交付成果的质量。

2. 验收决定

验收决定是对项目的中间或最终成果（过程或可交付成果）的质量检验的结果。验收决定包括接受和拒绝。符合项目质量基准要求的工作成果被接受，不符合的被拒绝。被拒绝的工作成果可能需要返工。

3. 返工

返工是将有缺陷的、不符合质量要求的项目成果改变为符合要求的成果的行为。返工，尤其是预料之外的返工，是导致项目延误的常见原因。因此项目团队应尽一切努力保证成果满足质量要求，避免或减少返工。

4. 完成的检查表

完成的检查表是指记录了质量检验数据和结果的检查表。完成的检查表应作为项目报告的组成部分。

5. 过程调整

过程调整是指作为质量检测结果而随时进行的纠错和预防行为。在有些情况下，过程调整可能需要依据整体变化控制的过程来实行。

5.4.5 项目质量控制流程

项目质量控制流程图如图 5-14 所示。全部流程也可分为四个部分，分别介绍如下。

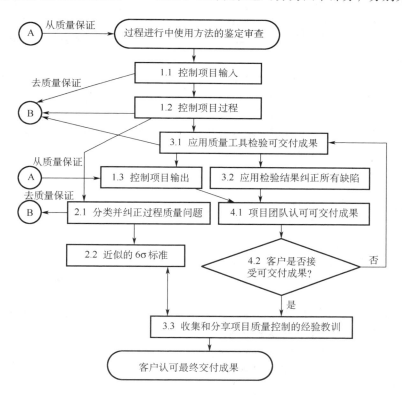

图 5-14 项目质量控制流程图

1. 客户满意

质量控制涉及的范围既包括产品成果（比如可交付成果），也包括项目管理成果（比如预算成本和进度截止日期）。为了确保使客户满意，项目质量控制阶段必须在以下三个方面进行预防、检查和检验：①接收输入的项目资源时；②在项目的生产/交付过程中；③在项目生产完工时。

（1）控制项目输入。为了确保客户满意并符合项目质量政策，需要采取几个步骤。

这些步骤包括项目规范和设计的实施控制程序、预防采购错误、运用检查与抽样技术。如果输入的项目资源（人力的和非人力的）是劣质的，最终产品和项目成果的质量将难以保证。明确项目规范和设计的控制标准对控制项目输入来说是至关重要的。预防项目采购错误是很重要的，因为正确地评价和选择供应商可以使最初的输入符合要求。

（2）控制项目过程。在项目的产品制造或提供服务的过程中可能会出现不希望发生的变化，因此，在过程中控制项目的属性和变量就显得尤为重要。属性是一种有形的或无形的绩效特性，比如项目团队完成任务的数量或客户对项目投诉的次数。变量是一种绩效特性所处的程度，比如利用均值或标准差测量项目成果符合标准的程度、客户等待项目完工的时间，或项目团队从概念到完工所需的时间。

在此，正确地设定容许偏差（如果降低到容许偏差所设定的范围之内，客户可以接受其结果）和控制界限（如果结果在控制界限以内就表示过程仍处于控制之下）是非常重要的。所有的项目过程都会出现变动。因此就需要确定发生的是哪种类型的变动，这一点很重要。当许多小事件发生时，会出现随机或正常的变动。系统地观察整个过程，可以减少随机变动。

另一种变动类型是特定原因的或特殊的变动。当某一特定事件（通常不发生的事件）发生时会出现这种变动。快速识别非正常的现象并调整过程使其不会再次发生，是减少特定原因变动的最佳途径。

正确运用质量控制图可以帮助项目经理辨别随机原因引起的变动和特定原因引起的变动。控制图可以用来监控：

- 项目成本差异。
- 项目进度差异。
- 范围变动的数量和频率。
- 项目文件中的错误。
- 其他项目结果。

（3）控制项目产出。产品和项目输出的最终检查包括：①检验；②根据检验结果采取纠正措施。比如，一个项目产品是正确组装的计算机，一项功能检验是启动计算机并确保其正常运行。

另外一个必须要做的检验是目视检查。目视检查效果可以通过以下途径得到改善：

- 将质量检查要素的数量限制为 5~6 个。
- 使分散注意力的影响和时间压力减到最小。
- 为检查工作提供详细的指导和检查表。
- 为最终检查活动提供适宜的工作条件。

最好在产品/服务交付给客户以前及时采取必要的纠正措施。在此之后，任何根据那些反馈变化的数据返工、过程改善和/或微调，都会影响客户的满意度。

2. 过程改善

在项目质量控制阶段，过程改善基于最终的、仔细的过程质量问题分类和 6σ 方法的应用。

（1）分类和纠正过程质量问题

项目质量过程问题根据其信息的量和准确性一般可分为结构的、半结构的和非结构的三种。对结构问题进行过程改善需要以一种直接的方式对目标作简单的规格或数量上的调整，以确保符合特定的要求。换句话说，结构化过程的原始系统是好的，但要纠正偏差以使系统恢复预期的功能。

然而半结构和非结构化的项目过程问题的解决需要更多的创造力。这些问题的四种常见类型有：

- 非结构化的绩效问题。
- 效率问题。
- 项目产品设计问题。
- 项目过程设计问题。

例如，一个非结构化的绩效问题，对项目客户的销售可能滞后，但没有销售的标准途径。很难通过提出一个不存在的标准而纠正销售绩效。这就需要复杂的诊断和创造性的解决方案。

缓慢的、烦琐的零件开发过程是效率问题的例子。此时，组织内部的利益相关者受到项目过程的负面影响，并且需要协调运作的、简洁的解决方案。

过程问题的第三种类型：项目产品设计问题，设计不符合客户的期望。这时可能需要一个更详细的"质量屋"方法。

最后，问题的第四种类型：项目过程设计问题，完全重新设计过程对于保持竞争力也许是必要的。标杆管理和重组可以用来迎接过程改善的挑战。

（2）近似的 6σ 标准

项目过程的管理者要尽量做到最好，现在最常用的改善过程使其最佳的方法是 6σ 方法。6σ 表示一个质量过程水平，即每百万个产品中至多有 3.4 个缺陷。然而许多项目都不可能接近这个水平，所以，在项目质量控制阶段，应该把项目过程改善的目标定为努力达到 6σ 的过程能力水平。

3. 基于事实的管理

基于事实的管理活动包括确保应用质量工具检验可交付成果，利用检验结果纠正任何最终缺陷，分享项目质量控制的经验教训以提升组织的学习。

（1）应用质量工具检验可交付成果。项目团队成员可以应用大量的控制工具检验最终可交付成果。前面已经介绍过有关的工具，包括控制图、帕累托图、流程图和相关的统计工具等。

（2）应用检验结果纠正所有项目缺陷。大量不符合要求的项目输出需要大规模返工或对项目产品/过程立即进行调整。返工是为使有缺陷或不符合要求的项目符合规格所采取的行动。因为这是延误项目的最主要的原因，所以项目团队应采取任何合理措施使返工最小化。只有检查项目可接受时，质量控制的基于事实的管理才算结束。

（3）收集和分享质量控制的经验教训。分享经验教训可以提升组织的学习能力，改善未来的项目控制活动。

4. 授权的绩效

在项目质量控制阶段，授权绩效的两项主要活动都涉及项目的可交付成果。一个是项目团队认可可交付成果，另一个是客户是否接受可交付成果。

（1）项目团队认可可交付成果。项目团队授权的一个重要尺度就是个人和集体对最终可交付成果的质量负责。提升团队授权绩效最可行的途径就是公平地分享由①生产项目可交付成果的项目过程和②最终可交付成果本身的质量带来的骄傲。成功的项目领导者及其团队共同因为这个项目而创造了一个历史，并在他们最终交给客户的令人满意的交付成果中留下了值得纪念的东西。这种满意是由项目团队在询问客户是否接受可交付成果以前对可交付成果质量的认可决定的。当然，这种集体荣誉感会在未来创造一种承诺项目质量的文化。

（2）客户是否接受可交付成果。在项目团队认可最终可交付成果之后，由客户接手项目可交付成果。只有当客户接受可交付成果时，项目质量控制阶段才算结束。如果客户对接受持有疑虑，那就要设法解决客户的疑虑，直至客户满意为止。明智的项目经理和客户通常会要求写出可交付成果的书面接收文件。

5.5 项目质量保证

如前所述，ISO 9000∶2000 质量管理体系——基础和术语中定义"质量保证"是质量管理中致力于对确保产品达到质量要求而提供信任的工作。

由该定义可知，"质量保证"具有特殊的含义，与一般概念"保证质量"有较大区别。保证满足质量要求是质量控制的任务，就项目而言，用户不提质量保证的要求，项目实施者仍应进行质量控制，以保证项目的质量满足用户的要求。用户是否提出"质量保证"的要求，这对项目实施者来说是有区别的。用户不提质量保证要求，项目实施者在项目进行过程中如何进行质量控制就无须让用户知道。如果项目较简单，其性能完全可由最终检验反映，则用户只需把住"检验"关，就能得到满意的项目成果。但是，随着技术的发展，项目越来越复杂，对其质量要求也越来越高，项目的有些性能已不能通过检验来鉴定。就这些项目而言，用户为了确信项目实施者所完成的项目达到了所规定的质量要求，就要求项目实施者证明项目设计、实施等各个环节的主要质量活动确实做得很好，且能提供合格项目的证据，这就是用户提出的"质量保证"要求。针对用户提出的质量保证要求，项目实施者就应开展外部质量保证活动，就应向用户提供项目设计、实施等全过程中某些环节活动的必要证据，使用户放心。

由此可知，质量保证的概念已不是单纯地为了保证质量。保证质量是质量控制的任务，而"质量保证"则是以保证质量为目标，进一步引申到提供"信任"这一基本目的。为此，项目实施者应有计划、有步骤地采取各种活动和措施，使用户能了解其实力、业绩、管理水平、技术水平以及对项目在设计、实施各阶段主要质量控制活动和内部质量保证活动的有效性，使对方建立信心，相信完成的项目能达到所规定的质量要求。因此，如果说项目质量控制强调的是项目交付成果的质量，则项目质量保证强调的是项目实施过程的质量。

图 5-15 所示为 PMBOK 指南给出的质量保证框架。

图 5-15 项目质量保证框架

5.5.1 质量保证的输入

1. 质量管理计划

因为质量保证强调的是项目实施过程的质量，实施过程的考核依据是项目质量管理计划。

2. 质量控制测量结果

质量控制测量结果是对项目实际执行结果的检测和测试记录。将质量控制测量结果与质量基准进行比较，可以发现执行结果的偏差，从而为发现问题、及时调整项目执行过程提供了依据。

3. 操作定义

操作定义是考查项目执行过程是否符合质量要求的依据。

5.5.2 质量保证的工具和技术

1. 质量计划编制工具和技术

项目质量计划决策的工具和技术也可以应用于项目质量保证中。

2. 质量审计

项目质量审计是对项目执行过程中的质量管理活动的结构性审查。质量审计的目的是确定所得到的经验教训，从而提高执行组织对这个项目或其他项目的执行水平。质量审计可以是有进度计划的或随机的；可以由训练有素的内部审计师进行，或者由第三方如质量体系注册代理人进行。

5.5.3 质量保证的输出

项目质量保证体系实施的实质就是项目的质量提高。质量提高包括采取措施提高项目的收益和效率，为项目的利益相关者提供更多的利益。

5.5.4 项目质量保证的流程

项目质量保证的流程图如图 5-16 所示。全部流程可分为四个部分，分别介绍如下。

1. 客户满意的管理

在项目质量保证管理过程中，客户满意的管理包括：管理外部客户质量保证；管理内部客户质量保证。

（1）管理外部客户质量保证。管理外部客户质量保证包括持续地致力于以下项目活动：

1）定义并细分客户与市场。

2）注意倾听并获得客户的需要。

3）将客户输入与设计、生产及交付过程连接起来。

4）建立从最初联系一直到后续服务的可信赖的关系。

5）系统地收集客户的申诉，并给予回应。

6）应用基准技术测量质量，并相应地改善服务。

另外，外部客户质量保证还需要对供应商的产品及其生产过程加以管理，以保证原材料和其他输入的质量，进而从源头避免质量缺陷的存在，这样就更容易保证外部下游客户的满意。

（2）管理内部客户质量保证。项目的内部客户是相对于项目管理机构而言的，主

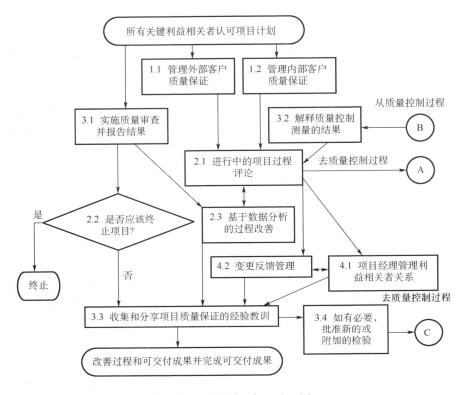

图 5-16　项目质量保证流程图

要是指项目团队的成员。管理内部客户质量保证包括在项目系统过程中激发自信的人力资源管理实践。项目质量保证中主要的人力资源管理实践包括：

1）将人力资源开发计划集成到组织与项目目标中。

2）设计项目工作以提升个人及组织的学习、创新和灵活性。

3）实施项目绩效管理子系统，识别优秀者并给予奖励。

4）促进团队和个人的合作，以保证客户满意。

5）投资于人力资源的培训、教育及福利，以保证项目的生产率。

6）倾听并衡量职员的意见，并据此改善人力资源满意度指数。

技术多样性、任务一致性以及任务重要性的设计，使得项目的工作设计过程更有意义。通过提高自主性和绩效反馈可以提高生产率。那些通过建议子系统和其他改善活动来增加团队成员机会的项目经理会提升内部客户的项目保证水平。

此外，绩效评价体系也很重要，系统的和个体的因素都会对绩效产生影响。360度反馈过程考虑到了同级的评论、下属的意见、客户的评价、自我评价以及个人发展计划，这就使得员工更愿意将评价过程看成是公平的和建设性的。

2. 过程改善

项目质量保证的过程改善活动包括：进行中的项目过程评论；项目中途终止评审；基于数据分析的过程改善。

（1）进行中的项目过程评论。能够使关键的项目利益相关者放心的过程改善包括：

1）将项目客户需求明确地转化到项目设计中。

2）运用适当的质量工具实施渐进的、保持竞争力水平的或突破性的改善。

3）确保满足供应商的需要，并形成新的伙伴关系，以提高项目效率。

4）识别项目绩效的统计上的显著性差异。

5）准确地分析导致差异的根本原因，采取纠正措施并核实新的项目执行结果。

6）参照基准测量项目过程，保证项目的持续改善。

（2）项目中途终止评审。决定性的质量保证决策之一是项目中途终止评审。如果项目中途的数据明显地表明项目不值得再投入资源，严格的项目终止评审将会建议为了减少损失，将资源重新分配给更有希望的其他项目。

会导致临时性项目终止的因素如下：

1）达到技术目标和商业成果的可能性很低。

2）不能用现有的资源解决技术和/或生产上的问题。

3）出乎意料的大量成本超支或获利能力降低。

4）不可接受的进度延误。

5）由于替代品和竞争者而降低了市场潜力。

6）战略重点的转移。

7）最高管理部门为降低成本决定外购或分包（该项目的可交付成果）。

8）通过专利保护新的项目知识而引发的问题。

9）出现了资金与资源使用的更好的选择。

（3）基于数据分析的过程改善。一旦项目通过了期中审查，新过程的资源就需要通过数据收集和分析重新分配，以便持续改善已认可的项目的效率。

3. 基于事实的管理

在项目质量保证阶段，基于事实的管理的任务是：实施质量审查并报告结果；解释质量控制测量的结果；收集和分享项目质量保证的经验教训；如有必要，批准新的或附加的检验。

（1）实施质量审查并报告结果。内部或外部项目质量审计主要识别文件规定的过程是否被遵守并且有效，同时向项目经理报告不可接受的差异，寻求纠正措施。审计一般包括审查项目进程记录、培训记录、已登记的投诉、形成文件的建议、纠偏行动以及以前审计报告中提到的问题。

（2）解释质量控制测量的结果。在项目质量保证工作中容易出现的错误是，在向顾客保证我们已经提供了质量服务时，要么做过了头，要么做得不够。为了避免出现上述问题，项目经理需要向客户解释项目质量控制测量的数据。

（3）收集和分享项目质量保证的经验教训。项目质量保证阶段接近尾声时要收集有关项目质量的经验教训。经验教训可以改善现行项目的后续阶段，并且分享经验教训可以提高组织的学习能力。

（4）如有必要，批准新的或附加的检验。在质量保证阶段，项目经理不仅要解释现有的检验数据，还必须准备在必要时批准新的或附加的检验。当客户在中途变更他需要的产品/服务的设计时，可能就需要新的或附加的检验以确保合同中规定的产品/服务的质量。

4. 授权的绩效

在质量保证阶段，可以通过利益相关者之间友好关系的管理和变更反馈管理来提高授权的绩效。

项目经理可以运用多种方法向关键的项目利益相关者授权。其中两个最重要的方法是信息分享与激发能动性。虽然关键的项目利益相关者已经明确了并认可了他们在项目中的角色职责，确保关键的项目利益相关者了解项目中途进展的连续不断的、准确的信息流仍然很重要。项目经理可以通过寻求项目实施中途的反馈信息并与参与者分享，来激发关键的项目利益相关者的能动性。

复习思考题

1. 何为"3σ 法则"和"6σ"法则？

2. PMBOK 指南中规定的项目质量管理过程和新型五阶段模型有何区别？

3. 什么是八项质量管理原则，其目的和作用是什么？

4. 项目质量计划的工具和技术有哪些，其作用是什么？

5. 如果一个软件开发项目没有按期完成，试用因果分析图（鱼骨图）对其原因进行分析。

6. 在质量成本分析法中，如何确定最优的质量总成本？

7. 项目质量保证关注的焦点是什么？

8. 项目质量保证流程中需要实施哪些活动？

9. 如何在项目质量管理中贯彻 6σ 思想？

10. 项目质量控制的工具和技术有哪些，其作用是什么？

11. 某厂为提高某零件的合格率，对 3 月份生产的 1 000 件零件的不合格品进行分类统计，下表是按工序统计的不合格品数据。试用帕雷托图对此问题进行分析。

3月份零件不合格品统计表

工序	沾污	裂纹	油漆	电镀	变形	其他	合计
不合格品数	21	17	12	4	2	1	57

12. 均值控制图的计算方法为：首先计算样本均值 $\overline{x_i}$ 及样本极差（对于每一个样本的 $R_i = x_{max} - x_{min}$），然后计算样本总均值 $\overline{\overline{x}}$ 与平均样本极差 $\overline{R}$（其中 $\overline{\overline{x}} = \dfrac{1}{n}\sum\limits_{i=1}^{n}\overline{x_i}$，$\overline{R} = \dfrac{1}{n}\sum\limits_{i=1}^{n}R_i$），接着计算 $\overline{x}$ 图的控制线（控制上限 $UCL = \overline{\overline{x}} + A_2\overline{R}$，中心线 $CL = \overline{\overline{x}}$，控制下限 $LCL = \overline{\overline{x}} - A_2\overline{R}$），最后绘制均值控制图。

某工序加工一产品，其计量数据如下表所示。请依照上述方法计算并画出均值控制图（其中 $A_2 = 0.729$）。

均值控制图数据表

样本序号	x_1	x_2	x_3	x_4	样本序号	x_1	x_2	x_3	x_4
1	6	9	10	15	16	15	10	11	14
2	10	4	6	11	17	9	8	12	10
3	7	8	10	5	18	15	7	10	11
4	8	9	7	13	19	8	6	9	12
5	9	10	6	14	20	14	15	12	16
6	12	11	10	10	21	9	8	13	12
7	16	10	8	9	22	5	7	10	14
8	7	5	9	4	23	6	8	15	11
9	9	7	10	12	24	8	12	11	10
10	15	16	8	13	25	10	13	9	7
11	8	12	14	16	26	7	14	10	8
12	6	13	9	11	27	5	13	9	12
13	7	13	10	12	28	12	11	10	9
14	7	13	10	12	29	7	13	8	6
15	11	7	10	16	30	4	10	13	9

案例分析讨论

YT 煤化工建设工程监理对监理对项目的质量控制[一]

1. 项目概况

　　YT 公司年产 20 万吨醋酸和日处理 1 000 吨煤新型气化炉及配套工程项目，是 YK 集团产业结构调整、发展新型煤化工的第一个示范，建设地位于枣庄市鲁南高科技化工园区，总投资 27.7 亿元人民币，厂区面积 830 亩，设计生产能力为 20 万吨醋酸、24 万吨甲醇、联产 8 万千瓦发电，预计年销售收入 18 亿元、利税 6 亿元。项目投资 26 亿元人民币，于 2003 年 5 月 1 日开工，醋酸项目 2004 年 9 月底具备联动试车条件，气化项目 2005 年 3 月底具备联动试车条件。

　　本项目采用了煤炭化电多联产技术，科技含量高、工艺技术先进、可持续发展能力强，拥有新型气化炉和燃气发电两项国家"863"计划攻关课题，另有七项具有我国自主知识产权的专利技术，被首次工业化应用，属于洁净煤综合利用的环境友好型企业。

　　项目主要包括：空分、新型气化炉系统、甲醇净化、甲醇合成、热电及燃气发电、醋酸一氧化碳制备、醋酸合成及全厂公用工程系统等。

2. 项目特点

　　建筑规模庞大，结构复杂，单位工程多，主体交叉施工频繁，基础施工正值雨季，为建筑的施工增加了难度。

　　[一] 案例摘自《项目管理案例解析》，马旭晨主编，马尔航副主编，大连：东软电子出版社，2012 年 11 月

安装工程大型设备多、超限设备多、特殊材料品种多、规格多、数量大、介质特殊、高温高压、易燃易爆、腐蚀性强、焊接难度大，现场非标制作量大，要求精度高。由于超限设备多，供货期长，为配合设备吊装，部分建筑的结构梁需设备吊装完成后再施工。

工程技术含量高，工艺技术先进，项目要求起点高，工期紧、合同严、图纸晚，施工技术准备时间短，持续高温，还有几十年不遇的连雨，加之"非典"的特殊影响，给项目的施工增加了格外多的困难。

3. 项目监理工作内容

本工程监理主要涉及质量控制、费用控制、进度控制、安全、合同及信息管理和协调工作。主要服务内容如下：（1）编制监理规划，报委托人审批后执行；（2）组织设计交底及施工图会审，核查设计变更，提出监理意见；（3）组织分项分部工程、关键工序和隐蔽工程的质量检查和验收；（4）审查承包人提交的施工组织设计、施工技术方案、施工质量保证措施、安全文明施工措施；（5）编制监理月报，报发包人和建设主管部门；（6）编制一级网络计划，核查二级网络计划，并组织协调实施。督促承包人每月按时提供工程进度报表；（7）审查承包人开工申请报告；（8）制订并实施重点部位的见证点、停工待检点、旁站点的工程质量监理计划，监理人员要按作业程序及时跟班到位进行监督检查，停工待检点必须经监理工程师签字确认后才能进入下一道工序；（9）检查现场施工人员中特殊工种持证上岗情况；（10）监督承包人严格按规范、标准和合同要求施工；（11）检查施工现场原材料及构件的采购、入库、保管、领用等管理制度及其执行情况；（12）参加主要设备的现场开箱检查，并签署开箱记录，对设备保管提出监理意见；（13）遇到威胁安全的重大问题时有权提出"暂停施工"的通知，并通报委托人，协助委托人制定施工现场安全文明施工管理目标并监督实施；（14）严格办理现场签证，凡涉及经济费用支出的停窝工签证、用工签证、机械使用签证、材料代用等签证，需汇同委托人共同核签；（15）审查承包人工程预结算，确认工程进度并签署进度款拨付意见，工程付款必须由监理工程师签字；（16）监督施工合同的履行，维护委托人和承包人的正当权益；（17）参与审查调试计划、调试方案、调试措施及调试报告；（18）协调工程的分部试运行工作，参与工程联合试运转；（19）试生产阶段监理：对在试生产期中出现的设计问题、设备质量问题、施工问题提出监理意见并及时通报委托人；（20）在保修期内负责检查工程使用情况和质量状况，对发生的工程质量问题督促承包人修复，合格后予以确认；（21）监理资料的整理：编制整理监理工作的各种文件、通知、记录、检测资料、图纸等，合同完成或终止时移交给委托人。

4. 监理对项目的质量控制

百年大计，质量第一。在工程建设中质量的好坏直接关系到建设单位的长远利益，关系到项目能否顺利建成，关系到能否一次投料试车成功，关系到能否在短时间内达到设计技术指标和生产能力，关系到建设单位市场的开拓，关系到生产的成本，关系到建设单位企业的生存和发展。如何实现"确保工程质量，创国家优质工程"的质量目标，国家法律和建设单位的重托赋予了监理义不容辞的责任。站在建设单位的立场上充分考虑建设单位的需求和期望，创造一种适宜的环境和激励的机制，以充分发挥员工的主观能动性，增强责任感，确保全员参与质量管理的全过程，是监理工作的质量服务宗旨；

向用户提供符合国家和地区法规、满足用户要求以及安全和环境准则的工程服务，是项目监理服务的准则。项目监理致力于贴近项目实际、督促并深化所有参建单位质量体系在项目管理中运行，以质量体系标准为基础，结合合同要求确定项目质量标准并策划如何满足这些标准的过程要求，以提高质量的有效性。

（1）工程质量控制。工程质量不仅影响项目建设的进度、费用，更影响业主的长远效益和社会效益，影响参建单位的信誉和发展。为此控制好本工程的质量是监理的主要工作之一。对施工全过程的质量监理，对工程质量进行预控和动态控制，使其达到合同所要求的质量标准；对承包商的技术水平、质量水平的监督管理，使其施工合同质量标准得以实现。本工程合同的质量目标是按照国家及行业施工验收规范、质量检验评定标准进行检查验收，质量为"合格工程"。监理工程师对工程质量的控制，将主要抓以下两个环节：一是建立严格的监理程序；二是采用有效的监理手段。

（2）质量监理的程序。程序包括审查承包商的开工申请批准开工。

1）审查的重点：①设计交底已经完成，《施工组织设计》已经总监理工程师批准；②施工人员满足开工要求；③管理人员岗位齐全，人员到位，持证上岗；④工种齐全，特殊工种持证上岗；⑤相关的技术、安全培训已经完成，并有记录；⑥施工材料质量、数量满足开工要求；⑦施工机械、设备满足开工要求；⑧取得施工许可证、安全施工许可证、办理了安全监督、测量校标桩已复核并进行了保护；⑨施工现场达到四通一平；⑩施工临时设施满足开工要求；⑪施工安全、保卫措施有保证，消防设施到位；⑫各种记录、验收表格准备齐备。监理工程师对承包商为开工拟投入的人员、设备、材料及施工组织进行全面审查。若监理工程师认为不具备开工条件的申请了开工报告，承包商要根据监理工程师的意见，改进施工准备，重新提交申请，经工程师审核后报业主批准。

2）施工过程中监理的重点：①对承包商质量自检系统进行监督；②对各项工程活动的监督；③成品中间验收；④进行外观检查；⑤对内在质量进行检查；⑥对几何尺寸进行检查；⑦办理中间验收合格手续。合同文件是监理工程师进行质量控制的主要依据，监理工程师对质量的确认与拒绝，主要根据合同文件规定的标准，质量达到合同标准的项目或工序，监理工程师予以确认，反之就予以拒绝。

3）监理工程师的指示。监理工程师的指示经业主批准后，应视为合同文件的一部分。

（3）质量监理的手段，主要有以下几种：

1）旁站监理。监理工程师在承包商施工期间，全部或大部分时间在施工现场，对承包商的各项施工活动进行跟踪监理，随时检查施工过程中的每个细节和工序。在旁站监理中，一旦发现问题，便可以及时通知并指令承包商予以纠正，对杜绝或减少质量事故的发生，保证工程质量和进度具有很大的作用。

2）测量。测量贯穿整个施工监理的全过程。开工前，对承包商的施工放线进行复测，在施工过程中也要采用测量手段进行施工控制，对已完成的工程，也要对各部位几何尺寸、高程、垂直度进行验收。

3）试验。试验数据是对工程质量进行评估的重要依据。例如，通过钢筋抽样试验来判定材料是否合格，通过对碴试块的试验，就可以评价灌注桩的碴质量等。

4）严格执行监理程序。严格执行监理程序就能控制承包商施工程序，避免施工混乱导致的质量事故，从而强化质量管理意识，提高工程质量水平。

5）指令性文件。采用指令性文件，对施工质量进行管理。例如，监理工程师发现施工质量缺陷，就以质量整改通知单的指令性文件，经业主批准后通知承包商返工或修补，或停工整顿。

6）拒绝计量。如果承包商的施工质量没有达到合同规定的标准，监理工程师有权采取拒绝计量支付的手段，通知业主/业主代表停止对承包商部分或全部工程款的审批。这是对承包商十分有效的约束，是保证工程质量的重要措施。

（4）本工程中监理对质量控制的具体做法有以下几种：

1）各专业监理工程师应熟悉施工图及设计说明资料，了解设计要求，明确土建与设备、安装相关部位、关键质量控制点及工序的关系，审查图纸有无差错和矛盾之处，对关键部位和施工难点事先做到心中有数。

2）组织好设计图纸会审。

3）严格按照施工规范、验收标准、设计文件要求，检查施工质量和质量保证技术措施的落实。

（5）工程项目监理质量控制的工作程序如下：

1）监理工程师应在项目现场巡视过程中及时纠正施工中所发生的问题，应对施工过程的关键工序、特殊工序、重点部位和关键控制点进行跟踪监督。

2）承包单位在一个分部、分项工程完成并自检合格后，填写《工程报验单》，报项目监理部。

3）监理部对报验的资料进行审查，并到施工现场进行抽查、核查，签认确定分部、分项工程质量等级。

4）对不合格的分部、分项工程，应签发《整改通知单》，由承包单位整改，经复查合格后准予进行下一道工序。

5）单位工程每个分部完成后，承包单位填写《工程报验单》，项目总监理工程师组织建设单位、承包单位和设计单位共同进行现场质量验收，并签字认可。

6）审查签认工程使用的原材料、半成品、成品和设备，对质保资料规定的材料进行抽查和复验。

7）对施工中发现的质量事故，应及时书面报告建设单位和有关部门，并应会同有关方参与事故分析和质量事故的处理结果复查，以及质量事故处理方案的确定。

（6）质量控制的监理主要工作内容包括：督促承包单位完善工序控制，将影响工序质量的因素事先纳入受控状态；施工关键部位及难点，也是监理质量控制的重点。本工程的施工难点，即监理控制要点。

严格工序间的交接检查，重要工序的检查不经监理验收合格确认后，不得进行下道工序的施工。检查包括：①审批施工组织设计、施工方案；②对工程重要部位有必要组织试验或技术检验；③通报质量信息；④处理工程质量事故；⑤进行质量检验评定；⑥进行工程竣工资料的审定。

（7）明确质量控制监理工作要点，主要有以下几点：

1）建筑物质量控制监理工作要点。

2）设备基础质量控制监理工作要点。

3）隔热防腐质量控制监理工作要点。

4）地下给排水安装质量控制监理工作要点。

5）钢结构预制安装质量控制监理工作要点。

6）化工静设备质量控制监理工作要点。

7）大型机组质量控制监理工作要点。

8）机泵质量控制监理工作要点。

9）工艺管道安装质量控制监理工作要点。

10）电气安装工程质量控制监理工作要点。

11）仪表安装工程质量控制监理工作要点。

（8）明确关键部位质量预控点。

（9）确定质量控制检查点，主要包含以下几点：

1）建筑与结构工程质量控制检查点。

2）静设备安装质量控制检查点。

3）动设备安装质量控制检查点。

4）管道安装质量控制检查点。

5）管道焊接质量控制检查点。

6）特种材料管道焊接质量控制检查点。

7）电气安装质量控制检查点。

8）仪表安装质量控制检查点。

9）绝热施工质量控制检查点。

10）防腐施工质量控制检查点。

5. 问题讨论

（1）质量控制的监理由哪些工作构成？

（2）质量监理的程序是什么？

（3）质量监理的手段有哪些？

主要内容

➢ 项目变更概述
➢ 项目整体变更控制
➢ 项目范围变更控制

第 6 章

项目的变更控制

本章目标

- 了解项目变更的概念
- 掌握项目整体变更的输入、处理和输出
- 对于整体变更的一个重要类型，掌握项目范围变更的输入、方法、工具和输出

本章介绍

本章在对项目变更进行概述的前提下，详细介绍了项目整体变更的输入、处理及输出的过程，并以整体变更中的范围变更为代表，对其变更的过程进行了详细的分析。

在现代企业经营中，只有一个共同的特性，那就是变化。项目的执行过程更是这样。

在一个项目的生命周期中，由于项目的一次性和独特性，使得项目在计划阶段面临许多的不确定性。这种不确定性在项目的执行过程中导致项目的实际目标、过程和交付成果等都会与项目初始阶段的计划有不同程度的变化。面对这些变化，就要采取相应的应变措施。我们将上述变化和应变措施统称为项目变更。

6.1 项目变更概述

没有一个项目能够从始至终地按计划执行。由于在项目实施过程中不可预见的新情况、新事情、新问题的产生，使得项目始终处于变化的过程中。项目管理得再好，采用的管理方法再科学，项目也避免不了由于不确定性原因而带来的变化。根据项目管理的哲学思想，变化是绝对的、正常的，而不变则是相对的、不正常的。对于项目管理者来说，最理想的情况是能够有效地预测所有可能发生的变化，以便采取有效的预防措施，以实现项目的目标。但实际上很难做到这一点，因为许多不确定性的变化是难以预见的，更为实际的方法则是通过不断的监控、有效的沟通、协调、认真的分析研究，力求弄清项目变化的规律，妥善地处理各种变化。

当项目的某些基准发生变化时，项目的质量、成本和计划相应地也发生变化，为了达到项目的目标，就必须对项目发生的各种变化采取必要的应变措施，这种行为称为项目变更。而项目变化是指项目的实际情况与项目基准计划发生偏差的状况，项目发生变化并不意味着项目就会发生变更。项目变更和项目变化的基本区别就在于项目变更要采取必要的措施，而项目变化可能不必采取措施。

所谓项目变更控制，是指建立一套正规的程序对项目的变更进行有效的控制，从而更好地实现项目的目标。所以，项目变更控制的目的并不是控制变更的发生，而是对变更进行管理，确保项目能够继续有序地进行，具体地说，就是指设计一套变更控制系统，建立一套正规程序，对处于动态环境的项目变更进行有序的控制。

6.1.1 项目变更的影响

一般来说，项目的变更会对项目带来以下影响：

1. 对项目目标的影响

项目的变更可能会造成项目工期的延长或缩短；项目费用的增加或减少；项目质量的降低或提高。这种影响是项目管理人员和其他利益相关者最为关心的问题，也是最重要的。

2. 对资源需求的影响

由于项目的变更可能会导致对项目所需材料、设备或工具以及技术人员等资源需求的变化，需要重新组织资源。

3. 对项目组织的影响

项目的变更也可能会导致项目团队组织结构的变化，需要对项目团队进行重组。

项目的变更可能会对以上三个方面都产生影响，但更多的是对某些方面产生影响，而对其他方面则没有影响。这就需要项目管理人员针对具体情况做出具体分析，以便识别项目的变更对项目所产生的影响。

项目的变更会发生在项目实施过程中的任一阶段。但根据项目的生命周期理论，项目的变更发生得越早，项目已形成的价值越小，已消耗的资源越少，后续计划调整的灵活性越大，相应的损失就会越小；项目变更发生得越迟，变更的难度就越大，项目已形成的价值越大，剩余的资源越少，后续计划调整的灵活性越小，相应的损失也就越大。因此要及时发现和控制项目的变化，以避免变化的失控和累积。在失控的状态下，任何微小变化的积累，最终都可能会导致项目质量、费用和进度的变化，这是一个从量变到质变的过程。

通常，随着项目的进展，项目变更带来的破坏性影响越来越大。例如，在项目设计阶段，一个子系统设计或部分设计中的变更只要求其他相关系统的重新设计；而设计完成后的设计变更将会给项目范围、成本和进度都带来很大的影响。同样，在建设或安装阶段，变更发生得越晚，变更的破坏性越大。工作陷于混乱，工作成果被推翻并要求重新开始，已用的材料被废弃，这样对团队成员士气也会产生很大影响。当人们看到变更使得他们前功尽弃时，都宁愿维持原计划不变，这将导致更难以收拾的局面。

6.1.2 项目变更的原因

1. 项目变更的原因

在项目进行过程中，项目的变更可能是由顾客引起的，也可能是由项目团队引起的，或是由不可预见事件的发生引起的。下面举例分别说明。

（1）顾客引起的变更。例如，购房者向建筑商建议，房间应该更大一些，窗户的位置应重新设置；顾客要求信息系统开发项目团队应提高信息系统的能力，以生成以前未提到过的报告和图表。这些都是由顾客引起的变更。这些变更类型代表着对最初项目范围的变更，将会对项目的进度、费用产生影响。不过，影响程度取决于做出变更的时间。如果在房子的设计图纸尚未完成时，改变房子的大小和窗户的位置就比较容易；但是，如果房子的主体已完成，窗户也已安装好，要进行上述变更，则对项目的进度和费用将会产生很大的影响。

（2）项目团队引起的变更。例如，在项目实施过程中，项目团队发现项目设计方案不合理，则提出设计变更建议。

（3）项目经理引发的变更。例如，某位负责为顾客开发自动发票系统的承约商提出，为了降低项目成本并加快进度，自动发票系统应该采用现成的标准化软件，而不是为顾客专门设计软件。

（4）计划的不完善引起的变更。在项目计划过程中，忽略了某些环节而引起的变更。例如，在建造房屋时，客户或承约商未将安装下水道列入工作范围，则应进行范围变更。

（5）不可预见事件引发的变更。例如，地质条件的变化使得原先的设计方案不能满足要求，则需要进行设计变更；罕见的暴风雨延缓了项目实施过程，则需进行进度变更。

2. 项目变更的类型

根据项目变更发生的阶段，还可以将项目期内可能发生的变更分成如下5种典型类型：

（1）在项目早期的开发阶段，项目范围和具体细节的变更。项目的不确定性越大，在项目开发阶段，项目范围和具体细节变更的可能性就越大。对于这种变更，项目经理必须组织项目的利益相关者仔细评审，并明确告知项目客户，因为一旦批准变更计划，变更后会付出很大的代价。

（2）由于错误、遗漏或必要的修订，而在设计阶段产生的变更。项目设计中的错误和遗漏必须更改，而由于客户需求变化带来的客户"期望"的变更则要质疑，特别是客户改变项目最初范围时。通常情况下，这种变更更容易发生，因为客户一般倾向于超出原始条款挤压变更（如压低项目成本）。

（3）由政府法令、劳动合同、供应商及其他团体带来的变更（健康、安全、人力）。通常在这些情况下没有其他选择，只能改变计划。

（4）有利于提升项目回报率的变更。因为项目回报率难于估计，这类变更也就很难验证是否有必要，只有经过更高的管理层进行谨慎决策，才能决定是否变更。

（5）有益于提升原始需求的变更。通常人们乐于不断地改进工作，期望变更会超越项目最初的范围和要求。项目经理有必要区分哪些变更是必要的，哪些是有益的。对于没有必要的变更，虽然对于项目有益处，仍要予以阻止。

任何项目计划在项目完成之前总是要面对变更。一般来说，项目越大越复杂，变更的次数也就越多，实际成本和进度会越加偏离初期的项目目标。项目出现问题需要变更计划，但变更计划的同时，又会在项目执行过程中产生新的问题。项目计划的变更是费用超支和进度延期的最主要原因，不断的变更会降低项目团队成员的工作热情，也会破坏项目经理、职能经理和业主之间的关系。

6.1.3 影响项目变更的因素

项目的变更是指对原来确定的项目计划基准的偏差，这些基准包括项目的目标、项目的范围、项目要求、内外部环境以及项目的技术质量指标等。如上所述，项目的变更是不可避免的，问题的关键是能够掌握项目变更的规律，有效地进行项目变更的控制。项目变更的规律可能因项目而异，但通常情况下，项目变更一般受以下因素的影响：

（1）项目的生命周期。项目的生命周期越长，项目的变更就越多，特别是项目的范围就越容易发生变更。

（2）项目的组织。项目的组织越科学、越有力，则越能有效制约项目的变更。反之，缺乏强有力的组织保障的项目则较易发生变更。人员的流动、协调的困难、管理的随机性等都会使项目容易产生较大的变更。

（3）项目经理的素质。高素质的项目经理善于在复杂多变的项目环境中应付自如，正确决策，从而使项目的变更不会造成对项目目标的影响。反之，素质不高的项目经理则难以在复杂多变的环境中驾驭和控制项目。

（4）外部因素。引起项目变更的因素不仅来源于项目自身，更多的则是来源于项目的外部。例如，不良的天气，原材料、设备的供应，法律纠纷，团队成员的消极态度以及有关方面的干预等因素都会使项目发生变更。

当然，除了上述因素以外，还有其他若干因素。例如，项目要采用新技术、新方法，项目就可能会发生变更；计划出现错误，项目需要变更；项目中原定的某项活动不能实现，项目也需要变更；项目的设计不合理，项目更需要变更等。

项目的变更更多的是来源于顾客的要求和项目团队对项目或服务的改进。随着项目的进展，顾客会越来越清楚地认识到一些在项目初期未能认识到的问题，因此会不断提出更改的要求。项目团队在项目实施过程中，也有可能不断改进技术或发现一些新的方法、工艺或材料。

6.1.4 项目变更控制内容的分类

在项目变更控制管理中，按控制覆盖范围可将变更控制分为：

1. 项目整体变更控制

项目整体变更控制是要协调整个项目全过程的变更。

2. 项目辅助变更控制

作为项目整体变更管理的重要支撑部分，项目辅助变更控制通常在控制内容上包括以下几个部分：

（1）范围变更控制。范围变更控制是对已批准的工作分解结构所规定的项目范围的所有修正。范围变更经常要调整成本、时间、质量等项目的目标。

（2）进度变更控制。进度计划变更就是对项目进度计划所进行的修正。必要时，要将变更通知有关项目利益相关者。进度计划变更可能会要求对整体项目计划进行调整，如成本计划、资源需求计划以及质量计划等都需要做相应调整。

进度计划的变更仍然要遵循如下两个最一般的约束：

- 项目必须在一定的日期完成。

- 资源被严格控制。

在进度计划变更时，可利用网络分析技术。进度延长变更发生在关键工序与非关键工序，对项目总进度的影响是不一样的。发生在关键工序上的进度延迟变更一定会影响总进度，如要保证总进度不变，则必须设法缩短后续工序的工时，即需要重新修订计划；发生在非关键工序上的进度延迟变更如果小于该工序的自由时差，则不会影响后续工期，如果大于该工序的自由时差但小于总时差，后续工序的最早开工时间可能会受到影响，但是不会影响总工期；发生在非关键工序上的进度延迟变更如果大于该工序的总时差，则会影响到项目的总进度，也需要重新修订计划。

（3）成本变更控制。成本变更控制就是对造成成本基准计划变化的因素施加影响，以保证这种变化朝着对于项目有利的方向前进；确定成本基准计划是否发生了变化；在实际变化发生和正在发生时，对这种变化实施管理。

控制的过程包括：①监视成本执行以寻找出与计划的偏差；②确保所有有关变更都准确地记录在成本基准计划中；③防止不正确、不适宜或未核准的变更纳入成本基准计划中；④将核准的变更通知有关项目利益相关者。

成本变更控制包括查找出现偏差的原因。该过程必须同其他控制过程（范围变更控制、进度计划控制、质量变更控制等）紧密地结合起来。对成本偏差采取不恰当的应对措施可能会引起质量或进度方面的问题，或引起项目在后期出现无法接受的风险。

（4）质量变更控制。质量变更控制就是监控具体项目结果以决定它们是否符合相关的质量标准以及确定排除不满意的结果原因的方法，并对其进行修正直到满足质量变更要求为止。

（5）风险变更控制。风险变更控制是指跟踪已识别的风险，监视和识别新的风险，保证风险计划的执行，并评估这些计划对降低风险的有效性。风险变更控制是项目整个生命周期中的一种持续进行的过程。随着项目的进展，风险会不断变化，可能会有新的风险出现，也可能预期的风险会消失。

良好的风险变更控制过程为我们提供相关信息，帮助我们在风险发生前做出有效的决策，为了定期对项目风险水平的可接受程度做出评估，所有项目利益相关者之间的沟通是非常必要的。

项目变更控制的以上几种类型在执行控制过程中的关系如图6-1所示。

总之，每一类变更都有各自的特点，又有专门的控制方法和工具，可以参见项目整体变更管理的一般流程方法来执行，同时又需要项目控制部门将每一类变更从项目整体的高度以系统的方法来进行协调，特别是在项目巨大且复杂的时候。

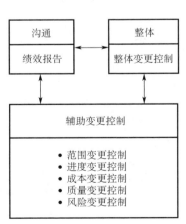

图6-1 协调涉及整个项目的变更

6.1.5 项目变更控制的程序

在项目管理过程中，项目变更是正常的、不可避免的。变更控制的程序如下（见图6-2）：

- 明确项目变更的目标。

- 对提出的所有变更要求进行审查。
- 分析项目变更对项目绩效所造成的影响。
- 明确产出相同的各替代方案的变化。
- 接受或否定变更要求。
- 对项目变更的原因进行说明，对所选择的变更方案给予解释。
- 与所有相关团体就变更进行交流。

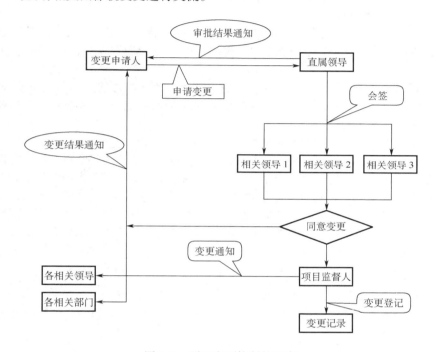

图 6-2　项目变更控制的程序

6.2　项目整体变更控制

6.2.1　项目变更控制的基本要求

1. 关于变更的协议

在项目早期，项目承包人和客户之间，项目经理和项目团队之间应就有关变更管理方式、过程等问题进行协商，并形成文件或协议。

2. 谨慎对待变更请求

对任何一方提出的变更请求，其他各方都应谨慎对待。例如，项目承包商对客户提出的变更，在未对这种变更可能会对项目的工期、费用产生何种影响做出判断前，不能随便同意变更。而应估计变更对项目进度和费用的影响程度，并在变更实施前得到客户的同意。客户同意了对项目进度和费用的修改建议后，所有额外的任务、修改后的工期估计、原材料和人力资源费用等均应列入计划。

3. 制定变更计划

无论是由客户、承约商、项目经理、项目团队成员还是由不可预见事件的发生所引起的变更，都必须对项目计划涉及的范围、预算和进度等进行修改。一旦这些变更被各方同意，就应形成一个新的基准计划。

4. 变更的实施

变更计划确定后，应采取有效措施加以实施以确保项目变更达到既定的效果。其步骤如下：

（1）明确界定项目变更的目标。项目变更的目的是为了适应项目变化的要求，实现项目预期的目标。这就要求明确项目变更的目标，并围绕该目标进行变更，做到有的放矢。

（2）优选变更方案。变更方案的不同影响着项目目标的实现，一个好的变更方案将有利于项目目标的实现，而一个不好的变更方案则会对项目产生不良影响。这就存在着变更方案的优选问题。

（3）做好变更记录。项目变更的控制是一个动态过程，它始于项目的变化，而终于项目变更的完成。在这一过程中，拥有充分的信息、掌握第一手资料是做出合理变更的前提条件。这就需要记录整个变更过程，而记录本身就是项目变更控制的主要内容。

（4）及时发布变更信息。项目变更最终要通过项目团队成员实现，所以，项目变更方案一旦确定以后，应及时将变更的信息和方案公布于众，使项目团队成员能够掌握和领会变更方案，以调整自己的工作方案，朝着新的方向去努力。同样，变更方案实施以后，也应通报实施效果。

6.2.2 项目整体变更的根源

项目整体变更是指对原来确定的项目基准发生的偏离。这些基准包括项目的目标和要求、项目的内外部环境、项目的技术质量指标等，以 IT 项目为例，完整的基准计划包括如图 6-3 所示的各个方面。

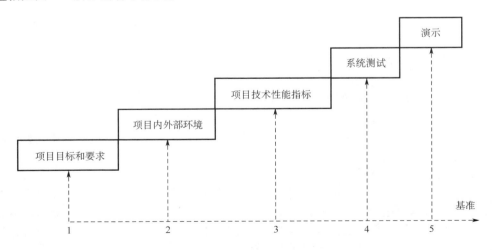

图 6-3 项目基准计划

实践表明，项目的原始计划在项目完成之前多少要发生改变。究其原因，主要来自以下三个方面：

（1）项目实施过程对技术要求的不确定性。

（2）项目实施过程的进展和项目输出的逐渐明晰。

（3）由于应用于项目实施过程和项目输出的规定的修改。

项目变更管理是一件复杂的工作。在和许多项目经理的交流中，我们发现，处理变更是项目经理最头疼的重要问题之一。

项目变更常常来自客户的要求变化和项目成员对产品和服务的工作的改善。随着项目的推进，客户越来越清楚地认识到一些在项目初期未能认识到或认清的问题，客户也就不断提出自己的更改要求。而随着项目进展和新技术的产生，项目组也有了更好实现项目的主意和方法。

在项目实施过程中，变更实施越迟，完成变更的难度越大。而在没有控制下的微小变化的堆积，会对质量性能、成本和进度造成较大的负面冲突。项目的实践告诉我们，项目变更是正常的、不可避免的，我们首先应在思想上认识这一客观必要性并建立一套有效的项目变更控制程序。

6.2.3　项目整体变更控制框架

1. 项目整体变更控制框架

项目整体变更控制主要解决以下几个问题：

（1）对引起变更的各种因素施加影响，以保证这些变更是值得的。

（2）确定变更是否已经发生。

（3）当变更发生时，对实际变更进行管理。

项目整体变更必须保持最初定义的项目范围和综合绩效基准计划，方法是按照基准计划持续不断地管理变更，否决新的变更或同意变更并把这些变更结合到修改的项目基准计划中。整体变更控制要求如下：

● 维护绩效测量基准计划的完整性。

● 确保产品范围的变更反映在项目范围定义中。

● 如图 6-1 所描述的，协调各知识领域的变更。例如，所建议的一项进度变更通常将影响到项目成本、风险、质量和人员配备。

项目整体变更控制框架如图 6-4 所示。

图 6-4　项目整体变更控制框架

2. 项目整体变更的输入

（1）项目计划。项目计划是控制变更的基准计划。

（2）绩效报告。绩效报告提供项目实际实施状况的信息，它反映了项目目前是否已经发生了变化、变化的程度、是否需要进行变更等，它还可以提醒项目团队注意未来可能发生的问题。

（3）变更申请。变更申请及相应的批复是项目变更控制的重要原始依据之一。变更申请程序是避免变更的随意性的重要环节。涉及多方利益的变更申请一定是以书面形式的申请。

3. 项目整体变更控制的工具和技术

（1）变更控制系统。变更控制系统实际上是一系列正式的、文档化的程序，这些程序规定了对项目绩效进行监控和评估的方法和步骤。变更控制系统包括正式项目文件（如计划、技术标准、设计图纸、质量要求、项目交付成果的考核指标等）变更的步骤，还包括文档工作、跟踪系统和用于授权变更的批准层次。

许多组织都拥有自己的变更控制系统，项目组可采纳本组织的相应变更控制系统。如果没有一个现成的适当的变更控制系统可供项目使用，项目管理机构需要建立一个变更控制系统并作为项目管理的一部分。

许多变更控制系统包含一个控制小组，负责批准或否决项目变更请求。这类小组的作用和职责在变更控制系统中有明确界定，并经过所有关键干系人的一致同意。这种控制小组的定义随组织的不同而各不相同。但通常的叫法有变更控制委员会（Change Control Board，CCB）、工程审查委员会（Engineering Review Board，ERB）、技术审查委员会（Technical Review Board，TRB）、技术评估委员会（Technical Assessment Board，TAB）等。

变更控制系统还必须包括某些程序，用来处理无需预先审查就可以批准的变更。例如，由于紧急原因，或事先约定的影响强度在一定范围之内的变更，就不需要预先申报审查。对于某些确定类别的变更，典型的变更控制系统会允许"自动"确认这些变更。对于这些变更也必须进行文档整理并归档，以便能够对基准计划的变化过程归档。

用于协调整体项目变更的正规变更控制程序一般如下：

1）提出项目变更申请。

2）对所有提出的变更要求进行审查。

3）明确所有任务间的冲突。

4）根据原计划、变更申请和由此造成的冲突，重新计算和分析项目的质量、成本和进度。

5）评估各变更要求的得与失，并将所有变更申请按优先级排序。

6）明确产出相同的各替代方案的变化。

7）接受或拒绝变更请求。

8）与所有利益相关者就变更进行沟通。

9）确保变更合理实施。

10）准备月报告，按时间总结所有的变更和项目冲突。

在建立正规项目变更控制系统的过程中，我们要遵照一些基本的工作方针，主要方针具体如下：

1）所有项目合同都应包括有关计划、预算和交付物的变更要求的描述。

2）提出变更必须递交项目变更申请。

3）变更要经业主方及上级部门批准，在变更申请上签名。

4）所有的变更在准备变更申请和评估之前，需与项目经理商讨。

5）在变更申请完成并得到批准之后，必须对项目总计划进行修改，以反映出项目的变更。这样，项目变更申请就成了项目总计划的一部分。

6）变更控制系统是一系列正式的、文档化的程序，这些程序定义了如何对项目绩效进行监控和评估，变更控制系统包括正式项目文档变更的步骤，还包括文档工作、跟踪系统和用于授权变更的批准层次。

（2）配置管理（Configuration Management，CM）。CM 是一种将技术要求像合同一样，被视为原则的方法。客户应该获得不多不少完全满足技术要求的可交付成果。任何技术要求的偏差都不能被接受，除非这种技术要求的变化通过严格的评审过程且获得相应的权威机构批准。这种合同式的方法可以保护客户不受开发人员和实施人员偏离技术要求的影响，同时也保护项目人员不受反复无常的客户变更需求的干扰。

配置管理是对所有技术文件归档管理的程序，这些程序用于对以下方面进行技术的和行政的指挥与监督：

- 识别一项任务或系统的物理特性和功能特性，并将其形成文档。
- 控制这些特性的任何变更。
- 记录和报告这些变更及其绩效。
- 审计这些任务项和系统以证实与需求相一致。

注意，这种方法的根本理念是要满足技术要求（也就是合同），而不是让客户满意。这看上去似乎与现在的强调让客户满意关系不大，其实不然。使 CM 以客户为中心的关键是确保技术要求能真正地反映客户的需求。

CM 起源于 20 世纪 50 年代的美国工业系统。当时，武器系统的建造已变得十分复杂以至于用传统的方式已无法完成。特别是，人们形成了一种共识，对复杂系统的所有变更都应该充分文档化，并由一个复杂的跟踪系统实施全面的追踪。没有适当的变更文档，对复杂系统的维修和改进几乎是不可能的。CM 是解决这一问题的一种建议方案。自 20 世纪 50 年代中期开始，复杂的国防系统的制造商被要求在他们所有的大型项目中都采用 CM 来实现变更的文档化和跟踪。

目前，CM 的应用已超出了硬件开发，扩展到软件项目。人们所熟知的软件行业的 CM 被称作"版本控制"（Version Control）。

在利用 CM 方法进行开发和修改一个项目的过程中，所有的努力都是为了防止偶然性的变更。客户在签字认可项目合同之后，得到的将不会再变化。而整个开发项目过程就是如何尽可能地减少不必要的变更。用 CM 方法进行项目开发和修改项目的基本步骤如下：

第一步：详细技术的开发规格要求。采用 CM，开发过程是从建立详细的技术要求文件开始的。在传统的项目管理中，这些技术要求是通过典型的系统分析程序产生的。系统分析员将要分析现有的技术和程序、会见关键的成员、识别未来需求，然后开发系统的技术要求。这种方法存在的问题是，它常常导致所产生的技术要求不能真正地反映客户的需求。今天，以客户为中心的技术要求正越来越多地通过快速原型法来产生。

一旦建立了详细的技术要求，就必须通过客户和开发组织双方的权威人士的批准。在他们签字认可之后，技术规格就成了一种工作"基线"。

第二步：开发总体设计。开发总体设计的指导来自上述"基线"（也就是技术要求），而且也只能是上述的"基线"。在总体设计形成过程中，要经常依据"基线"来测试其可追溯性，也就是说总体设计的每一个元素都必须与某一项技术要求紧密相关。前溯性追踪从某一要求开始，试图找到一个相应的总体设计元素。如果不存在这种元素，那么必须加上；后溯性追踪从总体设计的元素开始，试图找到与之对应的某项技术要求。如果没有找到，则要删除这一总体设计元素，因为它代表与技术要求无关的总体设计元素。

总体设计令人满意地完成并由客户和开发人员双方组织中的权威人士批准之后，该总体设计便成了新的工作"基线"。技术要求就可暂时放在一边了，因为它们实际上包含于总体设计之中，所以并无问题。

第三步：开发详细设计。详细设计根据新的"基线"（也就是总体设计）制订。像第二步一样也应注意保持其可追溯性。在详细设计接近完成时，它可能接受"功能性结构评审"。也就是说，邀请一些独立的专家对该设计进行评审，并请他们就根据该设计建立的系统能否按制定的方式运行发表意见。在该详细设计由客户和开发人员双方组织中的权威人士批准之后，它变成了新的工作"基线"。

第四步：建造和测试系统。根据最终的"基线"（也就是详细设计）建造系统。在系统的建造过程中，应根据经过批准的技术要求的最新版本定期对系统进行测试。在系统完全建成之后，它可能要接受"物理结构状态评审"，进行一次全面的测试以确定实际系统是否全面符合技术要求。这一步结束时开发工作也就完成了。

在许多应用领域，配置管理是变更控制系统的子集，用于确保项目产品描述的正确和完整。然而，在某些应用领域，变更控制是指对项目变更所进行的任何系统管理。

（3）绩效测量。绩效测量是用来评价项目进程是否偏离了计划。绩效测量可采用第 4 章介绍的挣得值分析技术。

（4）补充计划编制。如前所述，项目变更必然会影响到工期、成本、质量和所有其他资源的需求。因此，一旦项目的利益相关者签署了项目变更，就必须对项目的后续未完成工作的计划做补充调整。补充计划的编制技术同项目计划编制技术。例如，对变更部分的成本需重新估算，制定相应的预算基线；对变更后的项目重新采用网络技术安排进度计划等。

（5）项目管理信息系统。项目管理信息系统包括用于收集、分析、开发利用项目管理和过程信息的工具和技术，包括计算机硬件和软件，还包括管理体系模式和相应的规章制度。

4. 项目整体变更控制的输出

（1）项目计划更新。项目计划更新是对项目变更后对计划或详细依据内容所做的全部修改。必须根据需要把项目计划更新通知所有的项目利益相关者。

（2）纠正措施。纠正措施是为了确保项目能达到初始目标或变更后的目标所采取的任何措施。

（3）经验教训。应当将项目计划产生变更的原因、纠正措施选择的理由以及其他教训书面记录下来，以使其成为本项目或执行组织其他项目的历史数据库的一部分。

6.3 项目范围变更控制

项目范围变更控制是指为使项目向着有利于项目目标实现的方向发展而变动和调整某些方面因素而引起项目范围发生变化的过程。项目范围变更及控制不是孤立的，它与项目的工期、费用和质量密切相关。因此，在进行项目范围变更控制的同时，应全面考虑对其他因素的控制。

范围变更控制要解决的问题是：（1）对可能造成范围变更的因素施加影响，以确保出现范围变更时，这些变更因素能得到一致认可；（2）确定范围变更是否已经发生；（3）当范围变更发生时，对实际的变更进行管理。范围变更控制应当全过程地与其他控制过程结合起来，如进度控制、成本控制、质量控制等，这些控制过程已在 6.1 节中进行了讨论。

项目范围变更控制框架如图 6-5 所示。

图 6-5　项目范围变更控制框架

6.3.1　确定项目范围变更的主要根据

1. 项目工作分解结构

项目工作分解结构（WBS）针对可交付成果对项目要素的分组，它归纳和定义了整个项目范围。每下降一层代表对项目工作做更详细的定义，并且父元素下的子元素集包括以父元素代表的全部工作。因此，WBS 定义了项目范围的基本内容和基准计划。当实际的项目实施工作超出或达不到项目工作分解结构的范围要求时，就已经表明发生了项目范围的变动。项目范围变更发生后必须对项目工作分解结构进行重新调整和更新。

2. 项目绩效报告

项目绩效报告一般包括两类信息。一类是项目的实际进程中的相关资料，包括项目工作的实际开始/完成时间以及实际发生的费用等情况；另一类是有关项目范围、工期计划和成本预算的变更信息。例如，项目的哪些中间产品已完成，哪些还没有完成；项目的工期和成本预算是否已经超过了项目最初的计划还是未超过项目最初计划等。项目实施情况报告还提醒项目组织注意那些会在未来引发问题和项目范围变更的因素和环节。

一般来说，项目的实施过程中都有确定的报告期。项目实施情况报告的频率依每个项目的大小和项目的复杂性而定，项目报告期可以是每天、每周、每月等。如果要对项目进行有效严密的范围变更控制，那么就应建立正规的项目实施情况报告制度，另外改进工作流程、缩小项目实施情况报告期是管理范围变更控制行之有效的方法之一。

3. 项目范围变更申请

项目范围变更申请可能有多种形式，可以是口头的或书面的、直接的或间接的；可以由内部引起，也可以是外部要求的甚至是法律强制的。

项目范围的变更申请可能是要求扩大项目范围，也可能是要求缩小项目管理。绝大多数项目范围变更要求是由以下几个原因引起的：

- 某个外部事件。例如，政府相关法律的变更。
- 在定义项目范围时的某个错误或疏漏。例如，在设计一个电气系统时遗漏了一个必备的特殊构件。又如，在定义项目范围时使用材料清单代替了项目工作分解结构。
- 可以增加项目价值的变更。例如，在一个环保项目中发现通过采用某种新技术可以降低项目成本，但是这项新技术在最初定义项目范围时尚未出现，所以造成项目范围的变更。

项目范围变更申请书的参考格式如表 6-1 所示。

表 6-1　范围变更申请书参考格式

申请日期		范围变更内容的关键词	
申请人		归属 WBS 编码	
变更内容			
变更理由			
对其他工作包的影响及所需资源			
申请人评估：		项目上级负责人评估：	
若不变更，负责人批复意见：			
若变更，负责人批复意见：			
优先级		编号		执行人		结束时间	
负责人			负责人签发日期		

4. 范围管理计划

项目范围管理计划确定了项目的范围及其变更的管理方法，还包括对项目范围稳定性的预测和分析（如可能发生哪些范围变更、变更的原因有哪些、变更的幅度和变更频率有多大等），以及范围变更的确定和分类方法。

6.3.2　项目范围变更控制的工具和技术

1. 项目范围变更控制系统

项目范围变更控制系统是进行项目范围控制的主要方法。范围变更控制系统给出了项目范围变更控制的基本控制程序、控制方法和控制责任。这一系统包括文档化工作系统、变动跟踪监督系统，以及项目变动请求的审批授权系统。在项目的实施过程中，项目经理或项目实施组织利用所建立的项目实施跟踪系统，定期收集有关项目范围实施情况的报告，然后将实际情况与计划的工作范围相比较，如果发现差异，则决定是否采取纠正措施。如果决定采取纠正措施，那么必须将纠正措施及其原因写成相应的文件，作为项目范围管理文档的一部分。同时要将项目范围的变动情况及时通知项目所有相关利益者，在获得他们一致的认可之后，才可以采取项目范围变更的行动。

项目范围变更控制系统是整个项目变更控制系统的一部分，应当与 6.2 节描述的整体变更控制综合起来，当项目范围发生变动时，项目其他方面必然也会受到影响，因此项目范围变更行动应该被集成到整个项目的变更控制系统之中，尤其是应该在适当的地方与项目管理的其他系统相结合，以便协调和控制项目的范围。当项目按照承包的方式进行时，项目范围变更控制系统必须与所有相关的合同条款保持一致。

2. 绩效测量

在项目沟通管理中描述的绩效测量技术用于帮助评估发生的偏差的程度。范围变更控制的一个重要部分是确定引起偏差的原因，并且决定这种偏差是否需要采取纠正措施。项目实施情况的测量技术是项目范围变更控制的一种有效的管理方法。这一方法有助于评估已经发生的项目范围变更的偏差大小。项目范围变更控制的一个重要内容就是识别已发生变更的原因，以及决定是否要对这种变更或差异采取纠偏行动，而这些都需要依赖项目实施情况度量技术和方法。

3. 补充计划编制

很少有能够非常精确地完全按计划进行的项目。预期的范围变更可能需要对工作分解结构作修改，或者对替代方法进行分析，甚至会要求重新分析和制定替代的项目实施方案。项目范围的变更会引起项目计划的变更，即项目范围的变更会要求项目组织针对变更后的情况，制订新的项目计划，并将这部分计划追加到原来的项目计划中去。

4. 项目三角形分析

项目三角形法是一种项目集成控制的技术方法，这种方法可以用于对项目范围进行有效的控制。所谓的"项目三角形"是指由项目的时间、项目预算和项目范围所构成的三角形，如图 6-6 所示。大多数项目都会有明确的完成日期、项目预算和项目范围的限制。项目时间、项目预算和项目范围三个要素被称为项目成功的三大要素。如果调整了这三个要素中的任何一个，另外两个就会受到影响。虽然这三个要素都很重要，可一般来说会有一个要素

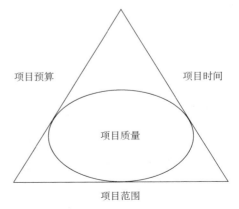

图 6-6　项目三角形

对一个项目的影响最大。例如，如果决定对项目工期计划做出调整以缩短工期，提前完成项目，那么就会面临增加项目成本或缩小项目范围的选择。如果需要调整项目计划以将项目成本控制在项目预算之内，那么其结果可能会延长项目工期或缩小项目范围。同样，如果希望扩大项目范围，那么项目就会耗费更多的时间和金钱。

在使用项目三角形法控制项目的范围变动时，首先应明确项目的时间、预算和范围三个要素中的哪一个对项目的成功完成最重要。这决定了哪个是首先确保的目标，哪个次之，以及应该如何去优化项目范围变动方案和行动。例如，你可能会发现为了不超出完成日期和预算，需要调整计划或范围以对其进行优化。在开始优化时，需要时刻记住项目三角形。因为当对时间、预算和范围三角形中的一边做出调整时，另两边也会被影响。这种影响可能是正面的也可能是负面的，这取决于项目的性质和调整的方向。优化中要不断检查计划的另两个要素以防止出现不可能实行的计划安排。例如，如果你调整了项目的预算，最好检查一下项目的完成日期是否还在可接受的范围内。

6.3.3 范围变更控制的输出和作用

1. 范围变更

范围变更是指对已经确定的、建立在已审批通过的 WBS 基础上的项目范围所进行的调整与变更。项目范围变更常常伴随着对成本、进度、质量或项目其他目标的调整和变更。范围变更应反馈到计划编制过程中，技术或计划编制的文档应根据需要进行修正，并应被恰当地通知到项目利益相关者。

2. 纠偏措施

纠正措施是为了使预期的未来项目绩效与项目计划保持一致。由于项目的变化所引起的项目变更偏离了计划轨迹，产生了偏差，为保证项目目标的顺利实现，就必须进行纠正。所以，从这个意义上来说，项目变更实际上就是一种纠偏行动。

3. 总结经验教训

导致项目范围变更的原因、所采取的纠偏行动的依据及其他任何来自变更控制实践中的经验教训，都应该形成文字、数据和资料，以作为项目组织保存的历史资料并使其成为本项目或执行组织其他项目的历史数据库的一部分。

4. 调整后的基准计划

根据变更的性质，相应的基准文档要进行修改，以反映已批准的变更并作为未来变更的新基准。

复习思考题

1. 项目变更的主要原因是什么？
2. 项目变更控制的目的是什么？
3. 项目变更对项目的影响是什么？
4. 根据项目变更发生阶段分类的 5 种变更类型及其各自特点是什么？
5. 在进度计划变更时，某一工序进度的延长是否会对总进度造成影响？
6. 简述项目整体控制变更的技术和工具及其特点。
7. 何谓项目范围变更，它所要解决的问题是什么？
8. 项目范围变更的依据是什么，并对其进行简要描述。

9. 简述项目范围控制变更的技术和工具及其特点。

10. 项目范围变更有何作用？

案例分析讨论

变更失控和选型不慎重的案例

1. 概述案例一：一个变更失控的项目案例

王先生刚出任项目经理，并承接了一个中型软件项目。上任时公司高层再三叮嘱他一定要尊重客户，充分满足客户需求。项目开始时比较顺利，但进入到后期，客户频繁的需求变更带来很多额外工作。王先生动员大家加班，保持了项目的正常进度，客户相当满意。

但客户的需求变更却越来越多。为了节省时间，客户的业务人员不再向王先生申请变更，而是直接找程序员商量。程序员疲于应付，往往直接改程序而不做任何记录，很多相关文档也忘记修改。很快王先生就发现：需求、设计和代码无法保持一致，甚至没有人能说清楚现在系统"到底改成什么样了"。版本管理也出现了混乱，很多人违反配置管理规定，直接在测试环境中修改和编译程序。但在进度压力下，他也只能佯装不知此事。但因频繁出现"改好的错误又重新出现"的问题，客户已经明确表示"失去了耐心"。

而这只是噩梦的开始。一个程序员未经许可擅自修改了核心模块，造成系统运行异常缓慢，大量应用程序超时退出。虽然最终花费了整整 3 天的时间解决了这个问题，但客户却投诉了，表示"无法容忍这种低下的项目管理水平"。更糟糕的是，因为担心系统中还隐含着其他类似的错误，客户高层对项目的质量也是疑虑重重。

随后发生的事情让王先生更加为难：客户的两个负责人对界面风格的看法不一致，并为此发生了激烈争执。王先生知道如果发表意见可能会得罪其中一方，于是保持了沉默。最终客户决定调整所有界面，王先生只好立刻动员大家抓紧时间修改。可后来当听说因修改界面而造成项目一周的延误后，客户方原来发生争执的两人这次却非常一致，同时气愤地质问王先生："为什么你不早点告诉我们要延期！早知这样才不会让你改呢！"王先生委屈极了，疑惑自己到底错在哪里了。

从上面的案例中可以看到各种变更失控的现象和造成的后果，王先生主要犯了以下几个错误：

（1）没有明确的授权。事先应该明确客户方有权提出变更申请的人员和实施方有权受理变更的人员，并要控制双方人数。这样做才可以对变更有整体的控制。绝不能进行"私下交易"，而没有人能完整地知道到底改了些什么。另外，授权双方接口人的好处是可以屏蔽客户内部的矛盾，如果只有一个接口人，内部尚未达成一致时变更是无法提出来的。从实际经验看，授权可以显著减少变更，特别是那些因内部看法不同而导致的反复变更。

（2）对变更没有进行必要的审核。并不是所有的变更都要修改，也不是所有变更都要立刻修改，审核的目的是为了决定是否需要修改和什么时候修改。比如案例中提到的界面风格问题，就可以先不修改，或者规划一下修改的时间待到以后进行优化。另外，对于核心模块的修改要严格审核把关，否则会引起全局问题，案例中提到的"擅自修改了核心模块"造成的事故就是因为没有审核而造成的。

（3）对变更的影响没有评估。变更都是有代价的，应该评估一下变更的代价和对项目的影响，要让客户了解变更的后果，并与客户一起做判断。案例中客户最后的质问正是因为没有事前告诉客户变更的影响造成的。如果客户不知道你为变更付出的代价，对你的辛苦便难以体会。案例中客户刚开始对王先生加班处理变更相当满意，但只是对工作态度满意，后期当变更引发一系列问题时客户并没有感谢王先生的苦劳。

（4）应该让客户确认是否接受变更的代价。在评估代价并且与客户讨论的过程中，可以请客户一起做判断："我可以修改，但您能接受后果吗？"案例中如果王先生评估了修改界面的工作量并请客户确认，则有三种可能：客户预先接受延期这一后果，也就不会再质问王先生了；客户认为代价太大，则王先生就不必修改了；如果认为可以缩短延期时间，则王先生至少争取到与客户协商的机会，让客户知道为此项目组需要付出加班的代价，吃个"明亏"。

上述步骤完成后，要等客户确认变更再组织实施变更的相关工作。变更要按配置管理的规定执行，确保所有交付物的一致性和完整性。同时，对所有的变更要跟踪和验证，确保都按要求完成了。

最后，要特别提醒的是：要在项目开始时就对项目组和客户进行宣传和培训，让所有成员都理解变更控制的重要意义；在项目过程中要对变更控制的执行情况进行审计，发现违反规定的事件要严肃处理，否则过程很快就会失效。

综上所述，变更控制的目的是管理变化。变更控制对项目成败有重要影响，事前要明确定义，事中要严格执行。实施变更之前有四个重要控制点：授权、审核、评估和确认；在实施过程中要进行跟踪和验证，确保变更被正确执行。

2. 案例二：企业信息化项目的实施与变更

东林集团是一家大型国有企业集团公司，集团的 CIO（首席信息官）田东最近比较烦。集团正在进行系统的选型，人常说在选型期一定要慎重，不然会给下面的操作带来麻烦。以前，田东一直对此不以为然，没想到短短几个月的时间，田东的想法就有了彻底的改变。

东林集团是一家为钢铁工业和钢铁生产企业提供综合配套、系统集成服务的集资源开发、贸易物流、工程科技为一体的大型企业集团。

最近，集团决定要上 ERP。由于集团采用的是复合型的管理模式，对实业板块和地点在北京的公司准备实行集中化管理；对科研院所和其他国内下属单位实行战略型管理；对在澳洲和南非的矿山开采运营板块单位，将采取单独的管理模式。

分公司多，管理模式复杂，领导对这次的项目又是相当重视，于是一个由集团总部和下属单位的高层、职能部门经理组成的评标团正式成立了。

（1）声势浩大的选型

声势浩大的选型开始了，先是请了 6 家软件厂商，进行了两次技术交流。第一次让软件公司对自己提供的解决方案进行介绍，先是把厂商集中起来，第二天公布陈述规则和打分规则，然后给每人 2 小时的时间阐述。

第二次由集团提出部分需求，如财务中的资金管理、国际货运管理等，由厂商分别提出解决方案。

评标标准由第三方协助制定，在招标开始的前一天进行了评标培训。之后，东林集团的项目组对软件公司推荐的成功客户进行考察，并将考察意见直接报告给集团的高层。

谁知道，评标人员的关注点不一样，对信息化的了解程度也各不相同，而且对评标标准的掌握程度也不一致，结果大家对投标方案的评比意见差异很大。大家谁也不愿意让步，吵来吵去意见也没能统一。

最后，只好由集团高层出面做决策。选择了 A 公司的软件产品，但是实施方却选择了乙公司而不是 A 公司推荐的甲公司。

其实，田东心里明白。集团高层选择 A 公司的原因是 A 公司的项目经理在陈述中讲得最清楚，最有激情。用大家的话说是最能让人听进去，最不容易打瞌睡。而选择乙公司做实施方，完全是由于乙公司的报价是最低的。至于乙公司和甲公司的区别，田东也不是很清楚，但是觉得既然 A 公司指定的是甲公司，甲公司和 A 公司肯定比较熟悉，合作起来也许配合得更好。但既然集团高层决定了乙公司为实施方，田东当时也觉得没有什么不妥。

（2）形形色色的问题

然而，让田东没有想到的是，该项目于 2006 年 2 月开始进场实施，实施过程中出现了一系列的问题。

先是 A 公司产品对集团的业务适应性方面，有些问题实施方提出系统无法实现，但当时 A 公司的承诺是可以实现的。当田东对此提出疑问时，实施方建议需要东林集团再请 A 公司的实施顾问指导，但 A 公司的顾问到现场指导是需要另外支付费用的。

这就让田东的头开始疼起来，请顾问的话，没有这笔预算；不请的话，项目怎么进行呢？

没办法，田东只好请老总另拨了一笔费用，总算是把 A 公司的顾问请来了，解决了一些问题。

紧接着，问题又来了。对实施方给出的业务蓝图设计，业务部门提出了一些设计方面的调整。针对调整后的业务蓝图方案，二次开发工作量增加了 30%。这样不仅开发周期可能会被延长，而且将来 A 公司的产品升级是否能保护二次开发都成为未知数。

还有在模拟运行中，由于是财务、人力资源、业务系统同时上线，集团内部出现了很多抱怨。主要是因为培训内容过多，一时难以掌握，导致员工感觉操作复杂、经常出错，而且出错以后又很难处理。业务人员纷纷抱怨现在的业务处理速度过慢，财务人员感觉工作量太大，而 IT 部门人员也提出需要增加维护人员。

一时间，这样那样的问题都涌现了出来，田东又一次头疼了。

（3）点评

1）选型目的是保证过程的成功，应关注以下几个方面：

① 让项目的责任主体全程参与选型标准制定和选型的过程，并成为选型和今后实施的责任承担者。要说明的是，选型的责任承担者不能简单框定为最终用户，也不能只是领导层，应该是项目管理团队，特别是项目经理，其应该是有业务和 IT 背景知识的人员，有一定业务、IT 和项目管理三方面综合能力的人。

② 选人、选团队比选公司重要，选公司比选软件重要。由于信息化项目涉及管理、涉及人，是一个管理改造项目，而不是纯技术改造项目，所以信息化项目有很大的不确定性。这一不确定性体现在项目范围的可变性，时间、成本的变数，体现在因此导致的

质量波动，甚至对项目原始目标的调整、改变。所有这一切，都需要通过过程控制来保证，所以项目的选型最需要选的是人，需要选一群能够将业务需求、管理思想与软件实现相结合的顾问，一个说做结合、优势互补、能够与甲方融洽合作的团队，特别是选一个负责的、有能力的甚至是偏强势的项目经理。他负责的项目经理和团队，可以排除来自产品、双方公司的压力（更不要说技术和业务问题），搞定项目过程中的变数。

③ 选型是信息化建设的一环，最重要的是建设期间的过程控制。有些国内企业，因为害怕信息化失败，就在选型上花了太多的精力，但结果是将自己和供应商折腾一大圈后更晕。如本案例，由于选型的失误，没有形成实施和产品供应商的最佳配合，就必须及时调整项目进度、质量和成本，这时候由此造成的影响应该由用户承担还是厂商承担并不是最重要的，最重要的是双方应该共同面对实际情况，调整控制项目，始终不要忘记：过程决定结果，控制保证成功。

2）从"消费者"视角选择 IT 系统。同消费者购买产品需要明确自身要求一样，企业信息化也要清晰地认识到企业的需求。在信息系统建设时，选型是相当重要的一部分，选得好，皆大欢喜；选不好，会带来无穷的麻烦。

企业进行信息化建设的最终目标是为企业的发展提供源动力，企业在选型过程中扮演的是消费者的角色，企业就好比需要精打细算的消费者，由于资金不充足，自身实力缺乏，非常希望购买到物美价廉的商品来满足自身的需要。

因此，我们不妨站在消费者的角度来研究应该如何选择商品。首先，消费者应该非常明确自己的需求，确定自己想要购买什么；其次消费者要将需求与自身经济情况进行综合考虑，有选择地到市场上去购买产品；最后，消费者需要考察市场以确定最终商品，挑选产品的依据包括品牌、质量、服务等。若站在消费者的角度便不难发现：主导整个消费过程、决定消费质量的是消费者。

3）了解消费需求。同消费者购买产品需要明确自身要求一样，企业信息化也要清晰地认识到企业的需求。企业管理者需要通过企业内部诊断，以对比其他同类企业、回顾企业发展历史、内部意见征集等形式，明确企业在行业中所处的位置和发展阶段，认清企业内部存在的问题和发展瓶颈。

同时对企业自身的经营管理水平、人力资源构成、信息化水平有个大概的摸底，从而确定需要什么样的信息系统（需要购买什么样的商品），这样会使整个信息化建设从开始调研，到过程控制有一个非常明确的方向，达到事半功倍的效果。

4）了解产品市场。消费者在明确了自己的需求后，就需要到市场上去购买产品，产品往往有不同的品牌、规格。产品销售者会采取各种各样的推销手段推销自己的产品。这就需要消费者集思广益、多听多看，结合自己的需求购买到心仪的产品。

企业信息化选型过程中也存在类似的情况。选型过程是 IT 系统建设过程中至关重要的环节，也可以说是信息化实施成功与否的关键。在企业非常了解自身需求的前提下，有些企业甚至选择了自己组织开发团队进行 IT 系统开发，这样虽然加大了人员投入，但对后期的维护、响应需求等都很有好处。

更多的企业是采用购买第三方产品和服务的方式，在这种情况下，选择 IT 系统就需要慎之又慎。信息技术公司数量庞大，信息化内容花样繁多，不同的 IT 公司有各自擅长的不同领域。

5）认清项目变更的必然性。做过信息系统工程实施的人都会认识到，项目变更控制在项目实施阶段的重要性。一方面，由于建设单位本身提出的需求，会根据信息系统实施的推进而不断明确和变化；另一方面，实施方也会根据项目实施的需要，适当地调整技术方案，这样就决定了信息系统工程在建设过程中频繁地变更。

因此无论是建设方还是实施方，都要认识到必要变更是正常的、不可避免的。但是要在变更控制方面加强管理，明确变更申请的提出步骤和审批权限，界定变更的范围和目标，对变更申请快速响应。

其实在信息系统项目实施过程中，变更处理越早，损失越小；变更处理越迟，难度越大，损失也越大。因此对项目变更的争论并不在要不要变更上，而是在于变更带来的工作增量由哪方负担的问题。

从软件开发和系统实施这样的信息系统工程建设项目来看，由于信息系统的隐患具有一定的隐蔽性和欺骗性，建设方和承建方在信息化建设过程中存在着严重的信息不对称问题。而且建设方缺乏必要的监理能力和措施，在出现纠纷时，建设方也难以保护自己的利益。所以低价格往往会成为建设方吞下的一块诱饵，使建设方承受不必要的磨难。

参 考 文 献

[1] 杰克·吉多，詹姆斯 P 克莱门斯. 成功的项目管理[M]. 张金成，等译. 北京：机械工业出版社，1999.

[2] 毕星，翟丽. 项目管理[M]. 上海：复旦大学出版社，2000.

[3] 白思俊. 现代项目管理[M]. 北京：机械工业出版社，2002.

[4] 凯西·施瓦尔贝. IT 项目管理[M]. 王金玉，时郴，译. 北京：机械工业出版社，2002.

[5] 美国项目管理学会. 项目管理知识体系指南[M]. 北京现代卓越管理技术交流中心组织翻译. 2001.

[6] R J 格雷厄姆. 项目管理与组织行为[M]. 王亚禧，罗东坤，译. 东营：石油大学出版社，1988.

[7] 科兹纳. 项目管理：案例与习题集[M]. 杨爱华，译. 7 版. 北京：电子工业出版社，2002.

[8] J D 弗雷姆. 新项目管理[M]. 郭宝柱，等译. 北京：世界图书出版公司，2001.

[9] 纪燕萍，王亚慧，李小鹏. 中外项目管理案例[M]. 北京：人民邮电出版社，2002.

[10] J D 弗雷姆. 组织机构中的项目管理[M]. 郭宝柱，译. 北京：世界图书出版公司，2000.

[11] 罗伯特 K 威索基，小罗伯特·贝克，戴维 B 克兰. 有效的项目管理[M]. 李盛萍，常春，译. 2 版. 北京：电子工业出版社，2002.

[12] Timothy J Kloppenborg，Joseph A Petrick. Managing Project Quality. United States of America：Management Concepts.

[13] 张公绪. 新编质量管理学[M]. 北京：高等教育出版社，1998.

[14] John M Nicholas. Project Management for Business and Technology：Principles and Practice[M]. 2nd ed. United States of America：Prentice Hall，2001.

[15] Harvey Maylor. Project Management[M]. 2nd ed. United States of America：Prentice Hall，1999.

[16] 舒森，方竹根. PMP 项目管理精华读本[M]. 合肥：安徽人民出版社，2002.

[17] http：//www.zdnet.com.cn/biztech/enterprise_manage/story/0,2000096154,39069720,00.html.